중국 비즈니스의 모든 것

중국 비즈니스의 모든 것

2015년 6월 15일 1판 1쇄 발행 / 2017년 3월 15일 1판 3쇄 발행

지은이 김민혁 / 펴낸이 임은주
펴낸곳 도서출판 청동거울 / 출판등록 1998년 5월 14일 제406-2002-000128호
주소 (10881) 경기도 파주시 문발로115 (파주출판도시, 세종출판벤처타운) 201호
전화 031) 955-1816(관리부) 031) 955-1817(편집부) / 팩스 031) 955-1819
전자우편 cheong1998@hanmail.net / 네이버블로그 청동거울출판사

책임편집 김은선
출력 월드CNP / 인쇄 세진피앤피 / 제책 영글문화사

ISBN 978-89-5749-172-0 (03320)

이 도서의 국립중앙도서관 출판시도서목록(CIP)은 서지정보유통지원시스템 홈페이지
(http://seoji.nl.go.kr)와 국가자료공동목록시스템(http://www.nl.go.kr/kolisnet)에서
이용하실 수 있습니다. (CIP제어번호: CIP2015015307)

소설로 읽는
중국 비즈니스
매뉴얼

중국 비즈니스의
모든 것

중국 비즈니스 성공을 위한 선택 16가지

김민혁 지음

청동거울

2007년, 베이징으로 이민 가방 두 개를 들고 건너왔습니다. 글로벌 기업에서 일했던 덕분에 많은 한국 기업들이 중국 진출 후 분투하고, 그래서 성공하거나, 그럼에도 불구하고 실패하는 모습을 제3자의 입장에서 지켜봤습니다.

그 과정 속에서 중국에서는, 세계 어디서나 통하는 글로벌 오퍼링(제품 또는 서비스)이 없으면, 오퍼링이나 경영관리가 현지화(localization)되지 않으면 살아남기 힘들다는 것을 배웠습니다. 하지만 경영학개론 첫 장에나 나올 법한 이 당연한 얘기를 현실에서 이뤄내기는 정말 어려운 문제였죠. 극소수의 대기업 외에는 완벽하게 글로벌한 오퍼링을 만들기는 힘들기 때문입니다. 결국 대다수의 한국 기업들은 오퍼링이나 경영 방식이 로컬화되어야 하는데, 그 방법에 대해서는 솔루션이 명확하지 않아 애를 먹곤 했습니다.

하지만 성공한 한국 기업 및 글로벌 기업들을 옆에서 관찰해 보니, 두 가지 공통점이 있었습니다.

우선 현지화를 위해서는 '사고의 유연성'을 가지고 있어야 한다는 사실이었습니다. 사고의 유연성이란 자신이 가지고 있는 가치관을 버리고 새로운 경험을 통해 얻은 지식을 바로 활용할 수 있어야 한다는 것입니다. 성공하는 한국 기업들은 '제로베이스'에서 중국을 겸허하게 공부했고, 그렇지 못한 기업들은 한국에서의 성공 방식을 무리하게 중국에서도 반복하려 했던 경우가 많았습니다.

그리고 현지화를 하기 위해서는, 이를 이끄는 한국인 리더들에게 재무와 회계와 같은 하드 스킬만큼이나 '문화의 이해' 같은 소프트 스킬 또한 얼마나 중요한 것인지를 깨달았습니다. 수많은 글로벌 기업들의 경영 문제들이 결국 '문화'에서 그 원인을 찾아서 극복하는 케이스가 너무나 많다는 것을 알게 된 것이죠. 중국의 비즈니스 문화를 '다름'이 아닌 '우열'로 판단했던 한국 기업들은 성공할 수 없었습니다.

이 책은 성공한 한국 기업들이 가지고 있는 요소들을 갖춘 한 회사의 얘기를 허구로 꾸며 본 것입니다. '사고의 유연성'을 가지고 '중국 비즈니스 문화를 이해'했던 한국 회사들을 모티프 삼아서 구성했습니다. 하지만 이야기에 등장하는 인물이나 회사는 모두 가상의 것입니다. 소설적 재미를 위해 어느 정도의 과장과 일반화가 필요했습니다.

또한 책에 나와 있는 선택 설정은 이야기의 재미를 위해서 '옳은 결정'과 '잘못된 결정'으로 나눈 것뿐이지, 정답은 아닙니다. 이 책은 다양한 상황에 맞닥뜨릴 수 있다는 것을 보여주려는 의도에서 선택과 답을 보여준 것이지, 결코 절대 불변의 답안을 소개하는 것은 아닙니다. 오해 없으시기 바랍니다.

경험과 지식이 부족한 저를 위해 인터뷰에 응해 주신 한국 기업인들께 존경을 표합니다. 그분들 모두 중국이라는 시장에서 수많은 경쟁사들과의 싸움에서 승리한, '중국에서 성공한 한국 회사의 주역들'이기 때문입니다.

그리고 중국의 비지니스와 문화를 솔직하게 전해 준 정부 및 기업 등 각 분야에서 활동하는 중국의 차세대 리더들에게도 감사드립니다. 이분들처럼 실제 중국을 이끌어 가는 사람들의 의견들이 있었기에, 자칫

균형을 잃을 수 있는 생각들을 바로잡을 수 있었습니다.

그리고 중국에서 만나 함께 중국을 배워 간, 그리고 이 책의 집필에 너무 많은 도움을 준, 사랑하는 아내에게 감사의 마음을 전합니다.

2015년 봄, 베이징에서
김민혁

제1장

중국 시장에 뛰어들다

|사례 연구|
중국 지사장의 자격 요건은 무엇인가?
중국에서 한국의 관행을 답습하는 한국 회사

2006년 가을, 서울

"어떻게 하실 예정입니까? 작년에 비해 정확하게 매출이 20%가 떨어졌습니다."

"……"

"김 대표님. 주가가 여섯 분기째 연속 하락입니다. 계속 이대로 놔두실 겁니까?"

"죄송합니다. 지금 신제품을 다음 주총 전에 출시할 겁니다. 회사의 사활을 건 제품이니……."

"지난해 출시한 '풀잎면' 결과가 어떻습니까? 참혹했죠? 맛있고 웰빙이라고 해서 모든 게 해결되지 않아요. 경쟁사보다 한발 늦으면 소용이 없어요. 아시잖아요……. 더 이상 주주들이 참고만 있지는 않을 듯하네요. 방법을 찾아보세요."

대주주들과의 오찬은, 결국 김종원 대표가 예상했던 대로 소화되지 않는 식사 자리로 끝나고 말았다. 2년째 주주들과의 만남에서 미소나 덕담이 사라지고 없었다.

수년 전 웰빙이라는 새로운 화두가 라면 사업에도 등장했지만, 김종원 사장이 이끄는 〈조은식품〉은 별로 관심이 없었다. 베스트셀러인 〈매콤면〉의 시장 점유율을 굳게 믿고 있었기 때문이다.

하지만 2년 전부터 소비자들은 서서히 전통적인 방식으로 기름에 튀기는 매콤면을 찾지 않았다. 웰빙이라는 열풍 때문에 매콤면은 '살찌고 건강을 해치는 식품'으로 전락하고 있었다.

"뭐랍디까? 사표 쓰랍니까?"

식사를 마치고 돌아오자, 윤 전무가 노크도 없이 방에 불쑥 들어왔다. 김종원 대표가 힐끗 쳐다보고는 한 소리 했다.

"노크 좀 합시다."

17년간 함께 일한 막역한 사이지만, 지금은 웃을 기분이 아니었다.

"죄송합니다, 사장님."

겸연쩍어진 윤승훈 전무가 비실비실 웃으며 다가왔다.

"오늘도 방방 뛰던가요?"

"오늘은 뭐…… 지난번보다 덜한데……. 주주들이 다음 총회 때는 가만있지 않을 거라고 하는데…… 신제품 나올 거라고 하면서 둘러댔어."

"오늘 개발팀 박 부장이 말하기로는 시장조사 반응이 풀잎면하고 비슷하게 나왔다고 하던데……."

"뭐? 그럼 또 헛짓거리 하고 있는 거야?"

김 대표는 한숨을 내쉬고는 창문가로 가서 밖을 바라보았다.

"윤 전무."

"네, 사장님."

"중국을 다시 해보는 게 어떨까?"

"중국? 무슨 말씀인지?"

"뭘 모르는 척을 해. 중국 다시 한번 뚫어보자고."

"그거 몇 년 전에 이미……."

"그랬었지. 근데, 우린 뭔가가 필요해. 제품이 아니면 시장이라도 바꿔서 주주들에게 뭔가 희망을 심어 줘야 하지 않겠어?"

"중국이라……."

윤 전무가 예전 기억을 더듬었다.

조은식품에서 야심차게 중국 사업을 해보겠다고 했을 때는 2002년, 바야흐로 전세계 글로벌 기업들이 중국에 정신없이 진출하고 있는, 그야말로 골드러시(Gold rush)가 시작되던 시기였다. 2001년도에 세계무역기구(WTO)에 가입한 중국의 값싼 노동력과 개방정책은, 전세계의 모든 식음료회사들을 유혹했다. 그래서 모두들 공장을 중국으로 옮기는 전략을 앞다투어 세웠고, 실제로 많은 기업들이 진출했다.

동시에 당시까지만 해도 구매력이 약했지만, 내수시장에 대한 관심도 커지고 있었다. 이미 20년 넘게 매년 두 자리 숫자의 GDP 성장을 하고 있는, 잠자고 있던 중국의 내수시장을 바라보는 기업도 늘어갔다. 소비자들이 구매력을 갖추는 임계점에 이르게 되면, 이 시장이야말로 전세계에서 가장 큰 식음료시장이 될 것으로 내다봤다.

물론 한국의 기업들도 서둘러서 중국에서의 '대박'을 노리며 하나둘씩 사무소를 개설하고 합자법인을 세웠다. 조은식품도 중국 파트너와의 '기술제휴 및 투자'라는 형태로 중국땅에 입성했다. 2003년 겨울, 상하이 황푸강이 보이는 사무실에서 조은식품은 중국측 파트너와의 악수를 통해 중국 사업의 첫발을 내딛은 것이다.

하지만 뜻대로 일은 풀리지 않았다. '처음부터 무리하지 말고 천천히 배워 나가자'라는 마음으로 시작한 중국 사업이었지만, 할 수 있는게 없었고 배우는 것도 없었다. 중국 파트너의 권한이 절대적으로 많았기에, 중국에 대해 아무것도 모르는 조은식품으로서는 그야말로 '시키는 대로' 할 뿐이었다. 돈이 필요하다면 돈을, 기술이 필요하다면 기술을 원하는 대로 모두 퍼주었다. 그러면서 내심 첫 공동의 작품인 컵라면의 출시만을 기다렸다. 그 이후에는 정식 합자 계약을 요청하면서 서서히 중국 사업을 키워 볼 예정이었다.

하지만 시간은 흐르고 성과는 없었다. 사실 성과가 있는지 없는지 알 수 없었다. 중국 파트너 사는 조은식품이 중국 시장에서는 전혀 경험이 없다는 논리로 모든 일을 상의 없이 처리하고, 나중에 결과만 보고해 주는 식으로 그나마 있던 결정 권한을 소리 없이 빼앗았다.

그리고 사건이 터졌다. 파트너십 체결 후 2년이 되어 갈 즈음, 중국 직원 한 명이 공금을 횡령했다는 죄목으로 공상국의 조사가 시작되었다. 처음에는 작은 사건이라고 생각했지만, 그 사건에 주재원으로 근무하고 있던 한국 직원 한 명이 연루되면서 일은 커졌다. 중국 파트너는 갑자기 태도가 돌변해서 중국 공안과 함께 조은식품을 마치 범죄를 저지른 부도덕한 외국기업으로 몰아갔다. 외국기업에 불리한 법조항은 결국 조은식품으로 하여금 소유했던 많은 것들을 중국 파트너에게 넘기게 만들었다.

반년이 지난 후, 그 사건이 우연이 아닌 치밀하게 계획된 것이라는 소문이 나기 시작했다. 당시 함께 준비하고 있었던 컵라면이 중국 파트너 사에서 개발된 새로운 제품인 양 포장을 바꿔 입고 마트에 진열된 것이다. 그것을 본 사람들은 조은식품이 철저하게 이용만 당한 뒤 버려졌다고 믿게 되었다. 하지만 그것은 추측일 뿐이다. 결국 그 실상은 아무도 모르는 일이었다.

파트너십은 공중분해되었지만, 김종원 대표의 의견대로 조은식품은 상하이에 법인을 세우고, 직원을 상주시키기로 했다. 그동안 들인 시간과 노력을 헛되이 하고 싶지 않았기 때문이고, 언젠가는 다시 도전해야 되지 않겠나 하는 생각 때문이었다. 하지만 국내 사업의 부침에 정신이 팔려 있는 동안 중국 사업은 먼지가 쌓인 채 서랍 속에 던져져 잊혀져 갔다. 그렇게 2002년부터 지금까지 조은식품의 중국 사무소는 상주 직원이 가끔씩 중국 시장 보고서를 만들어 주는 연락사무소 같았다.

"다시 한다고 그게 될까요?"

"알아. 재수한다고 합격이 보장되어 있는 것이 아니듯 두 번째 진출이라고 성공을 보장할 수는 없겠지."

창문을 바라보던 김종원 대표가 돌아섰다.

"아마 더 어려워졌을 거야. 근데 말이야……. 중국에서 성공하냐 안하냐는 나중 문제고, 일단 돌파구를 마련했다는 인식부터 심어 주자고. 가만히 있다가는 당신이나 나나 일 년도 못 넘기고 자리 내놔야 할 판이야."

"……"

"토요일 아침에 임원회의 소집해."

토요일 아침, 서울 조은식품 본사

강남 테헤란로가 내려다보이는 25층 대회실에는 임원진이 모두 모여 있었다. 토요일 아침이었지만 단 한 명도 빠진 사람은 없었다. 최근 김 대표를 본 사람이라면, 그가 가진 고민의 깊이를 모두 잘 알고 있었다. 그렇기 때문에 어설픈 핑계로 이 회의에 빠질 수 없다는 것을 너무나 잘 알았다.

"토요일에 나오라고 해서 미안합니다. 뭐 오늘 우리가 모인 이유는 모두 잘 알고 있죠?"

임원들은 고객을 끄덕였다.

"예전 실패를 또다시 얘기하지 않겠습니다. 좋은 경험을 얻었다고 생각합니다. 그것을 밑거름으로 이제 중국 사업을 본격적으로 하려 합니다. 본격적이라고 말하는 데에는 이유가 있습니다. 우리 회사는 실패의 경험을 통해, 그리고 무엇보다 몇 년간 소극적이었지만 비즈니스를 계속 해왔기 때문에, 이제는 중국에 대한 노하우가 어느 정도 축적되었다고 보기 때문입니다."

잠시 누군가를 찾는 듯하더니 말을 이었다.

"강 이사가 현재 중국의 비즈니스가 어느 정도 규모인지 소개해 주세요."

강철호는 컨설턴트 출신으로 전략기획팀을 맡고 있는 이사였다. 조은식품에 입사한 지 얼마 되지 않았지만, 중요한 사업 방향을 결정할 때마다 김 대표를 가장 가까이서 돕고 있는 조은식품의 브레인이었다. 종종 무대포의 윤 전무와 비교되며, 둘 간의 경쟁이 흥밋거리로 사람들 입에 오르내리곤 했다. 강 이사가 입을 열었다.

"지난 2004년 이후, 한국 직원 한 명이 파견되어 현재까지 현지의 한국인 및 중국인 직원 다섯 명과 함께 상하이에서 근무하고 있습니다. 현재는 한국에서 수입하는 매콤면을 현지 마트를 통해 판매하고 있습니다. 하지만 비즈니스라고 하기에는 아직 규모가 너무 작습니다. 연간 우리나라 돈으로 1억 원 정도의 판매가 전부입니다. 물론 이 윤은 없습니다. 따라서 이번의 김 대표님 생각은 중국 사업의 확장이 라기보다는 중국 시장의 재진출이라는 표현이 맞을 듯합니다."

"그래도 우리 이신혜 차장이 현지 영업 기반을 닦아 놓았습니다."

갑자기 윤 전무가 끼어들었다.

"대형 마트에 정기적으로 납품하고 있고, 심지어는 인터넷으로 판 매도 하고 있답니다. 그때 제가 이신혜 차장을 보냈으니 망정이지, 우 리가 아무 밑천 없이 중국 사업을 할 뻔했네요. 하하."

몇몇 임원들이 인상을 찌푸렸다. 윤 전무의 생색내기 발언이 시작 되었기 때문이었다. 4년 전 중국에 남아서 일하는 본사 파견직원이 바로 윤 전무가 보낸 이신혜 차장이라는 것을 알게 된 몇몇 임원은 한 숨을 내쉬었다. 중국 사업도 윤 전무가 마음대로 주무를 것이 분명했 기 때문이었다.

그때, 임원 중 누군가가 질문했다.

"사장님, 태극식품과 대한음료 모두 철수한답니다. 지금 중국에서 의 사업이 점점 어려워지고 있다던데, 정말 확신이 있으신 겁니까? 이제 2006년도 막바지입니다. 진출을 하게 되면, 빨라야 2007년도, 이거 또 막차 타는 거 아닙니까?"

한참을 창밖만 바라보던 김 대표가 입을 떼었다.

"국내에서는 경쟁사에 밀렸습니다. 신제품도 출시가 늦어지고 있 고, 신제품에 대한 전망도 예전만큼의 매출을 가져다줄 것 같지는 않 네요. 결국 예전 제품으로도, 신제품으로도, 그리고 앞으로의 경기상 황도, 한국 시장에서는 우리가 더 어려워질 것이라고 말해 줍니다."

모두 숨을 죽이고 듣고만 있었다.

"기존의 제품과 기존의 시장에 희망이 없습니다. 새로운 제품도 성공 가능성이 희박합니다. 그럼 어떻게 할까요? 해외로 나가 봐야죠. 일단 기존 제품으로 공략할 수 있는 시장을 찾아야죠."

누군가 물었다.

"하지만 왜 꼭 실패를 했던 중국이어야 합니까? 미국은요? 러시아는요?"

강 이사가 대답했다.

"그건 제가 말씀드리겠습니다. 미국이나 러시아에 비해 중국은 입맛도 문화도 비슷합니다. 게다가 지리적으로 가까운 상황에서 성공 가능성을 따지자면 비교 자체가 되지 못합니다."

"중국에서의 사업이 경쟁 때문에 녹록치 않다는 소문은 저도 익히 들어 잘 압니다. 하지만 내후년 베이징 올림픽을 계기로 사람들의 소득 수준도 식문화도 변할 겁니다. 그리고 중국 정부도 외자 기업 유치를 위해 더 많은 혜택을 주고 있다고 하네요. 요즘 신문을 보면 온통 중국 얘기뿐입니다."

모두들 그다지 흔쾌히 받아들이는 분위기는 아니었다. 하지만 그들도 모두 한 가지에는 동의하고 있었다. 뭔가 돌파구가 필요하다는 것이 그것이었다.

"자, 그럼 모두 동의하는 것으로 보고, 저는 이대로 주주들에게 알리겠습니다. 그리고 중국 진출은 제가 직접 나서겠습니다. 윤 전무와 강 이사가 좀 도와주세요."

며칠 뒤, 김종원 대표의 사무실

퇴근을 하려던 김종원 대표의 이메일에 기다리던 메일이 한 통 도착했다. 인사부장이 보내온 중국 사업 팀장 후보들의 이력서였다. 며칠 전에 있었던 회의에서 김종원 대표가 부탁한 대로 가장 적임자를 찾아서 보내온 것이다. 다음 날 후보자들과의 인터뷰가 있을 예정이었다. 후보자 명단에 '이신혜'가 없는 것을 확인하고 메일을 닫았다.

윤승훈 전무에게는 미안한 얘기지만 이신혜 차장을 뽑을 생각은 전혀 없었다. 물론 윤승훈 전무는 김 대표가 '자기 사람'인 이신혜 차장을 놔두고 새로운 사람을 사업 팀장으로 뽑으려고 하는 것에 반대하고 있었다.

"사장님, 구관이 명관입니다. 그냥 이 차장에게 맡겨 보시지요."

"내가 왜 반대하는지 잘 알잖아요. 새로운 사람을 외부에서 뽑는 한이 있더라도 나는 이 차장을 사업 팀장으로 기용할 생각이 없어요. 새 술은 새 부대에. 알지요?"

"하지만 중국에서 우리 라면을 팔아 본 사람만큼 완벽한 중국 전문가가 어디 있습니까?"

"윤 전무. 난 중국 전문가보다는 중국 비즈니스를 잘할 수 있는 사람을 찾아요. 물론 둘이 같을 수 있지만, 다른 경우가 많지. 이 차장은 전문가일 수는 있지만, 비즈니스를 잘할 수 있다고는 생각되지 않아."

결국 김 대표의 고집대로 새로운 사람을 물색해 보기로 했다. 인사부장이 적임자로 추천한 두 명은 재무팀의 박재석 차장과 영업팀의 정혜원 차장이다. 둘 다 어느 정도 안면이 있는 사이였다. 기대와 걱정을 하면서 회의실을 나섰다. '이번에는 실패가 있어서는 안 된다'를 중얼거렸다.

그때 뒤에서 김 대표를 부르는 사람이 있었다.

"사장님."

깜짝 놀란 그가 뒤를 돌아봤을 때, 영업팀 조주혁 대리가 서 있었다. 그는 지난 여름 사내체육대회 조직위원회에서 일을 본 관계로 김종원 대표도 안면이 있는 사이였다. 그날 땡볕에 얼굴이 시뻘겋게 달아올랐지만, 동분서주하며 축구, 족구, 배구 경기를 진행했던 그가 생각났다.

"오, 조주혁 대리. 어쩐 일이에요? 퇴근 아직 안 했습니까?"

"네, 실은 사장님 잠깐 뵙고 싶어서 기다렸습니다."

"그래? 왜 사무실로 들어오지 않고?"

"바쁘신데 방해하는 것 같아서……."

"무슨 소리. 다음부터는 그냥 비서에게 얘기하고 들어와요. 그나저나 무슨 일이에요? 사내체육대회 일이 아직 마무리가 안 되었나?"

잠시 머뭇거리더니, 조 대리가 입을 열었다.

"실은, 중국 사업을 다시 본격적으로 한다는 소문을 들었습니다."

"네. 그래서요?"

"저도 그 사업 팀장 자리에 지원해 보고 싶습니다."

"주혁 씨가?"

"네. 잘할 자신이 있습니다."

"음. 주혁 씨의 추진력과 책임감은 내가 지난 체육대회를 통해 잘 알고 있지. 하지만 난 적어도 십오 년 이상 경력의 차장급을 보낼 생각인데. 주혁 씨는 일한 지 얼마나 되었지?"

"이제 오 년 넘었습니다."

"그럼 자격 조건에 안 맞는데?"

"경력은 짧은 대신 중국 사업에 대한 관심이 많습니다."

"관심도 중요하지만, 업무의 전문성과 경험도 중요하지. 그런 면에서 조 대리가 다른 사람에 비해서 조금 부족할 듯한데?"

"비즈니스는 열정을 가지고 해야 한다고 사장님께서 늘 말씀하셨던 것을 기억하고 있습니다. 아마 열정으로 치면 저만 한 후보자가 없을 것이라 생각합니다."

"주혁 씨. 일단 내가 고민해 볼게요. 미안한데, 약속이 있어서 내가 지금 가봐야 할 듯한데."

조주혁 대리의 인사를 뒤로하고, 김종원 대표는 기다리고 있던 회사 앞 검은색 세단에 올랐다. 약속 장소로 가는 강남대로는 여전히 밀리고 있었다. 지나가는 사람들을 쳐다보며 생각에 빠졌던 김 대표가 휴대전화를 꺼내 인사부장에게 문자를 보냈다.

'영업팀 조주혁 대리도 내일 후보명단에 넣으세요.'

다음날 면접 직후, 서울 본사 회의실

후보자 한 명당 삼십 분, 총 한 시간 반의 인터뷰가 끝난 후, 김종원 대표가 인터뷰에 참석했던 사람들에게 물었다.

"세 명을 다 보신 느낌이 어떠신지요? 인사부장님이 정리를 해주시지요."

"박재석 차장이 가장 괜찮은 후보로 보입니다. 우선 중국어를 전공했고 회사 근속 연수도 가장 긴 17년입니다. 재무통이라 투자가 많을 수 있는 향후 중국 사업에 적격이라 확실합니다. 정혜원 차장은 영업과 인사팀에서 일한 15년의 경험이 돋보입니다. 하지만 중국어를 못 하고 영어도 그다지 뛰어나지 않은 관계로 저는 박재석 차장이 적임이라 생각합니다."

윤 전무는 반대했다.

"아니, 영업도 해보지 않은 사람이 어떻게 사업을 이끌어갑니까? 중국어를 못 해도 영업 경험이 있는 정혜원 차장이 낫죠."

이때, 김종원 대표가 물었다.

"왜 조주혁 대리에 대해서는 말씀들을 안 하시죠?"

	근속 연수 (년)	주요 회사 내 경력	관리자 평가	가족 관계 및 특이 사항
박재석 차장	17	재무, 인사	맡겨진 일에 충실하고, 매사에 논리적인 사고를 바탕으로 결정을 내림.	기혼. 자녀 2. 대학에서 중국어 전공하고 영어도 능통.
정혜원 차장	15	영업, 마케팅	영업 실적이 3년 연속 사내 최고로, 동기 중 가장 빠른 승진을 하고 있음.	기혼. 자녀 없음.
조주혁 대리	5	영업	모든 일에 적극적이고 사내 대인관계가 아주 좋음.	미혼. 대학에서 영어를 전공했고 중국어는 할 줄 모름.

"주혁 씨는…… 우선 너무 경력이 짧고, 그리고 중국어도 못 하고. 뭐 크게 매력적인 후보로는 안 보입니다."

"하지만 대학에서는 영어를 전공했으니, 영어를 잘하는 것으로 보입니다. 물론 영업팀에서의 경력도 큰 도움이 되겠지요."

"중국에서 영어 잘해서 뭐 합니까? 그리고 5년 일한 경력으로 우리 회사에 대해 뭘 알기나 할까요? 짱깨들하고 맞장 뜨려면 연륜과 경험이 좀 있어 줘야 하지 않겠습니까?"

윤 전무는 조주혁 대리가 영 탐탁지 않은 눈빛이었다.

선택의 갈림길

첫 번째 갈림길에 김종원 대표가 서 있습니다. 만약 당신이 김종원 대표라면 누구에게 중국 사업을 맡기겠습니까?

중국어를 전공하고 재무에 밝은 박재석 차장을 보내시겠습니까?

아니면, 오랜 영업 경험의 정혜원 차장을 보내시겠습니까?

아니면, 열정과 패기의 젊은 조주혁 대리를 선택하시겠습니까?"

 선택 1 박재석 차장을 중국으로 보낸다면?

일 년 뒤, 중국 상하이 푸동공항

중국어를 할 수 있는 큰 장점과 재무와 인사에 경험이 있다는 사실에서 큰 점수를 산 박재석 차장이 중국 사업 팀장으로 결정되었다. 박재석 차장이 중국으로 떠난 지 일 년 뒤, 김종원 대표와 강철호 이사가 중국을 방문하게 되었다. 중국 사업 파트너와의 저녁식사에 박 차장이 도움을 요청한 것이다.

"중요한 사업 파트너가 될 예정인데, 꼭 오셔서 자리를 빛내 주셔야 합니다."

푸동공항으로 마중 나온 박재석 차장을 만난 김 대표와 강 이사는 반갑게 악수를 했다. 박재석 차장이 대기시켜 놓은 검은색 세단에 오른 두 사람은, 운전기사에게 중국어로 이것저것을 지시하는 박 차장의 모습이 든든하게 느껴졌다. 영어가 안 통한다는 이 나라에 중국어를 할 수 있는 박 차장을 보낸 선택을 아주 만족스러워했다.

상하이의 명물 동방명주(東方明珠)가 멀찌감치 보이는 한 대형 음식점 앞에 일행을 태운 세단이 멈춰섰다. 그리고 이미 도착한 중국인 사업 파트너 일행을 만나게 되었다. 또다시 박 차장이 한국에서 온 일행을 한 명씩 중국어로 소개했다.

"역시 중국어를 할 수 있는 사람을 보내길 잘했네요."

강 이사가 조용히 김 대표에게 말했다. 김 대표도 미소를 지으며 고개를 끄덕였다.

음식이 나오고, 박 차장은 바이주(白酒)를 한 잔씩 따르며 그 술에 대한 역사와 전통을 김 대표에게 설명하기 시작했다. 그리고 중국 사람들과 술을 마실 때 신경 써야 할 중국 주도(酒道)를 센스 있게 귀띔하는 것도 잊지 않았다. 점점 김 대표의 마음이 흡족해졌다.

그때 김 대표가 사업에 관련된 질문을 하고 싶어졌다.

"박 차장, 통역 좀 해주겠나? 내가 사업 파트너에게 물어보고 싶은

게 있는데……."

"아, 통역이 필요하시다고요? 잠시만요. 이 대리가 통역을 할 겁니다. 이 대리 이리로 가까이 와서 사장님 좀 도와드려."

이 대리라고 부른 사람은 공항에 따라나온 젊은 조선족 교포 직원이었다.

"아니 왜 박 차장이 직접 하지 않고……."

"하하, 제 실력은 아직 비즈니스를 중국어로 할 정도는 아니죠."

"무슨 소리야? 중국어 전공했잖아."

"네, 공부야 했죠. 근데 뭐, 오래전인 데다가 글로 배운 언어라 한계가 있지 않겠습니까. 정확하게 통역하려면 우리 교포들이 해야죠."

'도대체 유창하게 들린 중국어는 뭐지?'

중국어를 하나도 알아듣지 못하는 김 대표 귀에는 모두 유창하게만 들렸던 것이었다.

다음 날, 상하이 사무실

그 다음 날 사업 진행 상황을 확인하기 위한 내부회의 자리에서 김 대표와 일행은 또 한번 실망을 하게 되었다.

"박 차장, 왜 판매 채널이 이것밖에 없습니까? 이렇게 해서는 내년 일 년 매출도 지난 한 해와 별반 다르지 않을 것 같은데?"

"중국 마트들이 터무니없는 마진율을 보장하라고 하네요. 한국의 두 배입니다. 그걸 받아들이면서 사업을 할 수는 없지 않습니까?"

"한국과 똑같을 수는 없지 않는가? 중국에서는 아직 우리 회사의 브랜드 인지도가 거의 없을 테니."

"그렇습니다. 인지도가 없으니 마케팅을 해야 하는데, 뭐 한 방에 브랜드를 만들 수 있는 TV 광고를 하자니 너무 비싸고. 참 답답합니다."

"그게 안 되면 다른 방법을 찾아봐야 하지 않겠나? 전단지를 뿌린다든가, 시식회를 열어 본다든가……."

"사장님, 우리 조은식품이 그런 거 안 해도 한국에서 잘 팔렸는데 굳이 그렇게까지 하면서……."

"여기는 다르지 않는가! 한국이 아니라 중국일세!"

김종원 대표의 목소리가 높아지자, 강 이사가 조심스럽게 분위기를 식히려 말했다.

"사장님 말씀은 그래도 리스크를 가지고 투자를 해야 사업이 확장되지 않겠는가라는 말이야."

"마진 없이 어떻게 장사를 하겠습니까? 이윤을 계속 가져가기 위해 마케팅 비용을 줄이고 직원도 거의 뽑지 않고 있습니다. 결론부터 말씀드리면 한국 수준의 마진이 보장되지 않으면 유명 마트에 납품하는 것도 거절할 예정입니다."

그제서야 김 대표는 박 차장에게 없는 것을 알게 되었다. 주어진 환경이 변화했음에도 불구하고, 이전의 사고방식을 고집하고 있는 그의 모습은 중국 지사장으로서는 부적격이라는 생각이 들었다.

박 차장을 다시 본사로 불러들이기로 결정했다. 변화를 두려워하고 안주하려는 모습은 중국 사업 팀장과는 거리가 멀었던 것이다.

중국 지사장의 자격 요건은 무엇인가?

인터뷰 1 **문상준 법인장 (SPC 파리크라상 중국법인)**

중국 지사나 법인을 이끌어 갈 수 있는 사람에게 업종에 대한 전문성은 기본 요건이므로 굳이 강조할 필요가 없을 듯합니다. 그 외로는 남을 배려할 줄 아는 기본적인 인성을 갖춘 사람이어야 합니다. 이것은 중국인과의 비즈니스에서 그들을 존중할 줄 아는 사람만이 존경을 받을 수 있는 사람으로 대접받는 기본적인 철학에서 비롯된 것이죠.

둘째는 리더십입니다. 한국인 직원들을 이끄는 한국적인 조직 능력은 물론, 중국 직원을 독려할 수 있는 친화력 또한 필요합니다.

마지막으로 창의성이 꼭 필요합니다. 중국에서 일을 하게 되면, 한국에서는 발생되지 않는 여러 가지 문제들을 만나게 됩니다. 이를 창의적으로 풀어나갈 수 있는

베이징 유명 쇼핑 잡지 〈Timeout〉에서 "The Best Dessert Shop"으로 선정된, 파리바게뜨 베이징 더플레이스점

능력이 필요합니다. 한국 국민이 다 아는 파리바게뜨를 중국에서는 아무도 모르는 상황에서, 마치 밑바닥부터 다시 시작하는 기분이었습니다. 이때가 창의성이 발휘되어야 하는 시점이죠. 브랜드 홍보를 위해 케이크교실을 열어서 맛과 품질의 우수성을 알리는 문화 홍보도 모두 이런 창의성을 갖추고 있어야 나올 수 있는 아이디어라고 생각합니다.

인터뷰 2 서만교 법인장 (포스코 ICT 중국법인)

중국을 비롯한 해외의 지사를 이끄는 지사장의 위치는 그 분야의 전문성과 기업 문화의 이해 그리고 인맥(회사 내외부)이 있어야 무난하게 수행할 수 있는 자리입니다. 그래서 많은 경우 본사에서 현지로 파견되는 경우가 많죠.

하지만 이런 경우에는 두 가지 능력이 요구됩니다. 새로운 문화에 대한 이해 능력, 그리고 언어 능력이 바로 그것이죠. 첫째, 문화 이해 능력이라함은 중국의 문화를 편견 없이 받아들일 줄 아는 태도와 유연하게 이를 습득하고 이용할 수 있는 능력을 의미합니다. 결국 이를 위해서는 중국인을 낮춰 보지도, 그렇다고 필요 이상의 격식을 갖추지도 않고 있는 그대로의 문화를 이해하는 기본적인 소양이 요구됩니다.

지사장에게 기대하는 역할에 따라 차이가 있겠지만, 현지의 고객들과의 직접 대면이 요구되는 역할이라면 언어 능력도 중요합니다. 중국어를 잘한다는 것은 단순히 인사말의 수준이 아니라, 계약서를 이해하고 조율하면서 그 기술적이면서 감정적인 교감까지 가능한 수준을 얘기합니다.

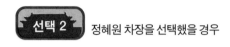 정혜원 차장을 선택했을 경우

일 년 뒤, 서울 본사

최고의 영업사원으로 인정받던 정혜원 차장은 김종원 대표가 얘기했던 적극성과 오랜 영업 경험이 갖춰진 사람이었다. 일 년이 지난 시점에 정혜원 차장이 서울 본사에 들어왔다. 김종원 대표가 중국 사업 진행 상황에 대해 보고를 받았다.

"그래, 매출이 계속 오르고 있는 것이 아주 보기 좋아. 잘하고 있어."

"감사합니다."

"내년은 어때?"

"영업사원이 당연히 목표를 채워야 하지 않습니까? 당연히 내년 목표까지 달성 가능합니다."

"아주 좋아."

김 대표의 입가에 미소가 번졌다.

"언어가 불편하지 않나?"

"뭐 불편할 것은 없습니다. 모두 한국말을 하니까요."

"한국말? 그게 무슨 말이지?"

"아, 아무래도 의사소통하는 것이 불편해서, 현지에서 거주하는 한국 사람이나 조선족 교포들을 고용했습니다. 한국 주재원보다 비용이 훨씬 저렴하고, 중국 사람과 일하면서 생기는 언어 문제가 없으니, 더

할 나위 없이 좋습니다."

현지 한국 사람들과 조선족 교포만으로 중국 비즈니스를 운영한다는 것이 좀 의아했지만, 빠른 성장으로 목표량을 맞추고 있는 상황에서 문제 될 것이 없다고 생각했다.

몇 달 뒤, 상하이

하지만 없을 것 같던 큰 문제가 터지고 말았다. 한국에서 해오던 오래된 관행이었던 '물량 밀어내기'를 견디다 못한 따리상(代理商:유통협력사)이 견디다 못해 이를 지역신문에 고발한 것이었다. 정혜원 차장은 목표를 맞추기 위해, 현지의 문화와 정서를 전혀 이해하지 않은 채 자신이 해오던 한국에서의 방식을 중국 따리상에게 강요했던 것이다. 결국 공상국의 조사가 시작되고 회사의 이미지는 크게 손상되었다. 그리고 따리상 창고에서 썩고 있던 20개들이 라면 상자 3천 개가 고스란히 유통기한을 넘긴 채 돌아왔다.

'조은식품의 부도덕한 물량 밀어내기 관행, 중국에서도 답습.'

한국의 신문에서 이 사건은 대대적으로 보도되었다. 한국 매출의 1%에도 못 미치던 중국 매출 때문에 조은식품 한국 본사의 이미지와 주가는 바닥을 향해 추락해 갔다.

중국에서 한국의 관행을 답습하는 한국 회사

비즈니스 문화 또는 관행이라는 것은 마치 오랫동안 유전으로 전해내려온 DNA 같아서 좀처럼 바뀌지 않습니다. 오랜 역사와 전통을 가지고 있는 기업일수록 변화는 어려운 법이죠. 하지만 글로벌 비즈니스를 할 때는 기존의 문화와 관습을 얼마나 빨리 재검토하고, 변화가 필요하면 이를 받아들일 수 있는가가 중요한 경우가 많습니다.

타깃 시장이 미국이나 유럽과 같이 소비자들의 생김새가 이질적인 나라에서는 오히려 '문화 차이'에 대해 더 공부하려 하지만, 중국은 그렇지 않은 경우가 더 보편적입니다. 중국 소비자들은 우리와 비슷한 외모에 음식도 문화도 비슷한 부분이 많습니다. 그렇기 때문에 많은 한국 기업들이 처음에 중국에 와서까지 한국에서 해오던 비즈니스 방식을 고집하는 경우가 있습니다. 처음에 많은 어려움을 겪는 가장 큰 이유 중에 하나입니다.

인터뷰 1 실패사례 익명, 한국인 (한국기업 P사 중국법인 근무)

현지에서 채용된 한국인으로서 저는 주재원들 및 중국인 직원들과 함께 한국에서 들여온 제품을 현지화하고 이를 시장에 출시하는 일을 담당했습니다. 하지만 주재원들의 업무 방식은 가끔 황당할 정도로 한국에서 하던 방식을 그대로 따라하는 경우가 많았습니다. 한국에서 통했던 방식이 중국에서도 잘될 것이라는 믿음을 가지고 있었습니다. 예를 들면, 끼워팔기가 대표적이었는데 믹스커피에 플라스틱 잔을 끼워서 파는 식의 마케팅을 고집했습니다. 중국 소비자들의 구매 성향을 전혀 모르면서 '한국에서 효과가 있었으니, 중국에서도 효과가 있을 것이다'라는 막연한 발상에서 말입니다. 그들은 중국 직원이나 현지에서 채용된 한국 직원들의 말을 귀담아듣지 않았으며, 무엇보다 중국의 비즈니스를 이해하려는 노력 또한 부족했기 때문이었습니다.

이영희 팀장 (오리온 중국법인)

2004년 오리온은 스스로 "탯줄을 잘랐다"라는 표현을 사용하면서, 한국 본사와 독립적으로 운영을 시작했습니다. 한국에서의 모든 사업 방식과 관행을 처음부터 다시 되짚어보면서, 그것들이 중국 시장에 맞는지를 재검토한 것이지요. 물론 본사에서 중국법인의 자체 의사결정을 할 수 있도록 지원하지 않았다면, 중국에 맞는 사업 방식을 찾기는커녕 한국에서 파견된 주재원들이 계속 한국의 사업 관행을 중국에서도 답습하게 했을 겁니다.

중국의 한 대형 마트에 진열되어 있는 오리온 제품들

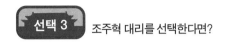 조주혁 대리를 선택한다면?

면접 직후, 서울 본사 회의실

어떤 후보자가 제일 적임이냐에 대한 열띤 토론이 진행되던 그때, 김종원 대표가 입을 열었다.

"누가 가장 중국 사업에 대해 열정이 있어 보였습니까?"

이에 대해 모두 갑자기 조용해졌다. 열정? 뜬금없는 소리처럼 들렸다. 그때 누군가가 얘기했다.

"조주혁 대리의 눈빛이 가장 진지해 보였습니다."

"맞습니다. 저는 주혁 씨의 눈빛을 보고, 열정을 읽었습니다. 이 일을 정말로 해보고 싶어 하는 게 보였습니다. 그리고 그 도전에 대해 준비가 되어 있는 듯 보였습니다. 우리가 필요한 사람은 현재 이룩한 것을 잘 관리할 수 있는 사람이 아닐 겁니다. 중국에서 외롭게 홀로 도전을 계속할 수 있는 충분한 열정이 있는 사람이어야 합니다. 저는 조주혁 씨를 보내고 싶습니다."

김 대표는 확신에 찬 목소리로, 조주혁 대리에 대한 자신의 생각을 얘기했다. 면접을 통해서 바뀐 생각이었다. 수많은 글로벌 기업들도 그리고 유수의 한국 기업들도 고전을 면치 못하는 곳이라면, 어떤 환경에서도 살아남을 수 있는 열정으로 무장한 사람을 보내야 한다. 매일 시련과 좌절을 겪고도, 다음 날이면 그 일을 잊고 툴툴 털고 다시 일어날 수 있는 사람이어야 한다. 중국어 때문에, 비즈니스 문화 때문에 얼마나 힘든 하루하루를 보낼 것인가. 그래도 포기하지 않고 웃으면서 도전할 수 있는 사람이 누구일까라는 생각을 하게 되었을 때 결국 '열정'이 있어야 한다는 생각을 하게 된 것이다. 그렇게 조주혁 대리가 중국 지사의 최고관리자로 선정되었다.

얼마 뒤, 김종원 대표 사무실

발표가 나고, 얼마 뒤 주혁이 김 대표 사무실을 노크했다.

"안녕하십니까, 사장님, 전무님."

윤승훈 전무가 악수를 청했다.

"축하해, 조 팀장. 운이 좋았네. 중국에서 어떻게 살아남을지는 모르겠지만."

"감사합니다."

조 팀장은 웃으면서 인사했다. 물론 조 팀장이 비꼬는 윤 전무의 생각을 모를 리는 없었다. 하지만 사회생활에서 배운 처세술은 이런 상황에서 '미소'로 답하는 것이었다.

"그래, 각오는 단단히 되어 있는 거지? 300억을 하려면 말야."

"네?"

김 대표가 웃으면서 윤 전무를 나무랐다.

"윤 전무, 왜 겁부터 주고 그래? 하하."

그리고 주혁에게 다가왔다.

"지난 실패를 돌아보면, 가장 큰 문제 중에 하나는 '목표의 부재'가 아니었나 싶어. 목표가 없으니, 관리 방안도 없었고, 결국 크고 작은 문제가 생길 때 해결할 준비가 안 되어 있었던 것으로 보이네."

윤 전무가 웃음기 없는 얼굴로 말했다.

"우린 2012년까지 300억 규모의 비즈니스로 만드는 것이 목표네. 그것이 주주들과 한 약속이고 조건이야. 그러니 무조건 해야 해. 매년 성과를 보고, 당신을 복귀시킬지 어떨지를 결정할 거야. 얼렁뚱땅할 생각은 하지도 말게."

"열심히 해보겠습니다."

"아니, 열심히만 하면 안 돼. 꼭 성공해야 해."

김 대표가 조 팀장 어깨를 툭툭 두드리며 말했다.

회의실을 나온 주혁은 잠시 생각을 했다. 300억이라는 규모는 현재 한국의 조은식품에게는 그다지 큰 규모가 분명 아니었다. 하지만 주어진 목표가 있다는 사실이 갑자기 부담으로 다가왔다.

'과연 내가 잘한 선택인가.'

새로운 임무에 대한 설레임도 잠시, 주혁은 조금 걱정이 되었다. 하지만 이미 주사위는 던져졌다. 회사를 나와 어두워진 테헤란로를 걷기 시작했다.

제2장

누구에게 팔 것인가?

| 사례 연구 |
2008년 말 발생한 한국인들의 대거 귀국
한류와 한국 제품 매출 증가와의 상관관계

2006년 겨울, 서울 본사 회의실

주혁은 떠나기 전에 이신혜 차장을 꼭 한 번 만나고 싶었다. 비자도 발급받았고, 비행기표도 예약을 마치고 출국 날짜만을 기다리고 있었지만, 아직도 궁금한 점들이 너무나 많았다. 지금까지 진행되었던 중국 비즈니스에 대해 얘기를 듣고 싶었다. 영업 채널은 어떻게 운영되고 있는지, 어떻게 새로운 채널을 찾는지, 마케팅은 어떻게 하는지, 그리고 무엇보다 중국에서의 생활은 어떤지. 중국어를 배우기 위해 학원 새벽반에 나가고 있지만, 니하오(你好), 씨에씨에(謝謝) 같은 서바이벌 중국어 몇 마디만 하면서 과연 생활이 될까 의심스러웠다. 이래저래 이신혜 차장과 얘기를 나누고 싶었다.

하지만 이 차장은 주혁의 이메일에 단 한 번도 답장을 하지 않았다. 결국 상하이에서 만나게 되겠지만, 답장이 없는 이 차장에게 꽤 서운한 감정이 쌓여 가고 있었다.

그러던 어느 날 강 이사가 사무실 전화로 주혁에게 연락을 했다.

"조 팀장, 이신혜 차장이 지금 내 사무실에 와 있어요. 한국에 어제 들어왔다는데? 한번 만나 보는 게 어때요?"

주혁은 바로 강 이사 사무실로 달려갔다.

"조 팀장, 어서 와요."

강 이사와 악수를 하면서 이 차장을 힐끗 쳐다봤다. 하지만 이 차장은 그를 외면하고 있었다.

"안녕하세요, 이 차장님. 만나서 반갑습니다. 제가 너무나 뵙고 싶……."

"조 대리는 여기서 근무 몇 년 하셨어요?"

말이 끝나기도 전에 이 차장이 쏘았다.

"5년 3개월입니다."

"중국에 가 봤어요?"

"네, 홍콩에 여행으로 한 번."

"지금 나랑 장난해요? 중국에서 공부나 일해 본 경험이 있냐고요?"

"없습니다."

슬슬 주혁도 감정이 상하기 시작했다. 자신을 비꼬고 있다는 것을 모를 정도로 바보는 아니었다.

"중국어 해요?"

"못 합니다."

"그럼 무슨 빽으로 중국 팀장이 된 거죠?"

"네?"

이 차장은 고개를 돌려 강 이사에게 물었다.

"이사님. 왜죠? 왜 이런 사람이 뽑힌 거죠? 그 자리, 당연히 제가 하는 게 맞잖아요."

"말씀이 너무 심하시네요."

주혁이 발끈했다.

"자, 이 차장. 좀 진정해요. 말이 좀 심했어요."

강 이사가 나섰다. 하지만 그녀는 멈추지 않았다.

"중국 비즈니스 규모가 작은 것이 제 탓인가요? 시장을 배우는 과정이라고, 규모 키울 생각이 없다고 했잖아요. 적극적으로 중국 시장을 해보겠다고 하시길래, 이제 좀 도와주려나 했는데, 저보고 들어오라고요? 그리고 이런 대리급이 저 대신 나간다고요? 내 참 어이가 없어서. 무슨 생각으로 이런 사람을……."

"그만합시다, 이 차장. 바람 좀 쐬고 와요."

강 이사의 목소리가 커지자, 이 차장은 사무실을 나갔다.

"조 팀장이 이해하세요. 저 사람, 지금 실망이 꽤 커요."

강 이사는 얼굴이 새빨개진 주혁을 위로했다.

"예상은 했죠. 제 이메일에 답장을 한 번도 안 한 것을 보면서."

너무 어이가 없었지만, 주혁도 예상을 전혀 못 했던 것은 아니었다.

"자기가 백 프로 중국법인 지사장이 될 줄 알았겠지. 3년 넘게 중국에 있었고, 윤승훈 전무가 특별히 좋아했고. 뭐, 비즈니스가 신통치 않은 것은, 모두들 기대를 안 했던 것이라 크게 문제될 것이 아니었죠."

"근데, 왜 이 차장이 그 자리를 못 맡게 된 거죠?"

주혁은 궁금해졌다.

"사건이 있었지."

"사건요?"

"작년 봄에 사장님이 상하이에 갔었어요. 회의가 있었던가? 아무튼 일이 있었어요. 중국 비즈니스와 상관없는. 그때 일정도 빠듯하고 해서 아무에게도 얘기를 하지 않았다고 하시더라고. 그리곤 지나가던 길에 상하이 사무실에 들른 거예요. 근데, 마침 사무실은 텅 비어 있고, 중국 따리상(代理商:유통협력사) 직원이 혼자 이 차장을 눈이 빠지게 기다리고 있었다는 거예요."

"왜죠?"

40

"이신혜 차장은 사무실 비우고 골프를 치러 나갔다는 거야. 그러니 사장님이 화가 안 났겠어요? 더욱 황당한 것은 중국 따리상 직원은 납품하기로 한 라면들이 상하이에 도착을 안 해서 애가 타고 있었다는데, 이 차장이 이틀째 전화를 안 받아서 쫓아온 거예요. 사장님은 그때 직감한 거죠. 이신혜 차장이 믿고 일을 맡길 사람이 아니라는 걸."

그림이 그려졌다. 왜 김 대표가 가장 적임으로 여겨진 이 차장을 반대하고 새로운 자신을 뽑았는지 알게 되었다.

강 이사가 머그잔의 커피를 한 모금 마시고 말을 이었다.

"그건 그렇고. 우리는 이 차장이 오기 전에 잠깐 중국 사업에 대해 얘기해 볼까요? 내가 중국에서 일한 적은 없지만, 서류와 보고서로는 중국 사업 진출에 대해 가장 많이 검토한 사람이고, 사장님이 특별히 부탁하시기도 했고. 아마도 조 팀장을 많이 도와줄 수 있는 사람이 될 듯해요."

"감사합니다."

강 이사는 컨설턴트 출신답게 샤프하고 스마트한 느낌이었다. 점잖고 매너 좋은 강 이사의 격려에 방금 전 이신혜 차장으로부터 받은 화가 누그러지는 듯했다.

"자, 그럼 생각하고 있는 중국 사업 전략…… 전략이라는 표현이 너무 거창하면 계획…… 한번 들어볼까요?"

"네. 우선, 지금 중국에서는 대형 마트보다는 소매점 사업이 더 시장 규모가 크다는 얘기를 들었습니다. 아무래도 거리 판촉행사와 광고가 유효하지 않을까 싶습니다. 한국에서처럼 가판대 시식을 거리에서 해보는 게 어떨까 싶어요. 그리고 광고는 적어도 성룡이나 장쯔이

같은 대스타를 써야 할 듯한데…… 요구하는 돈이 너무 셀 것 같기도
하고…….”

그동안 머릿속으로만 생각했던 아이디어를 던져대는 주혁의 말을
강 이사가 끊었다.

“잠깐만. 조 팀장. 말 끊어서 미안한데. 광고와 판촉계획을 논하기
에 앞서, 우리의 목표량이 어느 정도인지 생각하고 거기서부터 우리
계획을 짜보자고요. 목표가 얼마죠?”

“2012년까지 300억 규모로 만드는 겁니다.”

“300억이라. 그게 가능할까요?”

갑자기 이신혜 차장이 사무실로 들어오면서 말했다. 밖에서 얘기를
들은 듯했다.

“아까는 미안했어요. 기분 나빴다면 이해하세요.”

이 차장이 사과하고 말을 이어갔다.

“올해 약 1억 원 정도의 매출을 올렸죠. 근데 6년 안에 300억? 300
배나 올린다는 건 불가능이죠.”

‘300배?’

300억이라는 숫자와 300배 성장. 같은 얘기지만, 다른 느낌이었다.

“너무 기죽을 것 없어요. 일단 어떻게 300억이 될 수 있는지 먼저
고민해 봅시다.“

강 이사는 성큼 화이트 보드로 걸어나가서는 펜을 집어 들고 숫자
를 써내려가기 시작했다.

2012년 — 약 300억

2011년 — 약200억
2010년 — 135억
2009년 — 90억
2008년 — 60억
2007년 — 40억

"자, 생각해 보면 내년에 40억 남짓의 매출을 올리고 매년 50%씩 성장한다면, 2012년에는 300억 규모로 키울 수 있어요. 쉽지는 않겠지만, 이제는 한국 본사에서 지원을 할 테니, 1억 하고 있는 지금과는 상황이 달라요."

40, 60, 90, 135, 200, 300.

주혁은 강 이사가 화이트 보드에 써 놓은 여섯 개의 숫자를 물끄러미 바라보았다.

매년 50% 성장.

어디선가 읽었던 기사가 생각났다. 한 소비재 글로벌 회사가 중국에서 매년 100% 성장을 했다는 내용이었다. 한국 시장이라면 어림도 없는 숫자였지만, 중국에서는 해볼 만하겠다라는 생각이 들었다. 이제 중국 소비자들이 깨어나고 있다는 기사들을 하루에도 몇 개씩 접하고 있으니 말이다.

"자, 그럼. 이제 이 차장님의 경험과 아이디어를 들을 차례네요. 어떤 전략으로 비즈니스를 하셨고, 어떤 결과가 있었는지 알려주세요."

강 이사가 이 차장에게 물어봤다.

"1억 원 규모에 전략이라고 거창하게 말씀드리기는 창피하지만, 간단하게 말씀드리죠."

주혁은 노트를 열고 필기 준비를 하였다. 기다리던 시간이었다.

"잘 아시겠지만, 매콤면을 한국에서 수입해다가 팔았습니다. 물론 상하이 시내의 대형 마트 및 체인 슈퍼마켓을 통해 유통시키는 것이 주요 채널 전략이었고요. 이를 위해서 유통 협력사를 하나 선정해서 주로 이를 통해 유통이 이루어졌죠. 그리고 〈대장금〉이 히트치면서 시작된 한국 드라마 인기에 편승한 한류(韓流)가 마케팅 전략이었습니다."

고개가 저절로 끄덕여지는 깔끔한 설명이었다. 드라마 〈대장금〉이 중국인들 사이에서 인기를 끌면서, 한국 음식도 엄청난 인기를 얻고 있다는 기사를 어디선가 들은 듯했다. 한국에서처럼 마트를 통해 유통시키는 채널 전략도 큰 문제가 없어 보였다. 하지만 왜 매출이 신통찮았는지를 알 수 없었다.

"그렇군요. 그런데 차장님이 생각하시기에는 왜 비즈니스의 규모가 작고, 매출 증가 속도도 느렸다고 생각하십니까?"

"마케팅 비용이 부족했던 것이 가장 큰 문제가 아니었나 싶어요. 한류제품으로 승부를 걸려면 홍보를 더 했어야 하는데, 본사 지원이 부족해서 아쉬울 뿐이었죠."

그리고 이 차장이 말을 덧붙였다.

"그리고 말이 나와서 하는 말인데, 사실 제품 자체가 중국 사람들 입맛에 맞지는 않아요."

44

"왜 그렇게 생각하시죠?"

"매콤면은 결국 한국 사람들 입맛에 맞는 제품이고, 중국 사람들은 한국 드라마에서 라면 먹는 장면을 보고, 매콤면을 구매하는 거거든요. 근데 막상 먹어 보면 자신들 입맛에는 별로고…… 그러니 첫 구매가 다음 구매로 이어지지 않아요. 그냥 호기심으로 끝나는 일회성 구매라서 참 답답한 노릇이죠."

주혁은 궁금했다.

"그럼 왜 중국 입맛에 맞는 제품을 만들지 않으셨나요?"

"조 대리가 아직 중국 사업을 전혀 몰라서 하는 얘기인데…… 중국 사무소 직원 여섯 명이 무슨 힘이 있어서 제품을 만들자 말자 할 수 있겠어요? 그리고 중국인들의 입맛을 어떻게 알 수 있는데요? 인력도 시설도 없는데. 우리가 무슨……."

이 차장은 자신이 중국에 대해 잘 알고 있다고 말하지만, 새로운 비즈니스 추진의 기회를 스스로 많이 포기한 듯했다.

"중국 비즈니스와 관련하여 차장님의 요점은, 전략은 좋았으나 결국 본사의 지원이 부족해서 성공하지 못했다고 하셨는데…… 저는 전략에도 문제가 있었다고 생각합니다."

강 이사가 단호하게 말했다.

이 차장은 얼굴이 새빨개졌다.

"어떤 문제가 있었다는 말씀이죠? 강 이사님은 중국에서 근무를 해 보지 않으셨으니, 저보다는 잘 모르실 텐데."

"저야 중국을 잘 모르죠. 하지만 데이터를 이해하고 분석하는 일은 잘합니다."

강 이사가 인쇄된 표 하나를 테이블 위에 올려놓았다.

영업 채널	대형 마트					소매상	온라인 채널		총 매출
	징커롱 마트- A	징커롱 마트- B	징커롱 마트- C	워얼마 - A	워얼마 - B	슈퍼 마켓	온라인 쇼핑몰 A	온라인 쇼핑몰 B	
매출	3,000	2,500	17,500	3,000	12,500	7,000	4,000	500	50,000

월별/단위(RMB)

"이 표는 지난번 매출 보고 때 차장님께서 직접 작성해서 보내주신 2005년 채널별 판매 보고입니다. 맞죠?

"네."

"자, 제가 본 대로 말씀드리면, 중국 마트인 징커롱 마트 C지점과 워얼마 B지점에서 상당히 많은 판매를 올리고 있어요. 나머지는 온라인과 소매상 판매로 매출이 연결되고 있고요."

"맞아요. 징커롱 C점과 워얼마 B점 매출이 전체의 60% 정도 차지하고 있죠."

이 차장은 상당히 자랑스러운 얼굴로 말했다.

강 이사가 의자를 끌어당겨 테이블에 가까이 다가왔다.

"이 두 마트가 어디에 있죠?"

"상하이에 있죠."

이 차장은 당연한 것을 물어본다는 듯이 시큰둥하게 말했다.

"아니요. 동네를 말씀해 주세요."

"이사님께 상하이 동네를 말씀드리면 아시나요?"

"구베이(古北)에 있죠?"

이신혜 차장이 조금 놀라는 눈치였다. 강 이사가 말을 이었다.

"구베이(古北)에 둘 다 있는 것으로 들었는데…… 거긴 한국 사람들 모여 사는 한인타운이라 들었습니다. 다른 마트 세 곳도 모두 한국 사람들이 사는 훙첸루(虹泉路)에 입점해 있고요. 슈퍼마켓 소매상도 온라인 마켓도 모두 한국 사람 대상의 슈퍼고 온라인 쇼핑몰이죠? 실은 온라인 쇼핑몰은 제가 들어가봤죠. 모든 것이 한국말로 되어 있는, 한국 사람 대상의 쇼핑몰이더군요."

이 차장이 말을 잃은 듯했다.

"왜 전략이 한류인데, 중국 사람이 아닌 한국 사람 대상 채널에서만 유통이 되고 판매되었을까요?"

"한국 사람들이 좋아하고 찾으니까 당연한 것 아닙니까."

이 차장은 물러서지 않고 신경질적으로 대답했다.

"이 차장님. 오해 마세요. 잘못된 것이라는 말이 아닙니다. 전략과 실행 그리고 그 결과가 일치하지 않았을 뿐이지."

강 이사가 손을 내저으며 말했다.

"차장님이 말씀하신 대로, 본사의 지원을 받아서 한류에 더 투자를 했다면 정말 달랐을까요? 차라리 이런 상황이라면, 한국인을 대상으로 하는 사업전략을 짰더라면 더 좋았을 수도 있었겠죠. 우린 매출과 이윤을 내야 하는 목표가 있습니다. 중국에서 한국 사람을 대상으로 한다고 해서 잘못된 것은 아닙니다. 우리가 생각하는 시장은 아니었지만, 이윤만 낼 수 있다면 왜 안 되겠습니까."

강 이사는 잠시 뭔가를 생각하는 듯하더니 이 차장에게 다시 물었다.

"한국 사람이 중국에 얼마나 있지요?"

"50만 명 정도?

"그럼, 그 사람들이 일 년에 열 개씩만 먹어도 500만 개. 개당 가격이 한국과 비슷하다고 생각하면, 연매출은 약 50억. 일년에 50% 성장한다면, 연간 300억 훌쩍 넘기는 규모가 되겠네요."

"아······."

조 대리는 자신도 모르게 감탄을 하고 있었다. 주어진 데이터를 가지고 논리적으로 문제를 해결하는 강 이사의 명쾌한 분석이 돋보이고 있었다. 어떤 고객층을 타깃으로 할지에 대한 고민 없이 무턱대고 홍보 방법만이 전략이라고 생각한 자신이 좀 부끄러워졌다.

강 이사가 정리를 했다.

"우리에게는 세 가지 선택 방안이 있네요. 하나는 중국에 있는 한국인을 대상으로 한 마케팅. 둘째 기존에 하던 대로 한국 드라마와 K-POP를 좋아하는 중국 사람들을 대상으로 한 한류 마케팅. 마지막은 면을 즐겨먹는 중국 사람들을 대상으로 한 정면 승부. 이 경우에는 한류를 모르는 사람들이 대다수가 될 것이므로 한류 마케팅이 아닌 현지의 새로운 마케팅이 필요하겠죠."

주혁은 생각했다.

가장 쉬워 보이는 방법은 한국인을 대상으로 하는 것인데, 비즈니스의 확장이 제한적일 것만 같다. 이 차장이 하던 한류 마케팅은 사실 쉽지 않은 길이다. 투자가 필요할 것이다. 마지막 옵션인 중국 현지인에 대한 공략은 어디서부터 어떻게 접근해야 할지 막막할 뿐이었다.

선택의 갈림길

> 두 번째 갈림길에 조주혁 팀장, 강철호 이사 그리고 이신혜 차장이 서 있습니다. 만약 당신이 그들이라면 누구를 타깃으로 라면을 팔겠습니까?
>
> 이미 라면 맛을 너무나 잘 알고 있는 한국인?
>
> 아니면, 한류에 푹 빠져 있는 중국인?
>
> 그렇지 않으면, 정공법으로 중국의 일반 라면 소비자?

 선택 1 중국에 거주하는 한국인을 타깃으로 한다면?

일 년 뒤, 상하이

'이거, 생각보다 쉬운데?'

주혁은 조금씩 올라가는 매출 그래프를 보며 미소를 지었다. 시작한 지 몇 달 만에, 이 차장이 작년에 했던 매출의 절반를 따라잡았기 때문이었다. 조금 적극적으로 한국 사람들에게 프로모션을 하고, 한국 슈퍼마켓을 몇 군데 더 뚫었던 결과였다.

성공이 어느 정도 보장되어 있던, 일 년에 한화 50억 원의 시장은 너무나 매력적이었다. 주혁은 한국인을 타깃으로 정하기로 했다. 수입관세 문제를 해결하게 위해, 현지 판매 가격을 한국보다 조금 높게 책정했다. 하지만 매콤면을 사랑할 정도로 중독된 한국 사람들에게 그 정도의 가격 변화는 큰 영향을 주지 않는 것으로 파악되었다. 특히 술을 얼큰하게 마신 다음날 해장으로 최고라는 매콤면에 대한 한국에서의 인식이 가격의 민감도를 절대적으로 낮추고 있었다.

당연히 한국에서의 라면광고가 방송과 인터넷을 통해 중국에 있는 한국인들에게 전달되었다. 중국에 살고 있는 한국인들도 그 방송을 위성으로 보고 인터넷으로 한국 웹사이트를 방문하다 보니, 특별히 매장내 프로모션 외에는 별다른 마케팅 비용이 안 들어갈 것으로 파악되었다. 무엇보다 한국 사람들의 뇌 속에 각인되어 있는 매콤면이 절대적인 비용의 절감을 가져왔다.

하지만 두 달이 지나고 조금씩 성장이 둔해졌다. 몇 개월째 매출은 그 수준을 지키고 더 이상 올라가지는 않았다.

가장 큰 문제는 오직 상하이에만 한정되어 있는 유통망이었다. 한국인은 중국에 있는 이십여 개 남짓 도시에 흩어져 살고 있는데, 다른 도시의 유통망은 완전 별개였다. 엄청난 크기의 땅 덩어리에서 너무나 당연한 것이었지만, 처음 와보는 주혁으로서는 알 길이 없었다. 전체에 십분의 일인 5만 명이 채 안 되는 한인들만이 상하이에 거주하고 있었다. 따라서 중국 전역의 한국인 50만 명 모두가 타깃이 될 수가 없었다. 타깃은 고작 5만 명의 한국인이었다. 그 중에 한국 라면을 사먹는 수요가 많은 연령층인 20대는 오히려 베이징에 비해 적었다.

유통망을 뚫기 위한 노력이 시작되었다. 베이징, 칭다오, 광저우, 선전, 그리고 톈진 등 한국 사람이 많다는 도시는 모두 뚫어보려 했다. 하지만 그것이 어렵다는 것을 금방 알게 되었다. 이미 많은 한국 라면들이 제3의 경로로 중국으로 들어와 한인 사회에 뿌려지고 있었다. 가격도 훨씬 저렴하게 제공되고 있었기에 도저히 정식 유통망이 자리를 잡을 수가 없었다. 물론 대형 마트들은 중국 사람들에게 인지도가 없는 매콤면에 관심이 없었다. 한국인들에게만 프로모션을 하기 때문에 당연한 결과였다.

2008년 말, 상하이

엄청난 재앙이 닥쳤다.

2008년 리먼브러더스사건으로 시작된 전세계 금융위기가 그것이었다. 처음에는 미국에서 터진 금융 사건 정도로만 생각했다. 하지만 환차손이 발생하고 한국 기업들이 수익성이 나지 않는 사업을 중국에서 하나둘씩 철수하기 시작했을 때 매콤면의 매출도 눈에 띄게 줄기 시작했다. 주재원들이 귀국을 하기 시작했던 것이다.

환율도 치솟기 시작해 한국에서 송금해 주는 돈으로는 생활이 어려워지자 유학생들도 귀국을 하기 시작했다. 한인 동네인 구베이나 홍첸루에는 한국 사람 찾아보기가 힘들어졌다. 이로 인해 한국 사람을 대상으로 하던 수많은 소규모 비즈니스들이 문을 닫기 시작했다. 주재원, 학생, 소상인 등의 여러 그룹으로 이루어진 한국 교민사회는 연쇄반응으로 줄어들었다. 한국 사람들은 그렇게 엑소더스를 감행하는 유대인들처럼 도망치듯 중국을 빠져나갔다.

김 대표는 조은식품도 중국지사를 정리하고 들어올 것을 지시했다. 적자에 허덕이는 중국지사를 계속 운영할 이유가 전혀 없었기 때문이다. 탄탄한 기반의 고객군을 만들지 못한 것을 후회하면서 주혁은 귀국길에 오를 수밖에 없었다.

2008년 말 발생한 한국인들의 대거 귀국

일과 공부 때문에 3개 대륙 및 4개 나라의 한인 사회들을 경험할 수 있었습니다. 그 결과 중국의 한국 교민사회는, 정착을 목표로 이주하는 나라들의 한인 사회와는 조금 다르다는 것을 느꼈습니다. 즉, 중국의 한인 사회는 다분히 '일시적 거주'의 성향이 강하다는 것을 느꼈습니다. 최대 교역국이자 가장 가까운 나라인 중국에는 수많은 주재원들과 유학생이 살고 있으며, 새로 중국으로 나오고, 다시 한국으로 돌아가는 이른바 유동인구가 다른 나라 교민사회보다는 많은 것이지요.

하지만 이를 감안한다 하더라도 2008년 말과 2009년에 이어진 귀국 행렬은 매우 이례적이었습니다. 그 당시 중국의 한인 사회도 세계 금융위기의 여파로 큰 어려움을 겪었고, 이로 인해 많은 한국 교민들이 한국으로 돌아가는 것을 목격했습니다. 한 중국 신문은 "위안화 대비 원화 환율이 대폭 오르면서 한인 상당수가 환율 변동을 견디지 못하고 귀국길에 오르고 있다"고 보도했습니다. "경기도 안 좋은데 위안화까지 크게 올라 한국인들이 더 이상 중국에서 살아가기 어려워졌다"며 "최근 계속되는 불황에 한국인들 1/3 이상이 귀국했다"고 전했습니다.[1]

한류에 푹 빠져 있는 중국인을 타깃으로 한다면?

2007년 봄, 상하이

〈대장금〉의 인기는 과연 열풍에 가까웠다. 만나는 사람마다 주인공이었던 이영애와 지진희에 대해 물었다. 한국 여성에게는 '이영애 닮았다' 남자에게는 '지진희 닮았다'라는 칭찬을 할 정도였다. 주혁이 만난 중국 사람들 중에 한국 음식을 먹고 싶어하고, 또 실제로 찾아서 먹는다는 사람들이 대부분이었다. 물론 인사치레라고 여길 수도 있었지만, 좋은 징조로 보였다.

주혁은 확신을 가지고 한류를 활용한 마케팅을 하기로 했다. 물론 그 대상은 〈대장금〉 같은 한국 드라마와 한국에 관심이 있는, 부유한 사람들이었다. 즉, 월 수입 런민비(人民币 : 중국의 화폐단위) 5천 원에서 2만 원 사이, 당시 환율로 한화 육십만 원에서 이백 오십만 원 사이의 중산층 이상이었다.

당연히 마케팅에 총력전을 펼치기로 했다. 다행히 본사의 광고모델들이 모두 중국에서 어느 정도 인지도가 있기에 적극적으로 활용하기로 했다. 대형 마트의 라면 코너에는 태극기와 한류스타의 얼굴이 큼지막하게 매콤면을 선전하고 있었다. 사람들이 관심을 가지기 시작했다.

"아, 대장금의 이영애가 즐겨 먹는 라면이에요?"

사람들은 조금씩 매콤면과 한류 더 나아가 한국을 하나로 인식을 하는 듯했다. 설문조사 결과 빠르게 사람들이 매콤면을 한국 제품으로 확실하게 인지하기 시작했다는 것을 알 수 있었다.

하지만 매출은 늘지 않았다. 처음에 한국 라면에 대한 호기심으로 혹은 한류에 대한 관심으로 매콤면을 사먹었던 중국 소비자들의 첫 구매가 재구매로 이어지지 않았다. 몇 달이 지나가자, 한류의 인기가 매출의 증가에 결정적인 영향을 미치지 못하고 있다는 것이 분명해졌다. 그동안 쏟아부은 노력과 비용이, 결국 한국과 매콤면의 강한 연결 고리만 남겨 놓은 채 흐지부지되어 버렸다.

일 년 뒤, 상하이

한류가 혐한류(嫌韓流)로 바뀌었다.

한국에서 베이징 올림픽 성화 봉송 중에 벌어진 중국인 유학생들과 한국 시민단체의 충돌 소식이 중국에 전해졌다. 그후 한국 방송국의 중국인 폄하 방송이 여과없이 인터넷상에서 빠르게 퍼졌다. 한국 사람들이 악의적으로 올린 인터넷 댓글들이 고스란히 번역되고 있었다. 중국인들의 한국인에 대한 반감은 하늘을 찌를 듯했다. 길거리를 지나던 한국 사람들이 중국인들로부터 묻지마 폭행을 당하는 사례도 보고되었다. 불과 며칠 만에 한국에 대한 호감이 혐한의 감정으로 바뀌고 있었다. 그리고 그 혐한 감정은 자연스럽게 한국 제품 불매운동으로 이어졌다.

매콤면은 한류의 대표, 한국의 대표 식품으로 각인되어 있는 마당에 마트에서 감히 매콤면을 집어드는 중국 사람은 없었다. 실제로 영토문제로 불거진 반일 감정이 일본 차를 타고 다니는 중국 사람에게까지 피해가 갔던 기사를 접한 중국 사람들은 혐한 감정이 아니더라도 다른 중국인들의 보복이 두려워서 구매를 피했다.

맛으로 품질로 이룬 브랜드가 아닌, 무작정 한류에만 의존했던 매콤면의 마케팅은 눈에 띄는 성과 없이 큰 상처만 돌아온 실패로 끝났다.

한류와 한국 제품 매출 증가와의 상관관계

한류에 대한 여러 가지 시각 중에서 가장 경계해야 할 것은, '한류'로 모든 한국 기업의 성공을 설명하는 것입니다. 마찬가지로 한국 기업의 마케팅은 모두 '한류'로 초점을 맞춰야 한다는 생각도 피해야 하겠습니다. 화장품과 엔터테인먼트와 같이 한국 드라마나 노래의 성공이 매출의 증가로 직접 연결되는 산업이 있는 반면, 그렇지 않은 경우가 더 많기 때문입니다. 다시 말해서, 정확히 한류로 매출이 증가될 수 있는 분야인지를 먼저 파악하고 한류를 이용한 마케팅에 투자를 하는 것이 올바른 순서입니다.

화장품 산업의 경우는 '한류' 마케팅의 효과가 크다.

인터뷰 1 김민아 팀장 (아모레 퍼시픽)

아모레퍼시픽은 일부 브랜드의 마케팅에서 '한류'를 활용하고 있습니다. 화장품은 상품의 속성상 상품의 효과가 얼굴에 직접적으로 드러나기 때문에, 고객들의 판단이 브랜드의 '모델'에 의해 많은 영향을 받습니다. 따라서 '모델' 선정 시 중국 시장에서의 인지도와 영향력을 고려하게 됩니다. 또한 우리가 타깃하는 젊은 여성층이 한국 드라마의 주소비층과도 일치하기 때문에, PPL[2] 등으로 한국 드라마를 활용하기도 하며, 메이크업에 대한 지식이 부족한 중국 고객을 위해서 매장에서 한국식 메이크업에 대한 교육을 하는 것도 '한류'를 활용하는 마케팅의 방법입니다. 다만 간과해서 안 될 점은 상품의 근본적인 경쟁력입니다. 질적으로 우수한 상품이 뒷받침이 되어야만 '한류' 마케팅을 통해 우리 브랜드를 한번 경험한 고객이 장기적인 충성고객으로 전환될 수 있습니다. 따라서 저희는 중국 소비자의 특성을 상품에 반영시키기 위해 매년 여러 차례의 소비자 조사도 병행하고 있습니다.

인터뷰 2 박세호 법인장 (롯데마트 중국법인)

특별히 '한류' 마케팅을 하지는 않습니다. 개인적으로 한류는 언제든지 사라질 수 있는 "허상"이라는 생각입니다. 그저 남들의 재밌거리를 마치 대단한 것인 양 확대 해석해서 보도하는 언론이 만들어 낸 결과물이 아닐까 싶습니다. 마치 한국 회사가 중국에서 성공하면 모두 '한류' 덕분인 것처럼 해석하는 것이지요. 여느 나라의 사람들처럼, 중국 고객들은 한국 상품에 열광하는 것이 아니라, 좋은 상품에 열광하는 것뿐입니다. 한국 기업의 투자 회수는 중국 고객에게 지지받을 수 있는 상품을 지속적으로 개발할 수 있을 때 가능할 것으로 생각됩니다.

이영희 팀장 (오리온 중국법인)

오리온은 '한류'에 큰 신경을 쓰고 있지 않습니다. 오리온은 짧은 시간 내 중국에서 비약적인 성장을 한 한국 회사입니다.[3] 하지만 제품의 맛으로 중국 사람들에게 사랑을 받은 것이지, '한류'를 마케팅의 중심으로 둔 적은 없습니다. 한국 회사임을 강조한 적도, 제품이 한국 제품임을 강조한 적도 없습니다. 대부분의 중국 사람들은 오리온을 중국 회사로 알고 있습니다.

대신 많은 연구개발 투자로 중국인들의 입맛에 맞추려 노력했습니다. 40여 명이 넘는 연구소 직원들이 한국 제품의 맛을 어떻게 현지화할 것인가를 연구하고 있습니다. 한국 모델들이 광고에 등장하는 것은 중국 사람들에게 인기가 있어서입니다. 다른 중국 회사들이 한국 광고모델을 쓰는 것과 동일합니다. 한류의 영향으로 매출이 늘었다고는 생각하지 않습니다.

하오리요우(好丽友: 오리온의 중국이름)는 중국 기업으로 인식되고 있다

제3장

중국은 하나의 시장이 아니다

| 사례 연구 |
각 성과 도시를 다르게 접근하라
도시마다 플레이어들이 다른 중국

선택 3 중국의 일반 라면 소비자들을 타깃으로 잡은 경우

2007년 2월. 상하이 푸동공항

막상 피부로 느낀 상하이 날씨는 서울보다 그리 따뜻하지는 않았다. 붉은색 카페트를 밟고 붉은색 광고를 보며 조주혁은 비행기에서 내렸다. 모든 것이 붉은색이었다. 창밖으로 축축하게 젖은 활주로가 보였다. 방금 비가 내린 듯했다.

하이톤의 중국말이 안내 방송으로 나오기 시작했다. 비행기에서 우르르 몰려나온 사람들이 떼지어 수화물 찾는 장소로 걷기 시작했다. 공항 실내였음에도 불구하고, 한 중국인이 옆에서 담배에 불을 붙였다. 깜짝 놀란 주혁이 쳐다봤지만, 그 남자는 아랑곳하지 않고 오랜시간 담배를 힘들게 참았다는 듯이 뻐끔거리며 피워댔다.

수화물 벨트에서 짐을 카트에 옮겨 실으며, 전화 로밍을 인천공항에서 하지 않은 자신을 탓하고 있었다. 만약 회사에서 자신을 마중나오지 않는다면, 어떻게 사무실을 찾아가야 하는지조차 몰라 막막할 것이다. 이신혜 차장이 누군가를 보낸다고 했으니, 자신의 이름을 피켓에 들고 있으리라 믿고 카트를 끌었다.

여느 국제공항처럼 푸동공항에도 수많은 인파가 몰려나와 스르륵 열리는 대합실 자동문을 뚫어져라 쳐다보고 있었다. 다른 때 같으면 어색하게 빠져나왔을 그곳에서 그는 피켓을 하나하나 확인하기 시작했다. 수십 개의 피켓을 스캔하던 그의 눈에 그의 이름이 들어왔다.

피켓을 들고 있는 사람은 젊은 여성이었다.

"니하오."

주혁은 준비했던 인사말을 던졌다.

그 여성은 손가락으로 피켓에 적힌 이름을 가리키며,

"스니마?(是你吗?—당신이에요?)"

들렸다! 방금 이 중국어가 들렸다. 신기한 경험이라 생각했다. 웃으면서 고개를 끄덕였다.

"스워(是我—네, 접니다)."

그러자 그 여성의 입에서 반가움의 탄성과 함께 중국어가 봇물터지듯 터져나왔다.

"见到你很高兴! 你很帅呀。飞机晚点了吧? 不累吗?(반갑습니다. 정말 잘생기셨네요. 비행기가 조금 연착되었네요. 안 피곤하세요?)"

갑자기 당황스러웠다.

'아, 아무것도 들리지 않는다…… 한마디의 짧은 중국어를 듣고 내가 중국인인 줄 아나?'

중국어 학원에서 두 달 배운 중국어가 충분할 것이라 생각하지는 않았다. 그래도 수업시간에 옆사람과 짝지어 연습할 때만 해도 기본적인 회화는 가능할 것이라 생각했다. 하지만 이렇게 입이 딱 달라붙어서 한마디도 안 나올 줄은 몰랐다.

"주혁 씨는 발음이 아주 좋아요, 금방 중국어를 잘할 것 같아요."

주혁의 발음을 칭찬해 주던 학원 선생님이 원망스러웠다. 불필요한 자신감을 선사해 준 것은 전혀 고맙지 않다.

결국 영어로 얘기했다. 쪽팔리지만, 살아남아야 한다.

"미안해요, 중국어 잘 못해요. 영어로 말씀해 주세요."

그 여성은 얼굴이 빨개지더니 연신 미안하다며 영어로 말하기 시작했다.

"저는 왕메이라고 합니다. 만나서 반갑습니다."

악센트가 강했지만, 영어를 꽤나 잘하는 왕메이는 악수를 하고는, 바로 주혁의 수화물 카트를 끌기 시작했다.

"아니에요, 제가 직접 끌게요."

주혁은 겨우 메이로부터 카트를 빼앗았다. 예의가 참 바른 사람 같다는 생각이 들었다. 나란히 택시 정류장까지 걸어가면서 어색하게 침묵을 지켰다. 언뜻 예쁘장하게 생긴 얼굴과 상냥한 미소에 말을 걸어보고 싶었지만, 동양인 얼굴끼리 영어가 어색했다. 별수 없다. 중국에 와서 중국어를 못하는 자신을 탓할 수밖에.

푸동공항에서 사무실이 위치한 시내까지는 시간이 상당히 걸렸다. 뻥 뚫린 고속도로를 벌써 1시간째 달리고 있었다. 창밖은 비가 막 그친 하늘답게 파랬다. 너무 어색하게 입을 다물고 있는 것 같았다.

"메이는 조은식품에서 일한 지 얼마나 되었나요?"

"이제 6개월이 지났습니다."

"6개월? 그럼 그 전에는 무슨 일을 했나요?"

"대학교를 졸업하고, 일 년간 다른 한국 회사를 다니다가 조은식품에 입사했습니다."

"한국 회사를 좋아하나 봐요?"

"많은 대학생들이 외국계 회사를 선호합니다. 일이 힘들지 않으면서 월급을 많이 준다고 알려져 있죠."

총 1년 반의 사회 경력. 신입사원이나 다름없었다. 주혁은 갑자기 자신의 신입사원 시절을 떠올렸다. 입사 초기에 강의실에서, 공장에서, 사무실에서 그리고 술자리에서 받았던 교육들이 생각났다. 갑자기 조은식품 중국지사는 어느 정도 업무 교육을 하고 있는지 궁금했다.

"입사해서 어떤 교육을 받았나요?"

"입사 첫날 4시간, 상품과 업무 관련 소개 받은 것 외에는 별다른 교육은 없었는데요."

조은식품의 중국지사가 규모가 작다는 것은 잘 알고 있지만, 신입사원 교육에 고작 4시간만 할애를 한다는 것이 놀라웠다. 과연 일에 대한 이해와 회사에 대한 충성심이 생길지 의문이었다. 그리고 신입사원 입장에서 회사와 비즈니스를 배울 수 있는 좋은 기회가 없었다는 것에 측은한 마음마저 들었다.

얼마 지나서, 거대한 도시로 자동차는 들어섰다. 그제서야 서울 출퇴근 시간의 교통 체증이 상하이에도 있다는 것을 알게 되었다. 서로 먼저 가려고 빵빵대며 끼어드는 혼란 속에서, 주혁이 20년 넘게 하지 않은 멀미까지 날 지경이었다. 주혁의 마음을 모르는 듯 차는 거대한 강 위에 세워진 다리를 빙빙 돌아서 강을 건넌 후, 또다시 꽉 막힌 도로에서 약 50분이 지난 후에야 한 빌딩 앞에 멈추었다.

"도착했습니다."

"이 빌딩인가요?"

"네. 여기 17층입니다."

빌딩은 30층은 되어 보였다.

'이런 곳이라면 임대비가 꽤 비쌀 텐데. 도대체 무슨 돈이 있길래 이렇게 좋은 곳에 사무실을 구한 거지?'

생각했던 것보다 좋아 보이는 회사 빌딩이 조금 의아했다. 하지만 막상 빌딩에 들어갔을 때는 외관보다 내부시설이 다소 부실해 보이는 것에 조금 놀랐다. 경비처럼 보이는 20대의 청년이 주혁을 빤히 쳐다보며 코딱지를 후비고 서 있었다. 왠지 모를 민망함에 주혁은 시선을 피하고 말았다. 덜덜 흔들거리는 공포의 엘레베이터를 타고 17층에 도착했다. 엘레베이터가 중간에서 뚝 떨어질까 봐 손잡이를 힘껏 잡고 있었다.

17층은 10개의 작은 사무실들이 함께 나눠 쓰고 있었다. 17층 사무실 문을 열고 들어가니, 문 앞에 앉아 있던 한 여직원이 벌떡 일어났다.

"니하오."

20대 후반으로 보이는 여직원은 무릎까지 내려오는 두꺼운 붉은색 바람막이 패딩을 입고 있었다. 사무실이 춥다는 것을 그제서야 그도 느꼈다. 물론 그 당시에 상하이는 누안치(暖气)라 불리는 중앙난방이 제공 안 되는 관계로 겨울에는 실내가 꽤 춥다는 것을 주혁으로서는 알 길이 없었다. 왕메이에게 얘기하는 그 여직원의 입에서 하얀 김이 보였다. 그 여직원과 왕메이는 빠른 중국어로 대화를 주고받았다. 아마도 자신에 대해 얘기하는 듯했다. 뻘쭘하게 서 있는 것이 어색해서 주혁은 사무실을 둘러보기로 했다.

"여기 앉으세요."

어색하게 둘러보는 주혁에게 메이가 다가와서, 가장 안쪽에 비어 있는 책상 하나를 가리켰다. 거기에는 한자로 '이신혜'라는 명표가 붙어 있었다.

"여기는 이 차장님의 자리 아닌가요? 다른 비어 있는 자리를 찾아 주세요."

"이 차장님은 떠났으니 괜찮습니다. 이제 주혁의 책상입니다."

주혁은 순간 귀를 의심했다.

"떠나다니요? 누가? 이신혜?"

"네. 이신혜는 지난주 수요일부터 출근을 하지 않고 있습니다. 이미 저희에게는 그만둔다고 얘기했습니다. 모르셨어요?"

오 마이 갓. 갑자기 다리에 힘이 풀리는 기분이었다. 그래도 이신혜 차장이 있기에 걱정을 덜하지 않았는가. 주혁은 중국어는 물론이고, 어떻게 밥을 주문해야 하는지, 어떻게 버스를 타는지도 모른다. 이 차장 없이 이렇게 영어로 이 친구들과 얼마나 일을 할 수 있을까?

예상대로 이신혜 차장의 전화는 꺼져 있었다. 한국으로 귀국을 했는지, 아니면 꺼 놓고 잠수를 탄 것인지는 알 수 없었다. 급히 국제전화를 걸어 확인해 본 결과, 강 이사 또한 전혀 알지 못하는 눈치였다. 황당함이 분노로 바뀌고 있었다. 이신혜 차장의 보복 퇴사가 분명하다. 다분히 감정적인 행동이었다. 미리 말을 해주지 않은 것도 그것을 증명해 주고 있었다. 자신이 떠나면 아무것도 할 수 없을 것이라는 계산이 있었던 것이 분명했다. 그리고 슬프지만 그 계산은 맞아떨어진 듯했다.

"괜찮아요?"

급격하게 바뀐 주혁의 얼굴을 메이가 알아봤다. 괜찮다고 겨우 대답했다.

"이쪽은 마케팅을 하는 샤샤예요."

메이가 씩씩해 보이는 그 여직원을 소개했다.

"안녕. 나의 성은 리우. 이름은 샤샤."

간단한 한 문장이었지만, 샤샤는 영어를 못해서인지 한참을 더듬으면서 말했다. 악수를 청하고 자리에 앉으니 갑자기 생각나는 게 있었다.

'그래, 현지에서 채용된 한국 사람과 조선족 교포가 있다고 했었지.'

"메이, 다른 직원들은 어디 있나요? 외근중인가요?"

망설이던 메이가 입을 열었다.

"지난 금요일에 모두 회사를 떠났어요."

"그럼 메이와 샤샤가 전부?"

"네."

"한국 사람이나 조선족은 없어요?"

"저희는 모두 한족이에요. 한국어를 할 줄 모릅니다."

이번에는 정말 다리가 풀려버려서 힘없이 의자에 주저앉고 말았다.

'이젠, 나에겐 아무도 없다.'

절망이었다. 자리에 앉아서 멍하니 창밖을 바라보았다. 거대한 마천루들이 빽빽이 들어서 있는 도시. 서울과 비슷하지만, 왠지 을씨년스러운 기분이 들었다. 돌아갈까 잠시 생각했다. 하지만 이미 칼은 뽑았고, 루비콘 강은 건넜다. 돌아갈 수는 없다.

'뭘 해야 하나?'

주혁은 오늘 이신혜 차장과 많은 얘기를 나누며 업무를 파악하고 향후의 계획을 얘기할 생각이었다. 이 차장이 없는 상황에서 무엇을 어디서부터 어떻게 해야 할지 그저 막막했다. 잠시 생각을 하다가 현재 업무 파악이라도 해놓아야겠다는 생각을 했다. 마케팅을 담당하는 샤샤로부터 얘기를 들어보기로 했다.

"샤샤, 잠깐 얘기할 수 있을까요?"

샤샤는 영어를 거의 하지 못했다. 결국 메이가 동석해서 통역을 하기 시작했다. 주혁도 대학에서 영어를 전공했지만, 늘 완벽하지 않은 영어가 아쉬웠다. 하지만 이제는 이것을 다시 중국어로 통역해 줄 사람을 찾아야 한다는 생각을 하니 한숨이 나왔다.

하지만 잠시 대화를 해보니, 언어의 문제는 오히려 쉬운 것이었다. 주혁의 몇 가지 질문에 샤샤는 답을 분명하게 하지 못했다. 주요 거래처가 누구인지, 거래처별 매출이 얼마였는지, 그리고 어떤 마트에 얼마만큼 납품이 되고 있었는지도 샤샤는 대답을 하지 못하고 얼버무렸다. 거래처 리스트가 있냐는 질문에 샤샤는 자신의 폴더 핸드폰을 열어 주소록을 보여주었다. 주혁은 순간 샤샤가 농담을 하는 줄 알았다. 하지만 샤샤의 얼굴에서 진지함을 읽었다. 주혁은 할 말을 잃고야 말았다.

그날 저녁, 상하이 호텔 근처

그렇게 성과 없이 당황스런 오후를 보내고, 메이가 예약한 호텔로

간 주혁은 체크인을 하고, 저녁 7시경에 다시 호텔 밖으로 나왔다. 저녁식사를 할 만한 곳을 찾기 위해서였다. 처음부터 그리 좋아 보이지 않는 호텔이었지만, 프론트 직원들이 영어를 한마디도 못하는 현실이 슬프기까지 했다. 맛있는 음식점이 어디 있는지 물어보고 싶었지만, 인상을 찌푸리고 노골적으로 대화를 거부하는 직원에게 더 이상 묻는 것을 포기했다.

정처 없이 떠돌았다. 더 맛있어 보이는 음식을 찾으려고 돌아다니는 듯했지만, 실은 안에 들어가서 음식을 주문할 용기가 나지 않았다. 도대체 무슨 음식인지 읽을 수가 없기 때문에 메뉴판에 사진이 있는 곳으로, 그리고 주문할 때 실수를 할 것을 대비해서 사람이 적은 곳을 찾아 다녔다.

한참을 돌아다니다가 결국 맥도날드로 향했다. 가장 안전한 방법이라는 생각에서였다. 십여 분 동안 줄을 서서 기다린 끝에 드디어 주문할 차례가 되었다.

"I need a cheese burger(치즈버거 하나 주세요)."

"……."

하지만 주문을 받던 점원은 대답을 하지 않았다. 다시 시도해 봤다.

"치이-즈-버어-거어."

순간 주문을 받던 노란 유니폼의 여자가 뒤에다 대고 뭐라고 소리를 질렀다. 그러자 매니저로 보이는 뚱뚱한 여자 한 명이 무표정한 얼굴로 다가왔다. 천천히 주혁의 얼굴을 뜯어보며. 주위에 있는 매장 직원도 손님들도 모두 일제히 주혁을 쳐다봤다. 옆에서 감자 튀기던 사람들도, 주문받던 사람들도, 그리고 계산하던 사람들도 모두 하던 일을 멈추고 주혁을 쳐다봤다.

'젠장.'

순간 너무나 창피해서 도망갈까 하는 생각을 했다. 몇 분이었지만 몇 년처럼 느껴지는 시간이었다. 이윽고 뚱뚱한 여자는 손가락으로 메뉴판의 사진들을 가리켰다. 주혁은 결국 손가락으로 햄버거 메뉴를 가리켰다.

하지만 끝난 줄 알았던 주문 프로젝트는 계속되었다. 뭔가를 물어보는데 도대체 알아들을 수가 없었다. 다시 말해 달라고 영어로 얘기하는 자신이 너무 한심해 보였다. 못 알아듣겠다는 표정으로도 그 노란 옷의 젊은 친구의 질문을 멈추게 할 수 없었다. 사람들이 키득키득 웃기 시작했다. 주변 사람들도 그저 그 광경을 즐길 뿐 아무도 도와주려 하지 않았다. 어쩌면 여기에는 영어를 알아듣는 사람이 아무도 없을지 모른다는 생각을 했다.

"세트 메뉴로 하실 건지, 아니면 햄버거만 드실 건지를 물어보는데요."

순간 한국말을 들었다. 뒤를 돌아보니 40대 중반으로 보이는 남자가 서 있었다.

"한국 사람이시죠?"

남자는 다가오면서 물었다.

"네……!"

눈물이 왈칵 쏟아질 듯한 얼굴로 주혁은 대답했다. 몇 분 뒤, 구세주가 나타난 덕분에 무사히 햄버거를 손에 쥘 수 있었다.

"정말 감사합니다. 여기서 한국 분을 만나게 될 줄은 몰랐습니다.

정말 감사합니다."

"뭘요. 여행 오셨나요?"

"아닙니다. 일하러 왔습니다."

그 남자는 주재원이라는 말에 반갑게 명함을 건네 주었다.

한중 비즈니스 협의회 사무국. 방지석.

"저는 한중 비즈니스 협의회 상하이지부에서 일하고 있습니다. 중국에 진출한 한국 기업들이 고민을 서로 나누고 도움을 주고자 해서 만들어진 비영리단체입니다."

'아. 하늘에서 나를 구하러 내려온 천사가 아닌가.'

"정말 반갑습니다. 언제 식사라도 함께 할 수 있을까요?"

"그럼요, 저희가 한 달에 한 번씩 정기적으로 모임을 갖고 있습니다. 이번 주 금요일 저녁에 모임이 있을 예정이니 연락을 드리죠."

그렇게 서로 명함을 교환하고 헤어졌다. 돌아서서 걸어가는 구세주를 바라보며, 왠지 모를 희망이 생기기 시작했다. 죽으라는 법은 없다. 중국말을 유창하게 하는 듯이 보이는 이 사람에게 뭔가를 더 물어보고 싶었다. 어떻게 여기서 비즈니스를 해야 하는지, 어떻게 중국말을 배워야 하는지, 아니 좀더 근본적인 질문인 어떻게 살아야 하는지를 묻고 싶었다. 금요일에 비슷한 사람들이 모인다면, 어떤 일이 있어도 참석해서 가능하면 많은 사람들과 사귀고 도움을 요청해야겠다는 생각을 했다.

조금은 가벼워진 발걸음으로 호텔로 돌아왔다. 호텔에 도착한 후,

전화가 한 통 걸려 왔다. 메이였다. 저녁식사를 혼자 어떻게 해결하는지 궁금해서 전화한 듯했다. 혼자서 아주 잘 먹었다고, 거짓말을 조금 보태서 얘기해 주었다.

"부모님이 주혁 씨 얘기를 들으시고, 집으로 저녁 초대를 하고 싶다고 합니다. 이번 주 금요일 어떠세요?"

처음에는 사양했지만, 완강하게 와야 한다는 메이의 말에 못 이기는 척하면서 알겠노라고 하고는 전화를 끊었다. 사실 중국인들이 집에서는 어떤 음식을 어떻게 먹는지 상당히 궁금하기도 했다. 명색이 라면을 파는 회사의 중국 지사장인데, 기본적인 중국인의 음식문화를 배울 수 있는 기회를 놓칠 수는 없었다.

그러나 그 순간 주혁은 아차 싶었다. 갑자기 금요일 저녁 약속을 두 개나 잡았다는 사실을 깨달았다.

한중 비즈니스 협의회 정기모임도 금요일, 메이의 집에 초대받은 것도 금요일. 결국 둘 중에 하나를 포기해야 한다. 비즈니스 협의회 모임을 다음 달에 참석하느냐, 왕메이 부모님의 식사를 다음으로 미루느냐.

선택의 갈림길

세 번째 선택의 갈림길에 조주혁 팀장이 서 있습니다. 만약 당신이라면 어떤 자리를 우선 참석하시겠습니까?

한국인들을 만나 정보를 얻을 수 있는 한국상인협의회 정기모임?

아니면, 중국인 가정의 음식문화를 배울 수 있는 왕메이 부모님과의 식사 자리?

2007년 2월 마지막 금요일 저녁, 상하이 구베이 한국음식점

기다리던 모임을 향해 떠나는 발걸음은 마치 소개팅을 나가는 듯이 떨리는 설렘이 있었다. 한국 사람들을 만나서 저녁식사를 한다는 사실만으로도 너무나 기뻤지만, 사실 물어보고 싶은 것이 너무 많았다. 같은 고민을 하고 있는 사람들이지만, 더 많은 경험이 있을 것이라 생각하니 시원한 해결 방법들을 분명히 가지고 있는 사람들이라는 생각이 들었다.

약속 장소는 상하이의 한인타운, 구베이에 위치한 큰 한국음식점이었다. 이미 30여 명의 사내들이 앉아 있는 방으로 안내되었다. 다들 넥타이를 메지 않은 정장 차림이었다. 지난번 맥도날드에서 구세주 역할을 한 방지석 국장이 반갑게 맞아주고, 참석한 한국 사람들과 의례 같은 명함 교환이 약 10분간 이어졌다. 그러고 나서 소맥잔이 돌기 시작했다.

'바로 이거야. 소주 한잔하면서 고민을 나누는 한국의 저녁 문화. 난 이것이 필요했어.'

주혁에게 너무나 그리웠던 한국인과의 모임이었다.

대기업의 상사원도 음식점을 하는 자영업자도 모두 한자리에 모여 중국생활과 비즈니스에 대해 얘기하기 시작했다. 주혁은 귀를 쫑끗 세우고 얘기를 듣기 시작했다. 돈을 주고도 듣기 힘든 이야기라는 생각이 들어서였다.

처음에는 다양하게 시작된 이야기들이 시간이 조금씩 흐르고, 소주 병이 늘어감에 따라 두 가지 화제로 압축되고 있었다. 하나는 골프였고, 다른 하나는 중국인들에 대한 얘기였다. 골프는 언제 어디를 가서 얼마를 쳤는지에 대한, 한국에서도 늘 듣던 얘기였다. 골프를 치지 않는 주혁으로서는 관심 밖의 대화였다.

다른 주제는 상당히 재미있고 흥미로운 주제인 '중국인'에 관한 것이었다. 결국 흥미로운 얘기는 중국인이 얼마나 한국인과 다른지에 대한 얘기였는데, 모조리 부정적인 것이었다.

"우리 직원놈이 30만 위안을 들고 고향으로 튀었어. 젠장, 중국놈에게 돈 맡기는 게 아니었는데."

"내가 월급을 반년 전에 올려줬는데, 또 올려달래. 아니면 딴 회사로 간대나. 돈에 환장들을 했나."

처음에는 맞장구치면서 노련한 영업사원의 리액션 스킬을 자랑하던 주혁에게 궁금한 점이 생겼다. 한국 사람들도 모두 완벽한 것은 아닌데, 이렇게 싸잡아 얘기하면 중국 사람들이 들었을 때 꽤나 억울하겠다라는 생각이 들었다. 그래서 가장 많은 불만을 얘기하던 한 중소기업 부장에게 물었다.

"설마 중국 사람 모두가 그렇게 한심하고 게으를까요? 부장님이 모든 중국 사람들을 만나 보시지는 않았잖아요?"

"지금 떼놈들 편드는 거야?"

부장은 심기가 불편한 기색을 숨기지 않았다.

"아뇨, 편드는 것은 아닙니다. 단지 중국 사람들의 좋은 점은 없나

해서요. 지금까지 계속 중국 사람들 욕만 하시길래."

"자네 여기 온 지 얼마나 된 거야? 중국 생활을 해보지도 않고, 뭘 안다고 건방지게 한마디야. 나이도 어려 보이는 사람이……."

나이를 거들먹거리는 것을 보니, 영락없는 '술을 한잔 걸친 한국 회사 부장'이 맞았다. 얼굴이 시뻘게져서 화를 내는 부장에게 한마디 하려던 순간, 다른 사람들의 시선을 느끼게 되었다. 모두들 아주 이상하게 주혁을 보고 있었다. 그 사람들의 입에 오르내리던 '한심하고 게으른 중국인'을 보듯.

직감적으로 모두 이 부장의 편에 서 있다는 것이 느껴졌다. 그러다 누군가가 이렇게 한마디 했다.

"이 친구 중국 사람 아냐?"

어색한 자리는 열한 시가 넘어서야 정리되었다. 주혁이 얻은 정보라고는 한국 사람들이 많이 가는 골프장 이름들과 사용료, 그리고 많은 한국 사람들이 중국인에 대해 불만이 가득하지만 어쩔 수 없이 중국에서 살고 있는 건지도 모른다는 생각이었다.

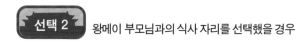

2007년 2월 마지막 금요일 저녁, 메이의 집

한국에선 명절에나 볼 수 있는 상차림이었다. 한 상 가득 담긴 음식들은 고기류부터 탕에 이르기까지 없는 것이 없었다. 큼지막한 접시들이 들어찬 식탁은 숟가락 놓을 자리조차 안 보일 정도였다. 심지어두세 개 접시들은 포개져서 상 위에 올려졌다.

"오늘이 무슨 명절이나 기념일인가요?"

주혁은 메이에게 이 질문을 연거푸 물어봤다. 그도 그럴 것이 평범한 저녁식사라고는 절대 느껴지지 않았기 때문이었다. 아무래도 자신이 초대받았다는 것이 음식의 가짓수를 늘리게 한 이유라고밖에 생각되지 않았다. 황송할 따름이었다.

메이의 부모님은 영어를 전혀 하지 못했지만, 넉넉한 미소와 몸에밴 친절을 보여주었다. 어머니는 웃으면서 계속 주혁에게 음식을 권했고, 아버지는 부엌을 들락거리며 음식을 만들어 나르고 있었다.

"늘 아버지가 가족을 위해 요리를 하나요? 듣기로는 중국에서는 남자가 요리를 한다고 하던데."

"꼭 그렇지는 않아요. 손님이 저녁식사에 초대되는 경우, 아버지가주로 요리를 하시기는 하지만 어머니도 도와주세요."

메이는 자신의 부모님이 모두 남쪽 지방 사람들이라서 여자보다 남자가 요리를 하는 경우가 많다고 했다. 그러고는 '다르다'를 강조했다.

"중국의 생활방식은 지방마다 도시마다 다르죠."

식탁에서 가장 눈에 띄이는 요리는 단연 위토우(魚头)라는 이름의
생선 머리 요리였다. 한국에서는 수산시장에서나 볼 수 있는 거대한
민물 생선의 머리를 두 쪽으로 정확히 갈라서 쪄낸 뒤, 육수를 두르고
빨간 고추와 녹색 고추를 잘게 썰어 생선 위에 뿌린 요리였다. 요리의
방법은 달랐지만, 우리나라의 대구뽈찜처럼 생선 머리만 올라왔다.

주혁은 거대한 생선 머리에 걸맞을 만큼 커다란 생선 눈알이 물끄
러미 자신을 바라보는 것이 부담스러워서 처음에는 좀처럼 손이 가지
않았다. 하지만 메이 부모님의 거듭된 '추천'에 일단 볼살을 한 점 떠
서 입속에 넣어 보았다.

"우와!"

살점은 입에 닿자마자 녹아버린 듯 사라졌다. 부드러운 생선 볼살

에, 매운 육수가 혀끝으로 느껴지는 기가 막힌 별미였다. 메이와 부모님의 흐뭇한 미소를 느끼며, 주혁은 끊임없이 위토우의 살을 파먹기 시작했다. 볼살에서 골, 골에서 눈알, 눈알에서 아가미 밑에 있는 살까지 남김없이 해치웠다.

그러자 아버지는 부엌에서 삶은 면을 한 소쿠리 가져다가, 가시만 남은 위토우 그릇에 부었다. 면을 육수에 담가서 먹는 최고의 마무리였다.

"맛있어요?"

"정말 맛있어요. 행복합니다."

메이가 깔깔대며 웃었다.

"네, 우리 아버지가 이 요리를 잘하세요."

주혁은 아버지에게 엄지손가락을 추켜세우며 고맙다는 표현을 했다.

"이 요리는 후난(湖南. 중국의 내륙 지방의 성) 지방의 음식이에요."

"후난?"

"네, 매운 음식으로 유명한."

"다른 지방의 음식과는 많이 다른가요?"

메이의 설명에 의하면, 후난은 쓰촨(四川) 음식과 함께 중국에서 매운 음식으로 유명하다고 했다. 하지만 후난과 쓰촨의 매운맛은 서로 다르다는 알쏭달쏭한 이야기를 해주었다. 그리고 중국의 음식이 크게 여덟 개로 구분되고, 각 지방마다 다른 방법으로 음식을 만든다고 했다. 결국 음식의 맛은 지방마다 심지어 도시마다 다르다고 했다. 생활 방식도, 음식도 서로 다르다.

그때, 아버지가 주혁의 칭찬에 기분이 좋아졌는지, 중국의 바이주 (白酒)를 한 병 꺼내 왔다.

"아버지가 바이주를 권하시는데, 한잔 하시겠어요?"

"그럼요. 좋습니다."

하얀 항아리 모양의 바이주를 맥주잔으로 가득 받은 주혁이 아버지에게 한 잔을 권하자, 손사래를 치며 거절했다. 의외의 반응이었다.

'내가 뭘 잘못했나?'

당황해하는 주혁의 얼굴을 본 메이가 설명해 주었다.

"아버지는 남쪽 지방 분이라서, 술을 잘 못하세요."

메이의 설명으로는 남방 사람들은 술을 잘 안 먹기 때문에 직장 내 회식 자리에서도 맥주 몇 잔 정도 먹는 게 고작이라는 것이다.

'그렇다고 혼자 술을 마시라는 건 좀…….'

문화가 다른 듯했다. 로마에서는 로마의 법을 따른다. 혼자 먹어야 한다면, 혼자 먹는 거다.

"예전 직장 다닐 때, 본사에서 온 한국 사람들은 대부분 중국 사람들 모두 술을 많이 마신다고 생각하세요. 특별한 날에는 술을 좀 마시기는 하지만, 평상시에는 술 마시는 것이 자연스럽지는 않아요. 동북 3성(東北三省. 길림성·흑룡강성·요녕성)이나 산동성(山東省) 사람들같이 술을 좋아하는 사람들 외에는……."

주혁으로서는 전혀 몰랐던 사실이었다. 영화나 책에서 본 중국 사람들은 호기롭게 술을 즐겨하고 남에게도 늘 술을 권하는 사람들인 줄 알았는데, 일부만 술을 즐겨한다니. 한국과 가깝고 왕래가 많았던 동북3성과 산동성 사람들 때문에 중국 사람들 전체에 대한 한국 사람들의 인식이 왜곡되어 있었던 것이라는 생각이 들었다.

메이가 한마디 더 덧붙였다.

"결국 술 먹는 방식이나 술의 종류도 각 지방마다 도시마다 다른 거죠."

"중국은 생활방식도, 음식도 그리고 술도 지방마다 도시마다 다르군요. 이렇게 넓고 큰 나라에서 어떻게 마케팅을 하고 영업을 해야 하죠?"

바이주를 한 잔 들이킨 주혁이 물었다.

"그러니 분명히 어떤 지방 또는 어떤 도시를 타깃으로 할 건지가 중요하겠죠. 무작정 하나의 나라로 보는 건 무리예요. 작은 나라가 여러 개 모여 있다고 보셔야 해요."

그 말에 쿵 하고 주혁의 머릿속에서 큰 종이 울렸다.

여러 개의 작은 나라로 만들어진 나라. 지방 또는 도시마다 고유 문화가 있고, 식습관이 있으며, 심지어는 정부의 정책이 다른 나라. 그리고 분명히 지역마다 입맛이 다르고, 그래서 선호하는 음식이 다른 나라.

중국을 하나의 시장으로 보고 접근하려 했던 자신의 생각이 큰 오산이었음을 깨달았다.

그렇다면 가장 먼저 해야 할 것은 무엇일까? 주혁은 어디서부터 시작해야 할지 몰랐던 자신이 조금씩 해답을 찾아가고 있는 듯한 느낌을 받았다.

주혁이 조심스럽게 물었다.

"그렇다면 우리 매콤면을 더 좋아하고 잘 팔리는 시장이 있고, 그렇지 않은 시장이 있겠네요."

"물론이죠. 그 시장을 먼저 찾아내야죠."

메이가 주혁의 생각을 알아채고는 미소를 지었다.

각 성과 도시를 다르게 접근하라

'13억의 인구에게 껌 한 통씩만 팔아도…….'

이제는 이런 생각으로 중국 비즈니스를 계획하는 사람은 없을 겁니다. 각 도시와 성을 다르게 접근해야 하므로, 처음부터 13억의 인구 전체를 하나의 타깃 세그먼트로 봐서는 안 되겠죠. 처음 진출하는 도시부터 하나씩 시장을 조사하고, 그에 맞는 제품과 마케팅 및 세일즈 방법을 고려해야 합니다.

인터뷰 **김민아 팀장 (아모레 퍼시픽)**

아모레 퍼시픽의 판매 포트폴리오는 중국 시장에 대한 연구를 통해 선정됩니다. 보통 100개에서 400여 개에 이르는 다양한 제품들 중에서, 각 성과 도시에서 어떤 제품이 잘 팔리는지에 대한 조사를 늘 하고 있습니다. 같은 시기에도 동북성과 광동성의 기온차가 30도씩 이상 나기 때문에, 하나의 크림이라도 날씨가 추운 동북성에서는 리치한 것으로, 날씨가 더운 광동성은 라이트한 것으로 구별하는 식이죠.

아모레 퍼시픽의 〈마몽드〉 브랜드의 경우는 제품 개발을 중국 특정 지방을 겨냥해 하기도 합니다. 한국보다 중국에서 더 많은 매출을 올리고 있는 이 브랜드는 이미 800여 개가 넘는 백화점 매장을 갖고 있는, 중국 사업에 가장 중요한 브랜드 중에 하나입니다. 이에 따라 중국 시장에 대한 세분화된 스터디 및 상품 개발을 진행하고 있습니다. 황사 먼지가 심각한 북방 중국을 겨냥해서 새로운 클렌징 제품을 개발하는 것이 좋은 예가 되겠습니다.

2007년 4월, 상하이 사무실

중국 진출 초기에 상하이를 선택한 것은 시장 매력도를 보고 결정한 것이 아니었다. 중국을 모르는 한국 본사 사람들이 진출 도시를 별고민 없이 결정했다는 말을 강 이사로부터 들었다. 상하이는 이름을 많이 들어봤기 때문에 익숙하기도 하고, 많은 한국 및 외국 기업들이 있기 때문에 선정된 것이다. 어차피 직원들도 다 떠나고, 타깃 고객층도 예전의 '중국에 나온 한국 사람'들이 아니기 때문에 더 이상 상하이를 고집할 이유가 없었다.

이제 남은 일은 이 넓은 중국 땅 어디에 타깃을 정할지를 결정하는 것이다. 면을 좋아하고 많이 소비하는 것은 물론, 매콤면의 맛에 호감을 가질 만한 지역이 어디인가를 알아보려고 외주 업체에 의뢰했다.

몇 주 뒤, 왕메이와 샤샤가 한 장의 보고서를 만들어서 주혁에게 내밀었다. 외주 회사에서 작성한 주요 도시의 시장 크기와 매콤면 구매의향에 대한 조사 보고서였다.

도시 (인구수)	라면 선호도	매콤면 구매 의향 (라면 선호도 응답자 중)
상하이(上海) (2천3백만)	8%	4%
베이징(北京) (2천만)	10%	20%
청두(成都) (1천4백만)	12%	5%
텐진(天津) (1천 1백만)	16%	18%

가장 관심이 있던 네 개의 도시를 연구한 자료에는 도시 사람들의 면류와 매콤면에 대한 선호도도 포함되어 있었다. 메이와 샤샤가 말한 대로 북쪽 지방의 베이징과 텐진이 면을 선호하고 또 매콤면에 대해 좋은 반응을 보였다. 텐진의 라면시장이 가장 커 보였다. 하지만 매콤면에 대한 구매 의향은 베이징이 가장 높았다.

중국을 하나의 국가가 아닌 수십 개의 시장으로 보고, 몇 개의 도시를 후보로 간추린 것은 옳은 선택이었다. 하지만 과연 어떤 도시를 선택할지에 대한 문제가 남았다.

인구수와 선호도를 비교해 보았을 때, 매력도가 떨어지는 도시는 없었다. 하지만 전세계 식음료 기업들이 모두 모여드는 상하이는 제외하기로 했다. 아직은 메이저리그 타석에 들어서기가 조금은 두려운 마이너리거의 심정으로. 그리고 한국 기업이 상대적으로 적은 청두보다는 한국 기업들이 많은 베이징이나 텐진이 더 나을 것이라고 강 이사가 조언했다.

결국 두 개의 도시로 추려졌다. 텐진과 베이징.

두 개의 매콤면 판매 예상량은 비슷한 상황. 과연 어디에서 비즈니스를 시작하는 것이 효과적일까 주혁은 고민을 하기 시작했다.

선택의 갈림길

네 번째 갈림길에 조주혁 팀장이 서 있습니다.

만약 당신이라면, 어떤 도시를 선택하시겠습니까?

텐진? 아니면, 베이징?

 **텐진을 선택했을 경우**

몇 주 뒤, 텐진

텐진으로 이전하기 전에 확인한 대만의 거대 라면 회사 캉스푸(康师傅)의 중국 시장 점유율은 분명 25% 남짓이었다. 물론 엄청난 시장 점유율이었지만, 라면 시장은 매년 15% 전후로 성장을 하고 있었기에 시장의 잠재력은 컸고, 새로운 맛으로 승부를 해보자는 생각이었다.

하지만 시장조사를 위해 방문한 텐진의 마트에서는 오직 캉스푸만 보였다. 발품을 팔아 이곳저곳 돌아다녀 봤지만, 작은 슈퍼부터 편의점에 이르기까지 라면 매대에는 오직 캉스푸로만 가득 차 있었다.

"시장 점유율이 70%라고요?"

캉스푸가 텐진에 중국 본사를 두고 있다는 것을 몰랐던 주혁에게는 너무나도 충격적인 소식이었다. 25%의 시장 점유율은 결국 중국 전체 평균이었고, 각 성 및 도시의 경쟁은 너무나도 달랐던 것이다. 사실 캉스푸는 라면을 비롯해서 스낵과 음료까지 장악을 하고 있는 관계로 모든 유통 채널을 움켜쥐고 있었다. 조은식품의 매콤면을 진열하기 위해서 마트들이 높은 마진 보장이나 마케팅 비용을 요구하는 것은 너무나 당연했다. 쓸쓸하게 상하이로 돌아가는 비행기에 오르던 주혁은 메이가 했던 말이 떠올랐다.

"무작정 하나의 나라로 보는 건 무리예요. 작은 나라가 여러 개 모여 있다고 보셔야 해요."

도시마다 플레이어들이 다른 중국

중국에 여행을 다녀왔거나 중국에 거주하는 사람들도 베이징이나 상하이 등의 큰 도시에서만 지냈다면, 중국 패스트푸드 사업은 마이땅라오(麦当劳：맥도날드)와 컨더지(肯德基：KFC)가 장악하고 있다고 생각할 수 있습니다. 하지만 각 도시와 지역별로 그 동네에서 가장 잘나가는 체인 음식점이 따로 있는 경우가 많습니다. 그렇기 때문에 사업을 시작하기에 앞서, 중국 전체보다는 특정 지역의 경쟁 상황도 따로 파악해야 합니다.

디코스 매장 모습

청두를 비롯한 내륙도시들에서는 디코스(德克士:DICOS)라는 패스트 푸드 체인점의 수가 다른 체인점보다 많습니다. 중국 회사이기 때문에, 중국인의 입맛에 맞는 메뉴가 개발된다는 것이 표면적인 성공 이유이지만, 사실 전략적으로 총칭(重庆)에서 시작한 사업이 KFC나 맥도날드와의 경쟁을 피하게 도와준 셈이죠. 이후 디코스는 윈난(云南)과 꾸이양(贵阳) 등의 2선 도시에서 비즈니스의 세력을 다져 놓았습니다.

디코스는 몇 해 전부터 여세를 몰아, 다른 외자 체인과는 반대로, 2선 도시에서의 성공을 바탕으로 베이징과 상하이로의 진출을 시작했습니다. 대부분 프랜차이즈 방식으로, 디코스는 2013년 한해에만 2,000개의 매장을 늘렸습니다. KFC는 중국 전역에 4,200개의 매장, 맥도날드는 1,400개의 매장을 운영 중인 것을 생각하면, 절대 우습게 볼 수 없는 존재감입니다.

선택 2 베이징을 선택했을 경우

2007년 4월, 상하이 사무실

베이징을 새로운 거점으로 결정한 그날, 주혁은 메이와 샤샤에게 이 일을 어떻게 알려야 할지를 고민했다. 한국에서도 부산에서 서울까지 차로 몇 시간 걸리는 거리로 사무실을 옮기게 되면, 쉽게 함께 가자고 말하기 힘들다. 하물며 상하이와 베이징은 비행기로 두 시간이 넘는 거리다. 과연 그들이 따라올까? 오지 않으면 어떻게 사람들을 다시 뽑고 일을 할지가 주혁에게는 큰 걱정이었다.

메이와 샤샤는 생각보다 담담하게 애기를 들었다. 주혁이 상당히 당혹스러워하면서 미안한 마음을 전달하고자 애쓰는 반면, 그들은 오히려 주혁이 새로운 도시에서 적응하는 것을 걱정하기도 했다. 이런 일은 흔히 볼 수 있다는 표정이었다.

"혹시 나와 함께 베이징으로 갈 생각이 있나요?"

주혁은 조심스럽게 물었다.

샤샤는 당혹해하면서 결국 거절했다.

"저는 가족들이 모두 여기에서 일을 하고 애들도 학교를 다니고 있어요. 미안하지만 저는 어려울 것 같아요."

주혁은 메이를 쳐다봤다. 제발 메이만큼은 꼭 함께 갔으면 하고 바라고 있었다. 잠시 생각하는 듯하더니 그녀가 대답했다.

"저도 부모님이 상하이에 있어요."

'역시 어렵겠지.'

주혁은 고개를 떨구었다.

"하지만 베이징은 늘 가서 일해 보고 싶은 도시였어요. 상하이에서 20년 넘게 살다 보니 여기가 좀 지겨워졌네요. 같이 가요."

메이가 웃으며 대답했다.

"정말 고마워요."

정말 주혁은 천군만마를 얻은 듯한 기분이었다. 주혁은 자신도 모르게 고개를 숙여 거듭 고맙다고 말했다.

제4장

우수한 중국인 직원을 찾아라

| 사례 연구 |
이력서, 얼마나 믿을 수 있나?
거침 없는 임금 인상의 속도
불필요한 업무 강요에 대한 중국인 직원의 반감

2007년 7월, 베이징 사무실

　베이징의 새로운 사무실은 전세계의 모든 기업들의 사무실이 밀집해 있는 챠오양(朝阳)구의 한 12층 건물에 자리하고 있었다. 주혁은 물끄러미 창밖을 바라보았다. 서울에서 보던 맑은 하늘은 더 이상 보기 힘들었다. 매일 아침 뿌옇게 스모그가 껴 있는 하늘. 그날 출근길은 한 치 앞도 보기 힘든 지독한 스모그로 곳곳에서 크고 작은 차 사고들을 보고 오는 길이었다. 이런 날이면 고속도로에는 차 사고를 방지한다고 아예 진입을 못 하게 했다. 놀라운 광경은 막무가내로 진입을 막는 공안들이 아니었다. 진입을 막 했거나 하지 못한 차들 모두 그저 조용히 멈춰 서서 몇 시간이고 꼼짝 안 하고 있는 모습이었다. 그 누구도 항의하거나 시끄럽게 경적을 울리지 않았다.

　스모그가 심하면, 결국 교통도 멈춘다. 하지만 오늘만큼은 교통이 멈춰선 안 된다. 중요한 사람들이 사무실로 찾아오기 때문이다. 곧 도착해야 할 영업 팀장 면접자들이 무사히 도착할까 하는 괜한 걱정이 들었다.

　영업 팀장을 급하게 뽑아야 하는 관계로 사무실을 구하자마자 구인 광고를 낸 터였다. 약 70개의 이력서들이 밀려들어왔다. 메이와 주혁은 삼 일에 걸쳐 3명으로 추렸다. 상당히 흥미로운 경력을 가진 사람들이 있었지만, 반대로 예상 밖의 사람들도 많이 지원을 했다. 의과대학을 갓 졸업한 사람, 대학에서 교수로 일하던 사람, 그리고 외국에서 MBA를 한 사람들이, 식품업계 영업 팀장을 구하는 광고에 대거 지원을 한 것이다. 물론 그런 사람들은 면접 대상이 될 수 없었다. 지금 필요한 사람은 영업을 해본 사람이어야 했다.

"짜오종(赵总), 지금 첫 번째 면접자가 도착했습니다."

샤오후가 주혁에게 알렸다. 샤오후는 베이징으로 옮기고 나서 채용한 첫 영업사원이었다. 메이와 함께 중고등학교를 함께 다닌 인연으로, 주혁이 면접을 보고 입사시켰다. 베이징에 있는 대학에서 경영을 전공하고 잠시 외국계 석유회사에 일한 경력이 전부였지만, 메이의 추천을 믿고 일단 급한 대로 뽑았다. 짧은 시간이었지만, 함께 일하면서 그럭저럭 쓸 만하다는 느낌을 받았다. 무엇보다 영어를 조금이나마 할 수 있다는 것이 다행이었다.

그의 본명은 후하이동. 성은 '후(胡)' 이름은 하이동(海东)인데, 자신을 샤오후(小胡)라는 애칭으로 불러달라고 했다. 자신보다 나이가 어린 사람에게 중국에서는 친근하게 성 앞에 '小'를 붙여 부른다고 설명하면서. 작은 체구에 안경을 쓴 샤오후는, 이미 법적으로 혼인신고를 한 스물다섯 살의 유부남이었다. 2년간 여자친구의 부모님 집에서 동거를 하다가 이번에 혼인신고를 하고 분가했다는, 한국에서는 상상도 하기 힘든 자신의 이력을 얘기해 주었다.

'짜오종'이라고 주혁을 부르면서, 중국에서는 성에 존칭인 '종(总)'을 붙여서 상사를 부른다고 설명해 주었다. 즉, '조(赵)'씨 성을 중국어로 '짜오'라고 발음하기 때문에, 뒤에 '종'을 붙여서, '짜오종'이라고 한다는 것이었다. 호칭으로 존경을 표현하는 이 문화는 동북아시아의 공통된 문화라는 것을 새삼 느끼게 해주었다.

주혁은 면접 대상자들이 기다리고 있는 회의실로 갔다.

첫 번째 면접자는 아이비(Ivy)라는 영어 이름으로 자신을 소개한 8

년 영업경력의 여자였다. 재미있는 것은 영어 이름으로 불러달라고 했지만 영어를 전혀 하지 못해서 메이가 통역을 해야 했다. 상당히 적극적이고 당당한 모습이 인상적이었던 아이비는 안타깝게도 8년의 영업경력이 모두 IT계열 회사에서 컴퓨터 시스템 판매만 해본 것이었다. 하지만 베이징에 지점을 열어서 엄청난 매출을 키워온 경험이 아주 인상적이었다. 아무것도 없는 베이징에서 새롭게 시작하려는 조은식품에 필요한 경험이 있는 사람으로 보였다.

두 번째 면접자는 왕후시우(王胡秀)라는 이름의 젊은 친구였다. 대학 졸업 후, 런던에서 경제학 석사를 하고 돌아온 인재였다. 물론 영어는 편하게 구사할 정도였다. 직장 경력은 불과 4년이었지만, 월마트에서 2년, 2년은 일본계 라면 회사에서 영업 팀장을 했었다. 마트와 라면 회사의 생리를 모두 이해하는 사람. 지금 주혁이 가장 필요로 하는 사람이었고, 주혁 외에도 누구나 탐낼 수 있는 인재로 보였다. 그래서인지 왕후시우는 면접이 끝날 때 즈음 특별한 요청사항이 있냐는 질문에 월급을 다른 사람의 두 배 가까이 달라는 것을 당당하게 말했다.

마지막 면접자는 주자웨이(朱家伟)라는 30대 후반의 남자였다. 16년의 식품업계 영업 경험. 라면은 아니었지만, 과자와 사탕류를 마트에 납품하는 것부터 새로운 도시 진출을 기획했던 경험이 있는 사람이었다. 경력으로 보자면 매력적인 사람이긴 한데, 세 가지 문제가 있었다. 우선 영어를 전혀 하지 못해서 모든 대화를 메이가 통역해 줘야 했다. 두 번째는 도대체 이 사람이 일했던 회사들이 어떤 회사들인지 알 수가 없었다. 중국에 수많은 과자 회사 중에 한 곳임은 분명한데, 어느 정도의 규모에서 일을 배우고 해왔는지를 알 수 없었다. 따라서 이 사람의 진정한 능력이 어느 정도인지 알 길이 없었다.

하지만 가장 큰 문제는 자웨이의 외모였다. 면접에 오는 사람이 양복은커녕 운동화와 츄리닝 차림으로 오리라고는 생각지도 못했다. 더 황당한 것은 면접을 기다리면서 사무실에서 담배를 피고 있었던 것이다. 주혁이 들어가자, 그에게 담배를 권하는 친절도 잊지 않았다. 주혁이 얼굴을 찌푸리며 단호하게 거절하자, 무안했는지 급히 나가서 담배를 끄고 들어왔다. 솔직한 심정으로는 전혀 프로페셔널한 모습이 보이지 않는 이 사람이랑 과연 함께 일할 수 있을까 하는 생각이 들었다.

면접이 끝나고, 주혁은 또다시 고민에 빠졌다. 세 명의 면접자들이 한 명씩 머릿속에 떠올랐다. 모두 장점과 단점을 분명하게 가지고 있었다. 매사에 적극적으로 보이는 아이비, 스마트한 프로페셔널 왕시후, 그리고 경력이 풍부한 주자웨이. 누구를 뽑을 것인가?

선택의 갈림길

다섯 번째 갈림길에 조주혁 팀장이 서 있습니다. 만약 당신이라면 누구를 영업 팀장으로 뽑으시겠습니까?

화려한 경력의 아이비?

아니면, 스마트한 유학파 왕후시우?

그렇지 않으면, 오랜 관련 경험의 주자웨이?

 아이비를 뽑는다면?

2007년 겨울, 베이징 사무실

당당하고 적극적인 아이비를 식품업계 경력이 없음에도 선택했던 것에는 이유가 있었다. 우선 새로운 영업팀을 만들어야 했는데, 그러기 위해서는 에너지가 넘치는 사람이 필요했다. 아이비는 높은 톤의 목소리가 인상적인, 하얼빈(哈尔滨) 출신의 여장부였다. 둘째는 아무 것도 없는 밑바닥에서 새로운 것을 만들어내야 하는 상황에서 비록 다른 업종이지만, 새로운 지점을 열어서 운영을 했던 그녀의 경험이 필요했다.

추진력이 있어 보이던 그녀는 예상대로 몇 주 만에 사람을 충원해서 영업팀을 꾸렸다. 가끔씩 밤늦게까지 회의하는 모습이 감동스러울 정도였다. 중국어로 진행하는 회의를 알아들을 수 없어 멀리서 바라볼 뿐이지만 주혁의 눈에는 한국의 여성들에게서 발견하기 힘든 씩씩함과 돌파력이 느껴졌다. 쩌렁쩌렁한 목소리, 뭔가 신뢰가 생겼다.

하지만 매출은 6개월이 지나도록 조금도 늘지 않았다. 아이비가 IT에서 갑작스럽게 식품업으로 업종을 바꾼 것을 감안했을 때 적응할 시간이 필요하다고 생각했다. 감안해 주기로 했다.

그러던 어느 날, 주혁은 샤오후를 통해 충격적인 소식을 들었다.

"짜오종, 제 친한 친구가 아이비가 일한 회사에서 함께 일했다고 합니다. 그런데……"

샤오후가 주저했다.

"무슨 일이에요? 말해 보세요."

망설이던 샤오후가 대답했다.

"이력서의 내용이 터무니없는 거짓말이라고 하네요."

아이비가 그 IT 회사에서 일한 것은 사실이지만, 베이징 지사를 오픈한 경력은 거짓말이었다. 게다가 이미 몇 년 전에 협력사와의 뒷거래가 밝혀져 해고를 당했다는 것이다. 결국 이력서에 나와 있던 화려한 경력들이 대부분 지어낸 것이었다.

주혁은 급히 아이비를 불러서 이력서에 있던 지난 경험들이 사실인지를 물었다. 그러고는 베이징 지사 오픈에 대한 내용을 집요하게 파고들었다. 얼굴이 새빨개진 아이비는 겨우겨우 대답을 하다가, 잠시 화장실에 갔다 오겠노라고 사무실을 나갔다. 그리고 다시는 돌아오지 않았다.

이력서, 얼마나 믿을 수 있나?

인터뷰 1 **즈웨이 (중국 IBM 인사부)**

중국에서 가장 존경받는 기업인 IBM에 수많은 대학 졸업 예정자들과 경력 사원들이 원서를 보내고 있습니다. 그리고 이력서의 내용은 정말로 화려합니다. 하지만 기본적으로 중국의 이력서는 70% 이상을 신뢰하지 않습니다. 30%는 과장되었거나, 거짓일 가능성이 많습니다. 물론 이런 과장된 이력서를 가지고 있는 후보자에게 면접 기회를 줄 수 없기 때문에, 이를 걸러내는 스크린 작업을 많이 합니다. 주로 인사부에서 미리 이력서의 의심스러운 내용을 집중적으로 물어봐서 반응을 살펴보는 것이죠. 또는 현재 회사 직원들에게 외부 면접 대상자 추천을 받는 것을 선호합니다.

인터뷰 2 **문상준 법인장 (SPC 파리크라상 중국법인)**

인정해야 할 것은, 분명 중국의 채용과정에서 느끼게 되는 '이력서와 실제 업무 능력'의 차이입니다. 이력서에 나와 있는 화려한 경력에 맞지 않는 업무 결과를 가져오는 직원들이 있기 때문이죠. 따라서 중국에서는 한국에서처럼 서류만을 가지고 사람을 평가하기는 어렵습니다.

SPC 파리크라상은 불우 청소년을 대상으로 무료 제빵교육을 실시한다. 사회공헌활동의 일환지만, 기술 인재를 확보할 수 있는 상생프로그램이다.

SPC는 한달 기간의 유예기간을 꼭 두고, 그 사람의 업무 능력을 평가합니다. 어떤 업무를 맡게 될 사람이든지 꼭 점포에서 일을 해보게 하는 것이죠. 그렇게 해서 그 사람의 인성이나 업무 처리 능력을 평가하고 나서 최종 입사를 결정합니다.

 왕후시우를 선택했을 경우

2007년 겨울, 베이징 사무실

후시우와의 대화는 언제나 명쾌했다. 다른 직원들과는 다르게 글로벌 회사에서 경험을 쌓은 터라 하나를 말하면 열을 알아듣는 총명함이 있었다. 게다가 주혁으로서는 통역 없이 바로 영어로 대화를 한다는 것이 너무나 편했다. 조금씩 후시우에게 많은 권한을 주고 신임을 하기 시작했다.

후시우는 하나둘씩 영업사원들을 늘려나갔고, 3개월 만에 다섯 명의 팀원을 보강했다. 매출은 눈에 띄게 늘지는 않았지만, 분명히 체계가 잡혀가는 느낌이 들었다. 후시우는 젊지만 강력한 카리스마를 가지고 자신이 뽑은 직원들의 충성도를 높여 갔다. 샤오후와 메이가 후시우의 정권 장악에 그리 반가워하지 않는 듯했지만, 주혁으로서는 별다른 대안이 없었다. 능력 있고, 똑똑하고, 언어가 문제가 없는 사람을 옆에 두고 싶은 것은 너무나 당연했다.

6개월이 지나면서 후시우가 사무실에서 자주 보이지 않았다. 처음에는 외근을 많이 나간다고 생각했다. 하지만 외근 후 별다른 보고가 없었다. 조금씩 의심스럽다는 생각을 할 때쯤 후시우가 자리로 찾아왔다.

"경쟁 라면 회사에서 영업 총괄 임원으로 와달라는 제안을 받았습니다."

후시우는 아주 담담하게 얘기했다.

주혁은 혼란스러웠다. 6개월 만에 떠난다고 말하는 이 친구의 말을 어떻게 받아들여야 하나. 분명 내가 얼마나 자신을 절박하게 원하고 있는지 알고 있을 텐데. 잠시 말을 잃은 조 팀장에게 후시우는 말을 이었다.

"지금 월급의 두 배를 준다고 합니다. 월급을 두 배 이상 올려주면 남아 있도록 하겠습니다."

주혁은 잠시 동안 생각한 후 거절했다. 월급의 문제가 아니었다. 분명 6개월 뒤에 또 두 배를 요구할 것이 뻔했기 때문이다. 작은 한국 회사의 중국 지사를 위한 충성을 기대하기에는 후시우의 야심과 스펙이 남다르다는 것을 알았다. 그렇게 후시우는 떠났다. 그것도 후시우 자신이 뽑은 다섯 명 중에 네 명과 함께였다. 결국 6개월 동안 주혁이 얻은 것은 헛된 희망과 그만큼의 좌절이었다.

거침없는 임금 인상의 속도

외국계 기업을 상대로 한 설문 조사에 의하면, 19%의 기업들이, 중국에서 비즈니스를 하면서 '비용 증가'를 가장 큰 문제로 꼽았습니다. 그리고 전체에 가까운 응답자(92%)들이 '임금 인상'을 비용 증가의 원인으로 생각하고 있다는 응답이었습니다.[4]

사실 직원의 임금 인상에 대한 부담감이 증가한 것은 어제오늘의 일이 아닙니다. 꽤 오래전부터 중국에 진출해 있는 한국 기업들을 만나는 경우, 대부분 임금 인상이 너무나 빠르다는 불만을 가지고 있었습니다.

한국 기업 대상 설문조사에서 연평균 임금 인상률의 경우 10%대 초반이라는 기업이 39.9%로 가장 많았고, 20% 이상이라는 곳은 7.9%였습니다. 최근 5년간 임금 인상률이 50%를 웃돈 기업도 전체의 27%에 달했습니다.[5]

여기서 눈여겨볼 것은 모든 직원의 임금이 비슷하게 오르는 것이 아니라는 점입니다. 설문조사에 응한 외국계 기업의 32%는 '중간관리자'의 임금 인상이 가장 심각하다고 하고, 37%는 '엔지니어' 등의 특정 기술을 가지고 있는 직종의 임금 인상이 가장 빠르다고 응답했습니다. 결국 밀려나오는 대졸 신입 사원들이나 시니어 관리자들보다는 능력이 검증된 '차상급 관리자'를 어떻게 고용하고, 떠나지 않게 하는가가 중국 내의 모든 기업의 성패를 결정하고 있다고 보여집니다.[6]

 **선택 3** 주자웨이를 선택했을 경우

2007년 9월, 베이징 사무실

주자웨이를 선택한 이유는 분명했다. 정말 베이징에서 식품영업을 할 수 있는 사람, 그리고 사람을 뽑아서 팀을 만들 수 있는 사람이 필요했다. 그러기 위해서는 가장 베이징을 잘 알고, 식음료업계 경험이 풍부한 사람을 뽑아야 했다. 안타깝게도 주혁은 자신과의 의사소통이 편한 사람들 중에는 그런 능력을 가진 사람이 없다는 것을 인정해야 했다.

이 사람과 어떻게 하면 최고의 팀웍을 만들어낼 수 있을까? 주혁은 이제 환상의 팀웍을 어떻게 만들어 갈 것인가를 고민하기로 했다.

찌는 듯한 폭염의 여름 아침에 첫 영업 미팅이 시작되었다. 지난밤 주혁은 여러 가지 계획과 걱정이 머릿속을 떠나지 않아서 잠을 설치고 말았다.

주혁이 상기된 표정으로 입을 열었다.

"모두 아침 일찍 참석해 주셔서 감사합니다. 오늘은 우리가 베이징으로 옮긴 뒤 처음 갖는 영업 회의입니다. 영업을 총괄하는 자웨이가 참석한 첫 전체 회의라 더 뜻깊네요."

자웨이 옆에서 샤오후가 주혁의 영어를 중국어로 통역해 주고 있었다. 뭔가를 심각하게 얘기하는 모습이 마치 국제기구의 의사권을 행사하기 직전의 외교관들 같았다. 겨우 인사말을 통역하는 데 정말 많은 노력과 시간이 필요하다는 것을 눈으로 목격하면서, 앞으로 과연 어떻게 편하게 대화하면서 일할 수 있을까 하는 걱정이 머리를 스쳤다. 그것을 잊으려는 듯 화이트 보드로 걸어간 조 팀장이 펜을 들고 숫자를 써 내려가기 시작했다.

"본사는 우리에게 6년 안에 300억의 매출 규모라는 목표를 주었습니다. 우리는 올해 40억 원을 달성하고, 매년 50%씩 성장을 해야만 이 목표를 달성할 수 있어요."

모두 입을 굳게 다문 채 듣고만 있었다. 이해를 했는지 관심이 없는지 분간이 되지 않았다. 그냥 조용했다.

"주자웨이 영업 팀장님의 영업 계획을 듣고 싶습니다."

주혁이 자웨이를 불렀다. 지난주 자웨이에게 오늘 영업전략에 대한 발표를 부탁했었다.

주자웨이는 메이와 샤오후의 통역을 통해 자신이 생각하고 있던 계획을 설명하기 시작했다. 그 계획은 그리 복잡하지 않았다. 아니 실망스러울 정도로 간단했다.

베이징 시내에 있는 다섯 개 대형 마트 체인을 공략해서 70여 개 되는 마트에서 매콤면을 열심히 판매한다는 지극히 상식선의 얘기를 '전략'이라는 이름으로 말하는 것이었다. 마치 대학 경영학과 수업시간에 졸고 있던 학생에게 교수가 갑자기 '자네, 중국에 라면을 어떻게 팔 예정인가?'라고 물었을때, 순발력을 발휘하면 얼마든지 만들어 낼 수 있는 전략. 전략이라는 말보다는 단순히 '생각'이라고 부르는 것이 나을 듯했다.

사실 처음 주자웨이가 회의실로 걸어 들어올 때, 그의 모습을 보고 주혁은 큰 기대를 하지 않았다. 그의 손에는 노트북은커녕 노트 한 권 쥐어지지 않았고, 옷차림은 여전히 츄리닝에 운동화였다. 약 5분도 안 되는 내용이 정말 실망스러웠지만, 조 팀장은 묵묵히 들었다. 그러던 중 자웨이의 한마디가 조팀장의 귀에 꽂혔다.

"6년간 300억 규모의 회사로 만드는 것은 쉽지 않습니다. 30억 정도로 예상하는 것이 좋습니다. 서두르면 일을 그르칠 뿐입니다."

순간 조 팀장은 귀를 의심했다. 설마 지금 못 하겠다고 하는 건가? 그래서 다시 되물었다.

"300억이라는 숫자는 본사에서 나와 당신을 고용한 이유예요. 지금 와서 못 한다고 하는 것은 그만두겠다는 것밖에 안 되죠."

"너무 서두를 것 없습니다. 그 사람들이 중국을 잘 몰라서 하는 얘기입니다."

화가 머리끝까지 난 조 팀장은 회의를 중단하고 자리로 돌아왔다.

'내가 미쳤군. 저런 사람을 뽑다니.'

후회가 밀려왔다. '당신은 중국을 잘 모른다'는 말은 바로 회사를 떠나버린 이신혜 차장이 늘 입버릇처럼 하는 말이었다. 거기에다가 말로만 듣던 '만만디' 습성이 더해진 듯했다. 도저히 말이 안 통하는 사람이란 생각밖에 들지 않았다.

어떻게 해서든 자웨이에게 우리가 300억을 꼭 해야 한다는 것을 인식시켜야 한다. 그렇지 않으면 함께 일을 할 수 없고, 자웨이는 회사를 떠나야 한다. 한국에서처럼 술 한잔을 하면서 허심탄회하게 얘기를 해야겠다는 생각이 들었다. 그것이 가장 효과적인 직장생활의 해결 방법이라는 걸 경험을 통해 알고 있었다. 퇴근 시간이 되자, 주혁은 슬그머니 자웨이의 자리를 찾아갔다. 하지만 자웨이는 자리에 없었다.

주혁이 샤오후에게 물었다.

"주자웨이는 어디 갔나요?"

"퇴근했습니다."

시계는 여섯 시 십 분을 지나고 있었다.

십 분을 더 앉아 있는 것이 그렇게 어려운가? 황당했지만, 샤오후도 메이도 짐을 싸고 있는 것을 보니, 중국은 원래 이런 것인가 하는 생각이 들었다.

집으로 돌아가는 길에 방지석 국장에게 연락했다. 며칠 전, 베이징으로 출장을 왔다고 하면서 만나자는 얘기를 했지만, 주혁이 바빠서 시간이 날 것 같지 않아 다음으로 미루어 둔 터였다. 하지만 오늘은 술 한잔을 하고 싶은 생각이 간절했다. 흔쾌히 제안을 받아들인 방국장과 한국 삼겹살집을 찾아갔다.

방국장이 아주 능숙하게 맥주잔에 소주를 섞어서 '소맥'을 만드는 동안, 주혁은 그날 있었던 얘기를 해주었다.

"정말 답답해 죽겠습니다. 어떻게 그런 사람이랑 일을 해야 할지, 정말 앞이 캄캄합니다."

"그래서 한국 사람들이 결국은 한국말을 하는 조선족 동포들이나 현지 한국 사람들을 선호하지요."

소맥을 단숨에 들이키더니, 방국장이 말을 이어 갔다.

"한국 기업에서 오래 일하는 중국 사람들은 대부분 급여가 높습니다. 함께 일하면서 한국인의 일처리 방식을 이해한 중국 사람들은 흔

치 않고 귀하기 때문이죠. 결국 오랜 시간을 두고, 조 팀장님의 생각
과 방식을 이해하는 직원들을 더 많이 만들어야 합니다."

주혁은 그제서야 왜 이 차장이 현지에 있는 한국 사람들을 고용했
는지 알 듯했다. 말이 통하지 않는 것도 문제지만, 한국식 사고를 전
혀 이해 못 하는 사람들과는 일을 하기 어렵다는 생각이 들어서였다.

"어떻게 교육을 시켜야 합니까?"

"한국에서 하던 것처럼 하세요. 군기를 잡고 하나부터 가르치세요.
아침 8시부터 매일 회의를 잡고 쪼아대는 겁니다. 그렇게 하면 따라
올 수밖에 없죠. 뭐 떨어져 나갈 사람은 결국 나갈 것이지만, 똑똑한
친구들은 남아서 팀장님을 도와줄 겁니다."

갑자기 몇 년 전 서울 본사 영업팀으로 처음 배정받았을 때 만난 영
업 팀장의 모습이 떠올랐다. 새벽에도 전화로 업무를 확인하고, 아침
8시에 회의를 하던 그는 늘 입에서 거친 말이 튀어나왔다. 모두들 무
서워서 군기가 바짝 들었던 생각이 났다. 과연 그런 모습이 중국에서
도 통할까 의문이 들었다.

그사이 소맥을 한 잔 더 시원하게 들이킨 방국장이 입가를 시원하
게 닦아낸 뒤 한 마디를 덧붙였다.

"그렇게 해서 옥석을 가려야 합니다. 중국 사람들 따라서 '만만디'
하다가는 본사에서 요구하는 그 어떤 것도 맞출 수 없어요. 주재원들
만 중간에서 죽어나는 거예요."

10시가 되어서야 저녁식사는 마무리되었다. 노래 한 곡 부르러 가
자는 방국장의 제안을 거절하고 집으로 터벅터벅 걸어왔다.

'군기를 잡아 볼까?'

사실 매일 아침 저녁으로 회의하고, 보고서를 작성하는 것은 한국에서 그렇게 어려운 것은 아니었다. 영업사원으로서 늘 해야 하는 일이었다. 군기를 잡아서 한국 사람의 일하는 방식에 맞추도록 하는 방법밖에 없다는 방국장의 말이 와닿은 것은 사실이었다. 그렇게 해서라도 제발 손발이 맞는 사람들과 일하고 싶었다.

'먼저 8시 아침 회의부터 시작하자.'

조 팀장은 일단 군기를 잡기 위해 직원들에게 매일 8시 아침 회의를 준비하도록 해야겠다는 생각이 들었다. 문자메시지를 보내려고 휴대전화를 꺼낸 순간, 메이에게서 퇴근 직후 메시지가 와 있었다는 것을 알았다. 저녁식사를 하느라고 문자 확인을 못 했던 것이었다.

짜오종, 오늘 기분 나쁘셨던 것은 문화 차이에서 비롯된 오해라고 생각됩니다. 자웨이와 조금 더 얘기를 해보시는 것이 어떨까요? 제가 통역을 도와드리겠습니다.

문자를 보자마자 주혁은 메이에게 전화를 걸었다. 열 시가 넘은 시간이었지만, 메이의 생각이 궁금했다. 다행히 그녀는 잠을 자지 않고 있었다. 늦은 시각의 전화에 조금 놀란 듯했지만, 앞으로 어떻게 해야 할지를 묻는 주혁에게 차분히 대답을 해주었다.

"자웨이는 정직하고 성실한 사람으로 보입니다. 많은 중국 사람들이 무책임하게 메이원티(沒问题-문제없다)라고 큰소리를 치곤 하는데, 분명히 어려운 목표라고 말하는 것은 허풍 떠는 사람들과는 다릅니다."

메이는 자웨이가 성실하고 신뢰가 가는 사람이지만, 문화와 언어의 차이에서 비롯된 오해가 문제라고 생각했다. 결국 오늘 대화는 서로가 원하는 것이 무엇인지, 어떤 문제 때문에 그렇게 얘기를 했는지를 먼저 이해해야 한다는 것이었다.

"분명 영어로 대화하고, 중국어로 다시 통역하는 과정에서 많은 오해가 생겨날 수 있습니다."

문화와 언어의 문제. 분명 한국에서 일할 때는 전혀 생각하지 않아도 될 부분들이었지만, 중국에서 일을 하면 반드시 겪어나가야 하는 문제였다. 하지만 문제는 문제고, 이것을 어떻게 해결하느냐가 남은 과제였다.

중국에 오기 전에는 단순한 적응력의 문제로 생각했었다. 당연히 로마에 가면 로마의 법을 따라야 한다고 믿었다. 하지만 생각보다 언어와 문화의 벽은 높았다. 그리고 이렇게 질질 끌려다니다가는 당장 아무런 성과도 내지 못할 듯했다. 그리고 중국에 있지만, 결국은 한국 회사 아닌가? 그들도 한국의 조직 문화에 익숙해져야 한다.

'나의 문화에 중국 사람을 변화시킬 것인가? 아니면 내가 중국 문화에 맞춰갈 것인가?'

선택의 갈림길

여섯 번째 갈림길에 조주혁 팀장이 서 있습니다. 만약 당신이라면, 어떻게 하시겠습니까?

조금은 강압적으로 군기를 잡을까요?

아니면, 대화를 시도해서 풀어 볼까요?

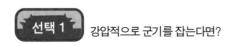 강압적으로 군기를 잡는다면?

다음 날 아침 8시, 베이징 사무실

사무실에 메이와 주혁만이 도착했다. 간밤에 메이가 문자로 아침 8시에 회의가 있다는 것을 알렸다. 비록 사람은 몇 명 안 되지만, 지금부터라도 군기를 잡고 가야 한다고 결심한 주혁이 메이에게 부탁한 것이다. 8시 10분, 샤오후와 자웨이가 어색한 표정으로 사무실에 들어왔다.

"왜 늦었습니까?"

"차가 막혀서 늦었습니다."

'그놈의 교통 핑계는 국경이 없구나.'

주혁은 인상을 찌푸리며 회의를 진행했다. 자웨이의 얼굴이 벌게졌다. 주혁이 자신에게 화가 났다는 것을 모를 리가 없었다.

"제가 여러분들의 이메일로 몇 장의 파일을 보냈습니다. 보고서 양식입니다. 이제 아침과 저녁에 모두 보고서 양식에 맞춰서, 그날에 무엇을 했고, 얼마의 매출이 있었는지, 그리고 그 다음 날에는 무엇을 할 예정인지를 보고하시기 바랍니다."

모두들 말이 없었다. 하지만 표정이 밝지 않은 것으로 봐서 그다지 환영하지 않는 듯한 표정이었다.

그날 저녁 6시, 회의실에는 역시 메이와 주혁만이 있었다. 10분이 지나자, 샤오후가 헐레벌떡 뛰어 들어왔다. 하지만 자웨이는 보이지 않았고, 그날 참석자는 그게 전부였다.

그날 이후로 자웨이는 보이지 않았다. 주혁의 강압적인 방식이 자신과 맞지 않는다는 이유로 회사를 떠난 것으로 알려졌다.

처음에는 다들 아무렇지 않은 듯이 행동했다. 하지만 자웨이의 퇴사는 분명 샤오후와 메이에게도 영향을 미치게 되었다. 주혁은 직원들이 고압적이고 남 앞에서 창피함을 주는 '나쁜 상사'로 자신을 대한다는 것을 알게 되었다. 이를 계기로 몇 가지 배운 점이 있었다.

우선 미엔쯔(面子), 즉 체면을 중요하게 여기는 중국인들에게 다른 사람들 앞에서 창피를 주는 듯한 행동은 모멸감으로 느껴진다는 것을 알았다. 한국에서 자주 듣는, '혼을 내야 정신을 차린다'라는 근거 없는 논리가 중국에서는 더더욱 통하지 않는다는 것을 배웠다.

또한 중국에서는 직장을 옮기는 것이 상대적으로 쉽다는 것을 알았다. 빠른 경제 성장이 수많은 일자리를 창출하는 것은 당연한 것이고, 이 외에도 문화적 배경도 한몫한다. 나라가 크지 않아서 '도망가야 코앞인' 한국과는 달리 엄청난 크기의 대륙에서 사는 탓에 멀리 떨어져서 얼마든지 신분을 속이고 살 수 있는 중국에서는 인간관계에 대한 구속력이 약한 것이다. 한 사람 건너면 아는 사람이 있는 '좁은' 인간 네트워크의 한국에서는 상상하기 힘든 일이다.

결국 고압적인 군대문화는 중국에서 절대 통하지 않는다는 것을 깨달았다. 결국 주혁은 3개월을 더 허비하고 나서야 영업 팀장을 다시 구할 수 있었다.

불필요한 업무 강요에 대한 중국인 직원의 반감

설문조사 결과, 한국 기업에서 근무를 하는 중국 직원들 중에 36%는 '불필요한 업무에 대한 강요'를 한국인들과의 업무에서 가장 힘든 점으로 꼽았습니다. 불필요한 업무에는 '강요당하는 야근'과 '같은 내용의 반복되는 보고서' 등이 언급되었죠. 특히 41%의 전체 응답자들이 '불필요하게 야근을 강요받았다'고 응답했습니다.[7]

한국의 기업문화를 고려했을 때는 큰 문제가 아니라고 넘겨 버릴 수 있겠지만, '잦은 야근'이 심각한 퇴직 사유가 되는 중국에서는 중요한 인력을 잃게 되는 계기가 될 수 있다는 것을 잊지 않았으면 합니다.

간혹 '내가 아랫사람 비위를 맞춰야 하나'라고 생각하는 사람들을 자주 봤습니다. 하지만 중국 사람은 다른 문화에서 자라온 사람들입니다. 많은 한국 주재원들이 미국인 현지 직원들에게는 그렇게 하지 못하면서, 왜 중국인 직원들에게는 강압적으로 군기를 잡으려 하는 걸까요? 다시 한번 생각해 볼 필요가 있습니다.

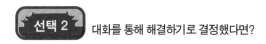

선택 2 대화를 통해 해결하기로 결정했다면?

다음 날 아침, 베이징 사무실

아침에 자웨이를 불렀다. 어제의 일을 기억해서인지, 자웨이가 조금 긴장된 얼굴로 왔다. 메이가 동석해서 통역을 도와주었다.

"자웨이, 왜 어제 목표액에 대해서 반대를 했는지 알고 싶어요. 조금 더 솔직히 왜 문제가 되는지 좋은 해결 방법은 없는지 알고 싶습니다."

머뭇거리던 자웨이가 결심을 한 듯 대답했다.

"그 목표액을 달성하기 위해서는, 적어도 10명 이상의 영업사원이 필요하고 마케팅 비용의 지원이 있어야 합니다. 그리고 적어도 몇백 개의 대형 마트에 정기적인 납품이 보장되어야 합니다. 어떻게 저와 샤오후 둘이서 그런 숫자를 하기를 바라시는지 이해가 되지 않습니다."

문제가 무엇인지 알게 되었다. 자웨이는 사람도 더 많이 뽑고, 본사의 지원도 커지면서 회사의 규모가 커질 것이라는 생각을 하지도 않았던 것이다. 그리고 마케팅 및 영업 활동에 필요한 모든 돈, 심지어 차비조차도 회사에서는 지원을 하지 않을 것이라고 믿고 있었다.

"왜 회사가 그것을 지원을 하지 않을 것이라 생각하나요?"

어리둥절한 표정으로 주혁이 물었다.

"이전의 회사가 다 그랬으니까요. 어떤 때는 월급보다 영업 활동 명

목의 비용이 더 많이 나간 적도 있었습니다."

주혁은 자신이 정말 모르는 것이 많다는 것을 알았다. 중국 회사들 중에서는 마케팅 비용이나 교통비를 한 푼도 지원하지 않는 곳도 있다는 것을 알았다.

"자웨이, 우리의 영업은 당신이 총괄하지만, 혼자 할 수 있는 액수가 아니라는 것을 잘 압니다. 더 많은 영업사원들을 자웨이가 직접 뽑아서 영업팀을 키워야 하겠죠. 마케팅 비용과 교통비는 한정된 범위이겠지만, 회사가 지원합니다. 그리고 우리는 이제 한 팀입니다. 그 목표를 위해 나도, 그리고 한국의 본사에서도 최선을 다해 당신을 도울 겁니다."

자웨이는 그제서야 마음이 놓인 듯이 미소를 띠었다.

"하지만 이제 저는 자웨이에게 일주일에 한 번씩 영업 보고를 요청할 예정입니다. 어떤 거래선과 어느 정도의 매출이 발생하고 있는지를 저에게 보고해 주셔야 합니다."

자웨이는 그렇게 하겠다고 약속했다. 어제의 갈등은, 겉으로 보기에는 나이가 어리고 중국을 모르는 한국인 지사장과 연륜이 많은 현지의 영업사원의 자존심 싸움으로 보였을 것이다. 하지만 결국은 서로가 가지고 있던 경험과 문화에서 비롯된 오해였다는 것을 대화를 통해서 서로 알게 되었다.

주혁은 조금씩 자신이 배우고 있다는 생각을 하게 되었다. 그리고 더 많이 그리고 더 빨리 배우기 위해서는 지금껏 가지고 있던 한국에서의 문화와 가치관을 잠시 잊고, 자세를 낮춰야 한다는 것도 알게 되었다.

112

제5장

중국과 한국의 소비자는 다르다

| 사례 연구 |
중국 문화에 대한 이해가 매출을 증가시킨다
중국의 엄청난 인터넷 파급력
숨어 있는 위험 또는 기회, 환차손과 환차익

2008년 봄, 베이징

작년과는 다른 봄이었다. 올림픽이 다가오고 있었기 때문이다. 끊임없이 올라가는 빌딩들과 재정비되고 있는 도로는 거리의 모습을 완전히 바꾸어 놓고 있었고, 몇 달 동안 떠나 있었던 사람들에게조차도 베이징이 낯설게 느껴질 정도였다. 하지만 올림픽이 다가오면서 가장 크게 변한 것은 놀랍게도 날씨였다. 날씨가 좋아지고 있었다.

스모그가 뿌옇게 시야를 가리는 날들이 대부분이었던 지난봄을 떠올리면 올해는 사뭇 달랐다. 하루 걸러서 구름 없고 해가 쨍쨍하게 화창한 날씨가 계속되었다. 그러나 세계적인 스포츠 스타 몇 명이 공기를 이유로 베이징 올림픽 불참을 선언하자, 사람들은 베이징 올림픽이 과연 성공적으로 치뤄질 수 있을까 수근대기 시작했다. 하지만 건조하기로 유명한 베이징에 요새 자주 내리는 비가 그 걱정을 말끔히 씻어냈다. 사람들은 중국 정부가 엄청난 돈을 써서 인공비를 내리게 한다고 했지만, 확인할 바는 없었다.

하지만 조은식품 베이징 사무소만큼은 아직 날씨가 화창하지는 않았다. 영업 팀장과 영업 사원 한 명씩을 두고 이제 제법 구색을 갖춘 듯했지만 매출은 늘지 않고 있었다. 자웨이와 샤오후에게만 닥달할 수도 없는 노릇이었다. 브랜드 인지도가 전무한 라면을 한국 사람이 아닌 중국 사람을 상대로 판매한다는 것은 주혁이 생각해도 쉽지 않았다. 마트에서는 입점을 거부하거나, 무리한 마케팅 비용을 강요했다. 그렇게 억지로 진열대에 올려놓아도 중국 사람들은 거들떠 보지도 않았다.

114

올해 약속한 60억 매출은 정말로 불가능인 듯 보였다. 현재까지 2억 정도 매출이 장부에 기록되었다. 그것도 대부분 상하이에서 한국 사람들 대상으로 판매한 것이 전부였다. 앞으로 남은 9개월 동안 58억을 해야 하는 상황이다.

작년도 물론 목표 매출을 하지 못했다. 물론 도시를 옮기고 사람을 새로 뽑아야 했던 일들로 매출을 생각할 정신이 없었다. 다행히 첫 해라서 큰소리 없이 넘어가 주는 분위기였다. 하지만 올해는 절대 예외가 없을 것이다. 특히 윤 전무는 절대 그냥 넘어가지 않을 것이다. 거기까지 생각이 미치자, 주혁은 당장 영업회의를 소집했다. 자웨이, 샤오후, 메이 그리고 주혁. 전직원 회의이자 영업회의가 열렸다.

"자웨이, 올해 말까지 얼마나 판매가 될지 예상매출을 알려주세요."

말이 없었다. 올해 말에 있을 일을 어찌 알겠는가. 이번 주에 납품 가능한 물량이 얼마인지도 예상이 안 되는 판에.

"여러분. 우리는 런민비 800만 위안(당시 환율은 인민폐 1위안＝원화 120원)을 아홉 달 안에 달성해야 합니다."

모두들 아까보다 더 입을 굳게 다물었다.

"자웨이, 지금 어떻게 마케팅을 하고 있죠?"

"마트에 광고 판넬을 진열하고 있습니다."

"그거 외에는요?"

"없어요."

엄청나게 불리한 추가 비용을 내면서 마트에 납품하는 상황이었다. 마케팅 비용은 꿈도 못 꿀 상황이라는 것을 주혁도 잘 알고 있었다. 현재로서는 마진이 전혀 없이 판매하고 있었다. 그렇게 시간이 지나면 사람들이 하나둘씩 맛을 보고 사줄 것 같은데, 맘처럼 되지를 않았다. 실감이 나기 시작했다. 여기가 한국이 아니라는 사실이.

한국에서 일을 할 때는 모든 것이 준비되어 있었다. 4천만 국민이 따라 부르는 CM송이, TV 광고로 굳건히 형성된 브랜드가, 그리고 매콤면 하면 무조건 반사로 떠오르는 그 맛의 이미지가 사람들에게 이미 주입되어 있었다. 모든 마트와 슈퍼마켓에서 조은식품이라고 하면 좀더 싼 가격에 납품해 달라고 하지, 납품을 하느냐 마느냐 하는 얘기를 한 적은 없었다.

그냥 모든 것이 처음부터 거기 있었다. 원래부터 있었다는 듯이. 주혁이 한 번도 그것을 어떻게 만들어낼까를 고민한 적은 없었다. 그런데 중국에서는 당연히 원래 있어야 할 그 모든 것들이 없었다. 그냥 맨바닥이었다.

하지만 이가 없으면 잇몸으로 먹어야 한다.

"그렇다면 어떤 마케팅이 좋을까요? 특히 브랜드 인지도를 높이는 전략이 필요해요. 아무도 매콤면을 모르니까요."

"TV 광고죠."

샤오후가 말했다.

"우리가 과연 그런 비용을 쓸 만한 상황인가요? 얼마나 매출로 이어지는지도 모르잖아요. 홈쇼핑은 어때요? 요즘 홈쇼핑이 인기인데."

"그보다 마트에서 도우미를 통해서 시식을 유도하는 것은 어떨까요? 가장 효과가 바로 눈에 보이는 방법이면서 비용도 많이 들지 않고."

"요즘 대세인 인터넷으로 홍보를 해보는 게 낫지 않을까요?"

속 시원한 답은 나오지 않았다. 브랜드의 인지도를 높이려는 의도인데, 몇 차례 가짜 사건으로 신뢰도가 추락한 중국 홈쇼핑이나, 무턱대고 고용하는 시식 도우미도 큰 효과가 없을 것 같았다. 결국 소비자의 머릿속에 맛있는 매콤면의 이미지를 먼저 만들어야 한다는 결론에 이르렀다.

TV 광고와 인터넷 홍보. 두 가지로 선택이 좁혀졌다. 확실한 TV 광고, 그리고 비용이 거의 들지 않는 인터넷 홍보. 시간으로 보나 인력면으로 보나 두 가지 채널을 모두 연구하고 시작하기에는 무리가 있었다. 한 가지를 선택한다면 어떤 것을 해야 하는가, 새로운 고민에 주혁은 빠져들기 시작했다.

선택의 갈림길

일곱 번째 갈림길에 조주혁 팀장이 서 있습니다. 만약 당신이라면 어떻게 홍보하시겠습니까?

돈이 많이 들어도 TV 광고를 선택하시겠습니까?

아니면, 인터넷을 통해서 홍보하시겠습니까?

 **선택 1** TV 광고를 선택했을 경우

2008년 5월, 베이징

물론 비용이 부담이었다. 하지만 비용 때문에 엄청난 효과의 기회를, 특히 시작하는 이 시점에서 포기할 수는 없다고 생각했다. 걱정하는 강철호 이사를 설득시켜서, 한국에서의 광고 예산의 얼마를 중국으로 돌렸다. 강 이사는 '자신 있죠?'를 몇 번이고 물어봤다. 그만큼 강 이사도 부담이 컸다.

하지만 여전히 충분하지 않은 예산을 가지고 중국에서 새로운 광고를 기획하고 찍는 것은 무리였으므로 한국에서의 광고를 가져와서 중국말로 더빙하는 방식으로 하기로 했다. 한국에서 조은식품의 광고 모델이 마침 중국에서 엄청난 인기를 얻고 있는 여배우였다.

광고는 이런 내용이었다. 한 여성이 한복을 곱게 차려입고 매콤면을 먹고 있다. 조심스럽게 한 젓가락씩 먹다가 너무 맛있어서 결국 밥까지 말아서 먹게 된다는 코믹한 광고였다. 하지만 중국에서 쉬운 일은 없었다. 더빙과 자막까지 마치고, 지역방송국에 문의를 하니 15초에 2만 위안 하던 저녁 프라임 시간대 광고비가 두 배로 올라 4만 위안까지 하는 것이다. 올림픽 때문이었다. 너나 나나 할 것 없이 올림픽이라는 100년에 한 번 있을까 말까 한 기회를 활용하려 했다. 가격이 너무 비싸, 결국 시간대를 조정하는 수밖에 없었다. 사람들이 TV를 덜보게 되는 낮시간대로 바꿔야 했다. 광고 효과가 떨어질 것이 염려되었지만, 광고 빈도를 낮추는 것보다는 나을 듯했다.

두 번째 문제가 생겼다. 광고가 심의에 통과를 못 하고 있었다. 한국의 콘텐츠를 가지고 심의를 통과하는 것이 쉽지 않다는 얘길 들었지만, 이토록 오래 걸릴 줄은 몰랐다. TV를 켜면 모든 광고들이 '짜요중궈(加油中国: 화이팅 중국)'판이었던 것이다. 나이키, 아디다스 심지어 로컬 브랜드인 '리닝(李宁:li-Ning)'까지 모두 중국 대표팀의 승리를 응원하는 메시지 일색이었던 것. 광고를 보면서 감동을 받아 눈물을 흘린다는 중국인들도 있었다. 올림픽을 겨냥해서 중국인들의 애국심에 불을 지르는 광고들이 판치는 판에 한복을 입고 있는 한국 배우가 라면을 먹는 광고는 문제가 있다기보다는 우선 순위에서 밀려난 듯했다.

한참이 지나 겨우겨우 심의를 통과한 매콤면 광고는 지역방송국의 전파를 타고 나갔다. 얼마 후 설문조사 결과 사람들이 매콤면의 존재를 알게 되었다는 것은 확실했다. 하지만 매출은 늘지 않았다. 처음에는 프라임 시간대가 아닌 관계로 노출 빈도 또는 영향력의 문제라고 생각했다.

하지만 진짜 이유는 그것이 아니었다. 광고 자체가 문제였다. '밥을 말아 먹는다'라는 행위가 중국 사람들에게는 이해되지 않는 것이었다. 면을 먹는 것까지는 좋은데, 국물을 들이마시다 못해 밥까지 말아서 먹는다는 것이 그다지 맛있어 보이지 않았던 것이다. 이게 바로 음식문화의 차이다. 결국 그것을 이해하지 못한 채 한국 사람이 좋아하면 중국 사람도 좋아할 것이라는 잘못된 생각에서 비롯된 결과였다.

기껏 예산만 낭비하고 만 이 일을 본사에 어떻게 해명할 것인가? 주혁은 머리만 아파왔다.

중국 문화에 대한 이해가 매출을 증가시킨다

중국 문화와 한국 문화는 다르다는 생각에서 출발해야 합니다. 많은 한국 기업들이 중국의 소비자와 한국의 소비자가 비슷할 거라는 생각을 가지고 있기 때문에 초기에 많은 시행착오를 겪습니다. 같은 동양권일지라도 문화가 다르기 때문에 마치 미국이나 유럽의 어느 나라의 시장에 진출할 때처럼 제로베이스에서 소비자를 연구하고 회사 운영의 프로세스를 만들어 가야 합니다.

인터뷰 **박세호 법인장 (롯데마트 중국법인)**

롯데마트의 중국 초기 진출 당시, 고객의 많은 구매를 유도하기 위해 소형 바구니보다는 대형 쇼핑카트를 비치했습니다. 그러나 1주일에 1회 정도의 쇼핑을 하는 한국의 마트 고객과 달리, 중국 소비자들은 소량을 자주 구매하는 성향을 지니고 있다는 것을 나중에야 알게 되었습니다. 이후 롯데마트는 매장에 대형 쇼핑카트보다는 소형 바구니를 많이 비치함으로써, 고객의 편의성을 도모했습니다. 결국 쇼핑 문화를 이해함으로써 고객 만족도를 증가시킨 좋은 예가 되겠습니다.

하지만 중국 소비자들의 구매 패턴은 최근 들어 급격히 변화하고 있습니다. 결국 중요한 것은 중국 고객이 고정적인 구매 또는 식문화 습성을 갖고 있다는 고정관념을 버리고 변화하는 중국 고객의 소비 습관을 빠르게 이해하고 대응하는 것이 필요하겠지요. 예전에는 중국 고객이 신선도를 확인하기 위해 고기를 손으로 만져보고 구매한다는 것을 알고는 포장육을 모두 치워야 했습니다. 하지만 이제는 깨끗하게 포장된 것을 찾는 고객이 늘어나고 있어서 이 소비자들을 위해 포장된 제품도 함께 판매하고 있습니다.

마트에서 고기를 고르는 모습.
아직도 손으로 만져보고 고르는 소비자들이 많다.

2008년 봄, 베이징

회의를 마칠 무렵, 본사에서 온 출장자들이 주혁을 찾았다.

"점심식사 하셔야죠? 오늘따라 한국 음식이 너무 그리운데, 어디 근처에 잘하는 곳이 있나요?"

"한국 음식이요? 글쎄요."

그도 그럴 것이 회사에 한국 사람이라고는 자신밖에 없어서 점심도 저녁도 굳이 한국 음식을 찾지 않았기 때문에 맛있는 곳은커녕 한국 음식점을 본 적도 없었다. 주혁은 샤오후에게 물었다.

"여기 근처에 한국 음식점이 있나요?"

샤오후는 잠시 생각하더니 갑자기 컴퓨터 키보드를 두드리기 시작했다. 주혁은 어깨 너머로 지켜보았다. 샤오후가 검색하는 사이트는 온통 중국어뿐이었지만, 음식 사진들이 가득한 것으로 봐서, 음식이나 음식점들을 소개하는 사이트임이 분명했다.

"지금 이 사이트가 엄청난 인기예요. 각종 맛있는 음식점이나 맛있는 음식들을 사람들이 올리고 평가하는 사이트인데요, 여기서 최고 맛집이나 최고의 음식으로 한번 선정이 되면 아주 난리가 나요. 평균 매출이 다섯 배나 늘어난다고 하던데요?"

그러고는 샤오후는 베이징에 있는 한국 음식점으로 검색을 해서 결국 근처 불고기집을 찾아냈다. 본사 사람들과 찾은 음식점에서 모든 사람들이 극찬을 하면서 음식을 먹었다. 하지만 주혁만은 샤오후가 보고 있던 그 웹사이트가 생각에서 떠나지 않았다.

'이거다.'

식사를 마치고 돌아오자마자, 샤오후와 함께 포스팅을 하기 시작했다. 글만으로는 부족하다는 생각이 들어서 맛있게 라면을 끓이는 방법을 동영상으로 올렸다. 고추기름도 첨가해서 먹는 방법 등 중국 사람들이 좋아할 만한 레시피를 다양하게 올렸다.

사람들이 반응을 보이기 시작했다. 인기 있었던 한국 드라마의 라면 먹는 장면만 편집해서 링크를 걸었다. 그러자 질문이 쏟아지기 시작했다.

"많이 매운가요?"

"한국 사람들이 정말 이걸 많이 먹나요?"

"어디서 살 수 있나요?"

샤오후와 메이가 고정으로 붙어서 질문들에 답을 하기 시작했다. 답변이 포스팅마다 달리니 더더욱 많은 사람들이 포스팅을 남기고 있었다. 그리고 점차 '맛'에 대한 질문에서 '구매 방법'에 대한 질문으로 바뀌어 갔다.

며칠 사이에 매콤면의 판매가 부쩍 느는가 싶더니, 얼마 안 가서 엄청난 주문이 밀려오기 시작했다. 재고를 갖고 있던 몇 군데 마트에 진열된 상품들은 이미 동이 난 상황이었다. 베이징 말고 다른 도시에서는 배송으로 주문을 하기 시작했다. 매콤면 포스팅이 2주 연속 최고 평가를 기록하자, 베이징의 최대 마트 체인에서 연락이 왔다. 그전에는 만나 주지도 않던 곳에서 직접 찾아온 것이다.

이후 2008년 여름은 그렇게 하나의 인터넷 사이트에서 시작된 작은 반응이 매콤면의 폭발적인 인기로 전환되면서 그동안 주력도 자웨이도 하지 못한 유통망을 개척하게 되었다. 유행에 민감한 중산층 중국인들이 좋아하게 되면서 엄청난 수요를 만들어낸 것이다. 매콤면의 히트 판매는, 그해 베이징 올림픽 야구 결승전에서 이승엽의 끝내기 만루 홈런만큼이나 짜릿한 것이었다.

중국의 엄청난 인터넷 파급력

통계에 의하면, 이미 중국 인구의 절반은 인터넷을 사용하고 있는 것으로 조사되었습니다. 즉, 전세계 인터넷 사용자의 40%인 7억 명이 중국 사람들인 것이지요. 게다가 그 증가 속도는 조금 낮아졌지만, 7% 정도로 매년 늘어나고 있는 것으로 밝혀졌습니다.[8] 엄청난 증가 속도입니다.

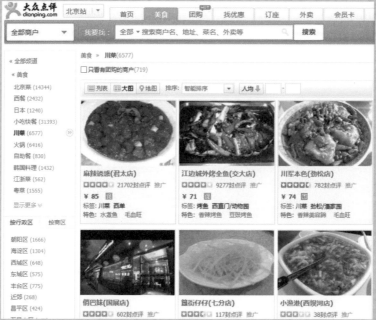

중국 최대의 음식평가 사이트, '따중디엔핑(大众点评)'. 6000만 개 이상의 음식점 및 음식 리뷰가 등록되어 있다(2015년 초).

하지만 사용자의 수보다 더 놀라운 통계가 있습니다. 바로 인터넷을 사용하는 시간과 그 범위입니다. 한국인이 매주 인터넷을 사용하는 시간이 18.2시간[9]인 데 비해, 중국인은 34시간[10]으로, 두 배 가까이 많다는 것을 알 수 있습니다. 물론 인터넷에 노출되는 시간이 많을수록, 그 사용 영역이 넓다는 것은 충분히 예상 가능하죠. 특히 온라인 쇼핑몰에서는 다른 나라에서는 상상도 못 할 제품들이 거래되곤 합니다. 일례로 2013년도에는 알리바바에서 운영하는 쇼핑몰인 타오바오(淘宝)에서 1억 7천만 위안, 한화 289억 원의 헬리콥터가 매물로 올라오기도 해서 매스컴에서 핫하게 다루기도 했습니다.

결국 이 모든 것은 중국인들이 인터넷으로 대변되는 온라인 정보에 대해 신뢰하고 있다는 의미이기도 합니다. 조사에 의하면, 56%의 중국 소비자들은 온라인 광고가 '신뢰할 만하다'라고 답했고, 25%의 소비자들이 '물건을 구매하기 전에 인터넷으로 정보를 확인한다'라고 답했다고 합니다.[11]

한국에서 '인터넷'이 비즈니스에 사용되는 영역에 비해, 중국에서 사용되는 영역이 훨씬 넓을 수 있다는 것을 기억하시기 바랍니다.

타오바오에 매물로 올랐던 헬리콥터

2009년 1월, 서울

인천공항 활주로에 들어서면서 바라본 바다는 무서울 정도로 파랬다. 파랗다는 표현보다는 검다는 표현이 어울릴 정도로 시린 날씨에 어울리는 색깔이었다.

일 년 만에 찾은 한국이었다. 비행기에서 펼쳐든 한국 신문이 어색했다. 신문에는 온통 한국 경제가 종말을 맞는다는 무시무시한 기사들 투성이었다. 바쁜 한 해를 살다 보니, 한국에는 어떤 일이 발생하는 지에 대해 무감각하게 시간을 보냈구나 하는 생각이 들었다.

사실 오랜만에 온 한국이기에 설렘이 컸지만, 작년도 성과 보고를 하기 위해 찾아온 만큼 조금 긴장이 되었다. 감상에 젖어 있을 때가 아니었다. 공항 리무진을 타고 곧장 본사로 향했다.

25층 대회의실에 도착한 주혁은 한구석에 자리를 잡고 앉았다. 오늘은 임원단 시무식 겸 최종 실적 보고가 있는 날이었다. 본사에서 근무할 때는 얼굴을 제대로 보지도 못했던 높은 임원들 사이에 앉아 있는 기분이 묘했다. 임원들이 상기되어 목소리를 높이고 있고, 김 대표가 한숨을 계속 쉬고 있었다. 아마도 조은식품은 또 한번 힘든 한 해를 보낸 듯했다. 여러 가지 생각을 하고 있는데, 갑자기 김종원 대표가 주혁을 찾았다.

"조 팀장, 중국 결과가 어떤지 발표해 주겠나?"

예상했지만, 깜짝 놀라서 일어났다. 그리고 긴장한 얼굴로 앞으로 나가 천천히 얘기를 하기 시작했다.

"지난 한 해는 조은식품이 중국 시장에서 제2의 탄생을 이루어낸

해였습니다. 본격적으로 중국인들을 타깃으로 사업을 추진했습니다. 동시에 상하이에서 베이징으로 사무실을 옮기면서……."

"조 팀장, 시간 없으니, 본론만 말하게. 그래서 목표 매출을 했다는 것인가, 아닌가?"

윤 전무가 짜증스런 목소리로 한마디 던졌다.

"네, 그럼 본론만 말하겠습니다. 매출 목표량은 60억이었고, 그 목표를 2억 초과 달성했습니다."

모두 놀란 눈치였다. 윤 전무도 놀라움을 금치 못하고 다시 물었다.

"뭐? 2억을 했다는 거야?"

"아닙니다. 목표보다 2억이 많은 62억을 했습니다."

김 대표가 웃으며 말했다.

"여러분, 우리 조 팀장에게 박수 한 번 크게 쳐 줍시다. 작년에 유일하게 성장을 한 팀입니다."

조 팀장은 박수를 받으며 생각했다.

'환율이 아니었으면 큰일 날 뻔했어.'

사실은 62억 원만큼의 매출이 실제 발생한 것은 아니었다. 인터넷의 힘으로 엄청난 홍보가 이루어졌고, 판매가 폭증한 것은 사실이었다. 하지만 이렇게까지 매출이 늘어날 수 있었던 것은 모두 환율이 두 배 이상 올랐던 이유였다. 즉 30억선에서 그칠 매출이 원화로 환산하는 과정에서 환율 때문에 두 배로 늘어난 것이다.

리만브라더스의 부도에서 시작된 세계 경제 위기가 한국을 강타할 무렵, 상대적으로 건강했던 위안화 덕분에 얻게 된 이익이었다. 수입을 하지 않고, 전에 남아 있던 물량을 처분할 수 있는 엄청난 행운의 기회이기도 했다.

　2009년 미국이 휘청하는 사이에 아무도 모르게 월스트리트의 패권을 야금야금 뺏어온 중국. 중국이 '세계의 공장'에서 '세계의 은행'으로 변신하는 그 소용돌이 안에 자신이 서 있다는 것을 주혁으로서는 당시에는 알 방법이 없었다. 그저 이렇게 순간순간 바뀌고 있는 비즈니스의 변화를 활용할 뿐이었다.

숨어 있는 위험 또는 기회, 환차손과 환차익

당연한 얘기지만, 글로벌 비즈니스에서 가장 중요하게 고려해야 할 점 중에 하나는 '환율 변동'입니다. 중국 내 비즈니스의 오퍼레이션이 자리를 잡아서, 별도 채산제로 운영되는 기업들을 제외하면, 본사와의 돈 흐름에 영향을 끼치기 때문이죠. 즉, 중국 내의 비즈니스로 영업이익을 올렸다 하더라도, 한국 본사로 송금하는 과정에서 환차손을 입을 수 있습니다.

물론 별도 채산재로 운영되는 기업 또한 이 환차손의 위험에서 안전하다고 볼 수만은 없습니다. 자본금을 미화로 들여왔다가, 사용할 당시에는 위안화가 절상되어 손해를 보는 경우가 있습니다. 어떤 기업들은 본사로 로열티를 송금해야 하는 경우가 있는데, 이 경우 역시 환율의 차이가 큰 변화를 가져오기도 합니다. 따라서 환차손이 예상되는 시기에는 송금을 줄이고, 중국 내에서 투자를 늘리는 방법 등을 고려하는 지혜가 필요합니다.

중국인에게 다가가기

2009년 봄, 베이징의 까르푸 마트

자웨이, 주혁 그리고 샤오후가 나란히 카르푸 마트의 구매팀장을 만나서 얘기를 하고 있었다. 정확하게 말하면, 자웨이가 구매팀장과 얘기를 하고 주혁은 샤오후가 해주는 통역에 의존해서 겨우겨우 알아듣고 있었다.

잘 알아듣지는 못하지만, 대충 분위기를 느낄 수 있었다. 구매팀장은 담배를 뻐끔거리며 뭔가 곤란하다는 식으로 계속 고개를 좌우로 흔들고 있었고, 자웨이는 뭔가 안타까운 듯 입술을 굳게 다문 얼굴이 붉게 상기되어 있었다. 이미 두 시간째 별다른 결과가 나지 않은 채 같은 모습이었다.

자웨이가 처음으로 대량 납품을 할 것이라며, 주혁에게 함께 구매팀장을 만나러 가자고 한 것은 삼 일 전이었다. 너무나 기다리던 첫 번째 대형 계약이었다. 자웨이가 그 순간을 주혁과 함께 함으로써, 그 공을 빛내고 싶어한다는 것을 주혁은 너무나 잘 알고 있었다. 흔쾌히 따라나섰다. 하지만 지금 상황으로 봐서는 계약 자체가 어려운 상황인 듯했다.

'왜 회의를 끝내지 않고, 한숨들만 쉬고 있는 거지?'

솔직히 주혁에게는 협상이 결렬되어서 계약을 못 하는 경우를 한국에서 한두 번 겪은 것이 아니었다. 하지만 협상의 결렬은 많은 경우 회의 탁자에 앉기도 전에 이미 알게 되기 때문에 으레 십여 분 길게는 삼십 분 만에 회의가 끝나는 경우가 대부분이었다.

당신들의 가격이 높소. 이렇게 나오면, 낮추겠다. 아님 관두겠다.

두 가지 대답이 나와야 하는데, 이 두 사람은 지금 말이 없이 두 시간째 대치 중이다. 팽팽한 기싸움인지는 모르겠지만, 일단 잠자코 기다려 보기로 했다. 중국의 협상 문화도 모르는 자신이 섣부르게 나서서 중요한 일을 그르치고 싶지는 않았다.

이윽고 담배 꽁초들이 재떨이에 넘쳐날 때쯤 구매팀장이 먼저 일어났다. 궁금함을 참지 못한 주혁이 자웨이에게 물었다.

"자웨이. 어떻게 되었어요?"

"추가 비용을 내라고 하네요."

물론 일이 꼬였다는 것쯤은 주혁도 예상하고 있었다.

"하지만 삼 일 전에는 별 문제 없다고 했잖아요."

"갑자기 말을 바꾸네요."

한국에서도 종종 그런 일들이 발생한다. 주혁은 이해할 수 있었다.

"추가 비용이 얼마인가요?"

"진열대 면적당 사용료를 두 배로 올리겠다고 하네요."

진열대 면적 사용료가 두 배면, 라면 한 개당 기존의 5마오에서 1위안으로 인상된다. 1위안이면, 10위안에 판매하고 있던 라면이 11위안에는 판매되어야 한다는 의미다. 즉 당시 환율로 한국돈 1,400원가량이다. 중국의 상류층들이 호기심으로 먹는 '외제 라면', 그 이상도 그 이하도 될 수 없었다. 가뜩이나 수입 제품이라서 경쟁 제품보다 두세 배 이상이 비싼 상황인데 추가 비용이라니. 어림없는 꼴이었다. 그렇다고 해서 회사의 마진을 포기할 수는 없었다.

사용료를 올리라고 하는 이유는 간단했다. 소비자들이 살지 안 살지 모르는 비싼 라면을 마트에 진열하기 위해서 다른 라면을 진열하면서 얻을 수 있는 이익을 포기하기 싫다는 것이다. 결국 기회비용을 보상하라는 것이었다. 한국에서처럼 브랜드가 알려진 상황에서는 결코 발생할 수 없는 상황이었지만, 중국에서는 소비자들이 잘 알지도 못하는 비싼 수입 라면을 무턱대고 받아줄 리가 없었다.

자웨이가 사무실로 돌아오는 길에 주혁에게 물었다.

"누가 우리의 타깃 소비자입니까? 예전처럼 중국에서 거주하는 한국 사람입니까? 아님 중국 사람입니까?"

"중국 사람이죠."

"도대체 어떤 중국 사람이 들어 보지도 못한 수입 라면을 비싼 돈을 내고 먹겠습니까?"

맞는 말이었다. 수입해서 파는 라면. 이대로는 가격을 낮출 수가 없고, 소비자에게 선택받는 것도 어렵다. 베이징에 위치한 4년제 대학을 졸업하면 런민비 3,000위안을 평균 초봉으로 받는 물가에서, 흔히 식당에서 먹을 수 있는 면류가 비싸야 10위안 내외 정도밖에 하지 않는 물가에서 11위안짜리 라면은 사치스런 음식일 뿐이었다.

사실 얼마 전 중앙정부에서 발표한 세제개혁은 그 사태를 더욱 심각하게 했다. 정리하자면 이제 외자 기업에게 이전에 주었던 각종 비과세 등의 혜택을 없애고, 내자 기업, 외자 기업 막론하고 모두 같은 세제를 적용하겠다는 내용이었다. 외자 기업이 가지고 있던 기존의 혜택이 사라진다는 뜻이지만, 결국은 홈그라운드에서 뛰는 중국 기업들이 유리해지는 것은 너무나 뻔한 사실이었다.

분명히 중국은 변하고 있었다. 외국 자본의 투자를 유도하던 시기, 값싼 노동력으로 공장을 유치하던 예전의 중국이 아니었다. 중국의 기업들이 눈에 띄게 몸집이 커지고 실력이 쌓인 것이다. 그래서 이제는 자국의 기업을 보호하고 키우기 위해 노력하고 있는 모습이 드러나기 시작한 것이다.

요즘 만나는 사람들마다 중국 중앙정부나 지방정부의 지원이 예전 같지 않다는 얘기를 했던 것이 생각났다. 한창 중국이 발전을 하기 시작한 1990년대 중반부터 중국 정부는 외국 자본을 유치하기 위한 노력이 있었다. 몇 년 동안 세금을 감면해 준다든가 공장 부지를 싸게 임대해 준다든가 하는 파격적인 노력이 있었다. 하지만 십 년이 넘어서고, 중국 기업들이 조금씩 내공을 키워 가면서 중국 정부는 변했다. 이제는 외국으로부터 배울 만큼 배웠으니, 자국 기업들을 보호하고 육성하기 위한 정책으로 변한 것이다.

조은식품으로써는 엎친 데 덮친 격이다. 수입 관세의 혜택이 없어짐으로써 매콤면을 수입하던 기존의 비즈니스가 정면으로 타격을 받게 되었다. 이제는 관세 부담 때문에 11위안이 아닌 그 이상의 가격으로밖에는 판매를 할 수 없는 상황이 되었다.

결국 현지에서의 생산밖에는 답이 없었다. 하지만 현지 생산이라면 협력사를 찾아야 할지, 아님 직접 공장을 지어야 할지 머릿속이 복잡해졌다. 잠시 생각을 하고 싶어진 주혁은 사무실 근처 커피숍으로 가서 커피를 주문했다.

"메이스 카페이(美式咖啡—아메리카노)."

메이가 가르쳐 준 몇 가지 단어들 중에 커피숍에서 유용하게 사용되는 단어다. 엉터리 성조로 대충 말했지만, 점원이 알아듣는 것을 본 순간 자신의 중국어 실력이 늘었다는 것에 뿌듯했다. 중국에 와서 벌써 삼 년째 중국어를 배우고 있었다. 물론 대학생 푸다오(辅导─과외지도)를 주말에만 배우고 있으니, 어학연수 온 3개월차 학생들보다 못한 실력이었다. 하지만 조금씩 회의에서 영어가 아닌 중국어를 사용하고 있는 자신의 모습을 발견하고는 마치 중국어를 통달한 것마냥 아주 기분이 좋았다.

커피를 받아들고 잠시 빈 테이블에 앉아서 생각을 하기 시작했다.

공장을 지으려면 얼마나 걸리는가? 얼마의 비용이 필요한가? 과연 내가 생산 관련 지식이 충분한가? 다른 사람을 한국에서 데리고 와야 하는 것인가?

머리가 복잡해져 왔다.

그 순간 주혁의 눈에 정말 아름다운 여성이 들어왔다. 그녀는 몇 테이블 건너편에 앉아서 휴대전화를 열심히 들여다보며 문자를 보내고 있었다. 새하얀 얼굴에 긴 팔과 손가락. 가끔씩 미소를 지으면서 그 긴 손가락으로 끊임없이 문자를 보내는 듯했다.

다시 생각에 집중하려 했다. 협력사를 찾는 게 낫겠지. 그게 더 빠르고 쉬울지 몰라. 하지만 중국에서는 협력사에게 사기를 당하는 경우가 많다고 하던데. 근데 저 여자는 남자친구가 있을까. 지금 남자친구를 기다리는 게 아닐까.

머릿속이 점점 저기 앉아 있는 여자로 뒤덮히기 시작했다. 그리고 주혁은 알고 있었다. 지금 말을 걸지 않으면 후회할 것이라는 것을. 용기를 내서 그 여자에게 다가갔다. 그리고 인사했다.

"니하오(你好)."

그 여자는 깜짝 놀라 주혁을 바라보았다.

뭔가를 말해야 한다. 영어를 못 알아들으면 어떻게 하지? 이럴 줄 알았으면 여자에게 접근할 때 사용할 만한 '작업용' 멘트들을 미리 배워 놓는 건데.

이렇게 생각하고 있을 때쯤, 여자의 얼굴은 굳어 가고 있었다. 아까의 미소는 온데간데없었다. 급하다. 뭔가 해야 한다.

"저는 조주혁입니다. 당신이 너무 아름다워 함께 얘기를 하고 싶어 졌습니다."

결국 영어로 했다. 그러자 사람들이 일제히 주혁과 여자를 바라보았다. 기분 나쁠 정도로 빤히 쳐다보며 모두 숨죽여 여자의 반응을 기다렸다. 하지만 여자는 황급히 가방을 둘러메더니 그 자리를 떠났다. 얼굴을 찌푸리면서.

'뭐지, 이건?'

두 가지로 추정되었다. 주혁이 너무 맘에 안 들었거나, 아니면 주혁이 뭔가 큰 실수를 한 것이 분명했다. 무엇인지는 모르지만, 도저히 그 커피숍에 앉아 있기가 창피해서 도망치듯 빠져나왔다.

외국계 기업에 대한 혜택의 점진적 폐지

한때 중국은 다른 개발도상국들과 마찬가지로 모든 외자 기업에 우호적이었습니다. 2001년 WTO 가입 이후, 물밀 듯이 들어오는 외자 기업을 두 팔 벌려 환영했죠. 하지만 이제는 그 모습이 많이 바뀌었습니다.

중국 정부는 내자 기업과 외자 기업 간에 공평한 조세 환경 조성을 이유로 외자 기업에 대한 세제상 혜택을 모두 폐지하였습니다. 2007년에는 기업소득세법을 제정하여 2008년 1월 1일부터 외자 기업, 내자 기업 구분 없이 통일적으로 적용하고 있으며, 2010년 12월 1일부터는 도시보호건설세와 교육세 대상을 외자 기업으로도 확대함으로써 내자 기업과 외자 기업 간의 차이는 없어졌습니다.

이제는 오히려 외자 기업에 대한 안 보이는 차별이 존재한다는 불만의 목소리가 커지고 있습니다. 한 설문조사에 의하면, 중국 정부가 자국 기업 보호를 위해 상대적으로 외국 기업에 불이익을 주고 있다는 의견도 나왔습니다. 중국 내 미국 기업들에게 물어본 결과, 중국 정부로부터 '각종 허가 관련 불이익을 받고 있다'고 대답한 기업은 전체의 61%였습니다. 그리고 '외자 기업에게만 법률 적용을 엄격하게 하고 있다'는 의견도 절반인 49%가 되었습니다.[12]

2009년 5월, 베이징 사무실

주혁은 전화로 강철호 이사와 회의를 하고 있었다. 회의 안건은 중국 내의 생산 법인 설립이었다.

"이사님, 결국 두 가지 방안 중에 하나를 선택해야 합니다. 첫째는 독자 법인을 세워서 우리가 직접 운영하는 방법이 있습니다. 아니면 합자 법인을 통해서 지분을 나눠서 운영을 하는 방법입니다. 물론 운영의 방법은 논의하기 나름인데, 운영을 중국 파트너 측에 맡기고 우린 맛을 내는 기술을 제공하는 방법도 고려해 볼 수 있습니다."

"독자 회사는 물론 경영의 자율성이 보장되어 있지만, 초기 운영에 어려움이 있을 것이고, 합자 회사는 반대로 운영을 초기에 쉽게 할 수 있지만 자율성이 없다는 것이 문제겠군요."

"맞습니다. 그런데 독자 법인의 경우, 중국 정부의 사업 허가가 쉽게 나오지 않는다고 하기 때문에 아무래도 작은 회사를 인수하는 것은 어떨까요?"

"본사의 현금 흐름이 좋지 않아서 중국 기업을 인수하기에는 좋은 시점이 아닌 듯한데. 주주들도 찬성하지 않을 겁니다. 인수보다는 새로 회사를 만들어 키우는 쪽으로 해봅시다. 그런데 맨 바닥에서 시작을 해야 하는 상황인데…… 투자 비용을 비교해 봤나요?"

"본사 재무팀과 협의를 했습니다. 초기 투자 비용은 독자가 당연히 많이 들지만, 합자의 경우 이익의 절반을 중국 파트너와 나누는 것을 생각하면 결국 투자비용의 순현재가치는 비슷한 것으로 나왔습니다."

"결국 자율성이냐 아니면 초기 운영의 용이함이냐를 놓고 결정해야 하는 상황이군요."

　한국 기업이 처음부터 새로운 사업을 아무 경험 없이 중국에서 시작하는 경우는 많지 않았다. 하지만 조은식품으로서는 예전 상처로부터 생긴 트라우마가 있었다. 다시 한번 파트너십 방식을 꺼내들 수 있을지 의문이었다. 두 번째 진출은 단독으로 하기 위해서 굳이 법인을 세우고 이신혜 차장을 수 년 동안 주재원으로 보낸 것이 아닌가. 그런데 이제 와서 다시 협력사 운운하는 것이 가능할까? 이런 주혁의 생각을 읽었다는 듯이 강 이사가 주혁에게 말했다.

　"비록 예전 중국 파트너와의 문제를 모두 잊을 수는 없겠죠. 하지만 사장님이나 저나 조 팀장을 신뢰하고 있으니 소신껏 결정해 보세요.

베이징 지엔궈루의 야경

140

그리고 내일까지 기획안을 만들어 제출하세요. 제가 사장님께 따로 얘기할게요."

주혁은 전화를 끊고 잠시 창밖을 쳐다봤다. 북경의 궈마오(国贸)에 어둠이 서서히 깔리기 시작했다. 서울의 을지로나 테헤란로와 같이 상업 지역인 궈마오 지엔궈루(建国路)의 저녁은 화려한 불빛으로 가득 차 있다. 수많은 빌딩 위의 회사 이름들이 하나둘씩 불을 켜고 있었다. 그리고 보니 많은 중국 기업과 외국 기업의 합자회사들의 이름이었다. 물론 이름은 유명한 글로벌 기업이었지만, 중국에서는 절반의 지분이 중국 파트너에게 있는 경우가 많았으므로, 그들 또한 파트너십이었다.

'저들은 어떻게 그 어려운 파트너십을 성공시켰을까?'

궁금할 뿐이었다.

선택의 갈림길

여덟 번째 갈림길에 조주혁 팀장이 서 있습니다. 만약 당신이라면 어떤 방법으로 현지 생산을 추진하겠습니까?

조금 시간이 걸리더라도 독자적으로 운영할 수 있는 독립 법인을 설립하시겠습니까?

아니면, 손해를 조금 감수하더라도 안전하게 중국 파트너와의 합자를 추진하겠습니까?

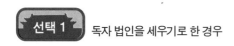
선택 1 독자 법인을 세우기로 한 경우

2009년 여름, 베이징

100% 외자 법인을 세우겠다고 생각한 이유는 결국 파트너십에 대한 불안감이었다. 중국 파트너를 찾는 것도 큰 문제이거니와 찾는다 해도 좋은 파트너를 찾는다는 보장이 없었다. 솔직히 중국 파트너와 하나하나 맞춰 가는 것은 생각만 해도 정말 힘든 과정이었다. 무엇보다 2002년도에 시작했다가 실패로 끝난 중국 회사와의 파트너십이 독자 법인을 설립하게 하는 결정적인 계기가 되었다. 김종원 대표는 아주 좋아했다. '확실한 거지?'를 수차례 되묻긴 했지만, 파트너를 찾아서 맞춰 가는 힘든 과정이 필요 없다는 것에 만족스러워하고 있었다.

하지만 새로운 생산공장 건설 허가를 신청하는 것은 어떻게 해야 하는지 고민이었다. 수소문 끝에 한국 기업의 사업허가 신청 대행을 전문적으로 하는, 한국 사람이 운영하는 작은 회사를 찾아 위임했다. 그런데 그 한국인 사장은 수교 전부터 중국에서 살았다면서 중국 정부 관료들과의 꽌시(关系: 성공을 보장하는 사람간의 관계)를 한 시간 가량 늘어 놓았다. 주혁은 그것부터 왠지 맘에 들지 않아 조금 불안한 기분이 들었는데, 예상대로 그날부터 잠 못 이루는 날들이 시작되었다. 금방 된다고 하던 사업허가증이 일주일이 지나도 한 달이 지나도 깜깜 무소식이었다. 처음에는 올림픽이 끝나서 빨리 될 거라고 하더니 곧 액

스포가 열릴 거라서 어려워졌다는 둥 알쏭달쏭한 얘기만을 되풀이했다. 매일같이 쫓아가서 보채 보기도 하고 화를 내보기도 했지만, 돌아오는 답은 늘 같았다. '중국이 원래 이렇습니다. 중국을 잘 모르시는군요'였다.

어디선가 많이 들은 말이었다. 이신혜 차장도, 자웨이도 이 말 한마디로 주혁의 의심과 조바심을 일축했었다.

일 년 뒤, 베이징

결국 일 년 뒤, 주혁은 허가증 받는 것을 포기했다. 외자 기업의 독자 법인 설립이 어렵다는 것을 일 년이라는 시간을 보내고 나서야 깨닫게 된 것이다. 명문화되어 있지 않은 것에 대한 관심이 필요하다고 느낀 것도 그때였다. 법 문서에 나와 있지 않아도 법이 될 수 있고, 규제가 없어도 가능하지 않은 것이 존재하는 세상이었다. 좀더 기다려 보자고 하면서 차일피일 확답을 주지 않던 그 사장이 너무나 원망스러웠지만, 중국 정부와 규제에 대한 이해가 없었던 자신도 한심했다.

다시 원점으로 돌아가서 작은 회사를 인수하는 것으로 방향을 바꾸었다. 그러나 회사 인수라는 것은 더더욱 힘든 숙제였다. 도대체 어떤 회사를 어떻게 인수해야 하는가? 결국 수소문으로 적당한 '먹잇감'을 찾아나섰다.

"베이징 외곽 랑팡(廊坊)에 망해 가는 식품 회사가 있다고 하던데……."

애타게 살 만한 회사를 찾고 있는 주혁에게 방지석 국장이 정보랍시며 한마디 툭 던졌다.

"그래요? 아, 좋은 정보네요. 이름이 뭐죠?"

일 년 넘게 시간 낭비를 하고, 또다시 몇 달을 인수 대상 후보조차 못 찾은 주혁으로서는 엄청난 정보였다. 하지만 한 회사의 운명을 결정하는 인수 대상 선정의 과정치고는 너무도 허술하기만 했다.

얼마 뒤, 베이징 시내 한 음식점

수소문 끝에, 그 쓰러져 간다는 식품회사의 사장을 한 음식점에서 대면할 수 있었다. 사장은 기골이 장대한 전형적인 북방 사람의 모습을 하고, 끊임없이 담배를 피워댔다.

"회사를 인수하고 싶습니다."

"글쎄요. 팔 생각이 별로……."

물론 협상을 하기 위해 떠보고 있다는 것을 알면서도 지금은 빙빙 돌려서 시간을 끌 시간이 없었다.

"좋은 가격으로 사겠습니다."

"허허, 서두르지 마세요."

얼굴에 미소를 가득 담은 표정으로 사장은 서두르지 말라고 했다. 그리고는 술을 한 병 주문했다.

"좋은 날인데, 술이나 한잔 합시다."

주혁은 그런 모습에 더 애가 탔다. 그날 주혁은 말 그대로 '코가 삐

뚤어지게' 술을 마시고 그 사장과 형제가 되었다. 그 다음부터는 '씨웅디(兄弟—형제)'라고 서로 부르면서 둘도 없는 친구가 된 듯했다.

지성이면 감천. 이런 주혁의 마음을 알았는지, 얼마 지나지 않아 삼국지의 '장비'를 닮은 그 사장은 인수에 동의했다. 게다가 사소한 계약 문구들은 보지도 않고 '메이원티(没问题—문제없습니다)'라고 시원시원하게 일을 처리해 주었다.

'아, 진정한 대장부 기질의 대륙인이다.'

주혁은 인간적인 호감까지 생겨났다.

'이렇게까지 나에게 신경을 써주다니……'

역시 '형제'는 다르다는 생각이 들었다. 많은 호의를 베푼 장비에게 주혁도 뭔가를 주고 싶었다. 그래서 인수 중개를 도와줄 법률자문회사는 '형제'가 요청한 회사로 결정하고, 후다닥 실사를 마치고 계약을 했다. 김종원 대표가 기뻐할 얼굴이 눈에 아른거렸다. 그리고 이제 더 이상 윤승훈 전무의 전화를 받으면서 안절부절못하는 일은 없을 것이라는 생각에 가슴이 후련했다.

계약서를 옆에 끼고 귀국길에 올랐다. 그리고 본사에서 김종원 대표와 임원진에게 이 기쁜 소식을 멋진 프리젠테이션으로 알렸다. 큰 박수 속에서 주혁은 잠시 행복했다. 그동안 마음 고생의 보상을 받는 듯했다.

하지만 베이징에 도착하자마자, 그 모든 시간들이 그저 '한 여름밤의 꿈'이었음을 알았다. 그는 공항에서 사무실로 단숨에 달려가야 했다. 메이가 숨 넘어가는 목소리로 주혁을 찾은 것이다.

"사기래요. 모두 가짜예요. 그 사장도 법률중개인도 모두 다 가짜

였어요."

잔금을 치르기 위해 대출을 알아 보려고 은행에 갔던 왕메이가 눈물을 글썽이며 말했다.

"계약은 모두 무효래요. 계약금도 돌려받지 못하고요. 모두 도망가서 잡을 방법도 없대요."

'올 것이 왔구나.'

중국에서는 크게 사기를 한 번쯤은 당한다던데, 바로 그것이 아닌가 싶었다. 할말이 없었다. 어디서부터 어떻게 수습을 해야 할지 답이 나오지 않는 상황이었다.

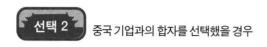

선택 2 중국 기업과의 합자를 선택했을 경우

2009년 여름, 서울 본사

"파트너십이라······."

김종원 대표는 강 이사의 보고를 들으면서 지그시 눈을 감았다. 중국에서 파트너십 없이 성공하지 못한다는 말을 그 누구보다도 많이 들어왔다. 누구는 그것 없이는 아예 사업허가조차 나지 않는다고도 했다. 하지만 피해 갈 수 있으면 피해 가고 싶었던 길이라서 마치 예상했던 낭떠러지를 만난 기분이었다. 돌아서거나, 뛰어내리거나.

'주주들이 반대할 것이다. 중국에 대해 아무것도 모르는 자들이 예전 그 상처를 들춰내면서 반대하겠지. 이번에도 실패하면 조은식품에게 중국 사업은 없다. 하지만 그렇다고 중국에 대해 아무것도 모르는 내가 중국 사업의 중요한 결정을 지사장의 의견을 무시하고 결정하기도 부담스럽지 않는가. 믿어 보자.'

결국 주혁의 결정을 승인했다. 중국 회사와의 파트너십. 2002년에 당했던 실패의 기억이 아직 아물지 않았지만, 이것이 올바른 선택이라 믿는 수밖에 없었다.

강 이사가 전화로 주혁에게 김 대표의 승인을 전했다.

"조 팀장님, 사장님이 저에게 '자신 있지?'라는 말을 좀 과장해서 백 번은 더 한 거 같네요."

순간 밀려온 부담감으로 주혁은 어깨가 무거워졌다.

"열심히 해야죠."

"아니요. 열심히만 하면 안 돼요. 꼭 성공해야 해요."

어디선가 들었던 말이다. 주혁이 중국에 처음 올 때 김 대표가 했던 말이다. 열심히 했다고 칭찬받는 것은 학생 때로 끝이다. 비즈니스를 하면서도 여전히 그게 통할 것이라고 믿는 사람들이 쓸데없는 야근을 하고, 불필요한 회의를 소집하는 법 아닌가. 프로답게 숫자로, 결과로 인정받아야 한다.

한 달 뒤, 베이징

예상대로 좋은 파트너를 찾는 일은 쉽지 않았다. 우선 가장 이름이 있는 중국의 식품 회사들을 알아봤다. 면류에 경험이 있는 유명 회사들은 이미 글로벌 회사들과 함께 다양한 형태의 파트너십을 맺고 있었다. 반반씩 투자한 조인트 벤처의 형태부터 순수 투자에 이르기까지, 조은식품이 비집고 들어갈 만한 자리가 없는 듯했다.

결국 이름이 덜 알려진 회사들 중에서 진주를 찾아내야 하는데, 그것이 문제였다. 자웨이가 연락한 몇 개의 협력 파트너 후보들을 둘러봤으나, 낙후된 시설과 엉망인 위생 관리가 눈살을 찌푸리게 했다. 벌레가 음식 조리 공정 설비에 돌아다니는데도 크게 문제 삼지 않았다. 그런 회사들과 파트너십을 맺을 수는 없는 노릇이었다.

그러던 어느 날, 서울에서 윤 전무의 전화가 왔다.

"조 팀장, 잘돼 가나?"

"아직 합작 파트너를 찾고 있는데, 마땅한 회사가 없습니다."

"내가 그럴 줄 알고 조 팀장에게 선물을 준비했지."

"선물요?"

"내 고등학교 동창이 중국에서 사업을 아주 크게 하고 있어. 국내 중국 진출 대기업들과 거래하면서 사업을 크게 하거든. 한번 자네가 만나 보지 그래?"

"아, 그래요? 감사합니다. 그런데 식품 사업도 잘 알까요?"

"내가 설마 식품도 모르는 회사를 추천할 것 같나?"

윤 전무가 짜증스런 목소리로 얘기했다.

"아니요, 그럴 리가요. 죄송합니다."

그러고는 전화번호를 받아 적은 뒤, 서둘러 전화를 끊었다.

며칠 뒤, 베이징 사무실

윤 전무의 동창생인 이기영 사장과의 만남은 그날 오후 3시로 잡혔다. 가까운 거리였지만, 2시에 일찌감치 사무실을 나온 주혁은 엘레베이터에 올랐다. 8층에서 잠깐 선 엘레베이터에 정말 낯익은 여자가 탔다. 몇 주 전 커피숍에서 말을 걸었던 그 여자였다. 그 여자도 주혁을 본 순간 멈칫했지만 아는 체는 하지 않았다. 물론 하지 못했을 것이다.

'인사를 제대로 해보지도 않은 사이잖아.'

주혁은 피식 웃었다. 이번에는 말을 걸 생각조차 하지 않았다. 또다시 처참하게 무시당할까 봐 두려웠다.

엘레베이터에서 내리자, 밖은 비가 내리고 있었다. 여자는 우산을 안 가져온 듯했다. 그저 하염없이 비 오는 하늘을 바라보며 한숨을 쉬고 있었다. 주혁은 잠시 망설였다. 건조한 베이징에 폭우가 내리는 경우는 드물지만, 쉽게 그칠 비는 아니었다.

"같이 쓸까요?"

주혁이 몸짓으로 우산을 펼치며 함께 쓰자는 표현을 했다. 그러자 그 여자가 갑자기 웃으며 고개를 끄덕였다.

'웬일이지?'

갑자기 웃음으로 응하는 여자의 행동이 너무나 달랐다.

"땡큐"

처음으로 듣는 목소리였다. 그제서야 주혁은 이 여자가 영어를 어느 정도 말하고 듣는다는 것을 알 수 있었다. 그리고 목소리도 예쁘다는 생각을 잠시 했다. 기분 나빴던 감정은 온데간데없이 사라져 버렸다.

전철역까지 바래다 주면서 얘기를 나눴다. 그 여자의 이름은 천링(陈玲)이었다. 같은 건물 8층에 있는 부동산 개발회사에 다닌다고 했다. 영어의 대화가 편하지 않았던 관계로 많은 얘기를 나누지 못했지만, 헤어지기 전에 용기를 내서 물었다.

"왜 그날 커피숍에서 도망가셨어요?"

"중국 남자들은 보통 길에서 낯선 여자들에게 말을 걸지 않아요. 너무나 당황스러웠어요."

'아, 그랬구나.'

그제서야 주혁은 알았다. 중국 여자들은 낯선 사람들과의 접촉이 편하지 않다는 것을. 하지만 한 번 얼굴을 본 사람에게는 조금 더 호의적이라는 것도 알게 되었다. 천링하고 헤어지고 약속 장소로 향하는 주혁은 기분이 날아갈 듯 좋았다. 이번 토요일에 저녁을 먹기로 했기 때문이다. 그렇게 아름다운 여성을 왜 오해했을까 하는 자책을 하면서 끊임없이 실실 웃었다.

'뭔가 예감이 좋아. 오늘 괜찮은 합작 파트너도 만날 수 있을 거야.'

한 시간 뒤, 베이징 왕징

약속한 시간에 사무실로 찾아간 주혁은 윤 전무의 동창이라는 이기영 사장을 만날 수 있었다. 사무실은 그리 크지도 작지도 않았다. 사무실 안은 중국 사람들이 전화기에 대고 큰 소리로 얘기를 하며 바쁜 듯이 일하고 있었다. 우선 중국 사람들이 일하고 있다는 것에 대해 만족스러웠다. 한국 사람이나 조선족 교포만으로 꾸려진 회사보다 더 신뢰가 갔다. 왠지 중국을 더 잘 알 것만 같았다. 차 한 잔을 놓고 마주한 자리에서 이 사장은 자신의 자랑부터 시원하게 늘어놓았다.

"들으셨겠지만, 중국 바닥에서 저를 모르면 간첩이라고들 하죠. 한국의 모든 대기업들이 저와 함께 일했으니, 중국에서 제 도움 없이 뭐 하나 되는 게 없다고들 하던가…… 하하."

자랑 같았지만 사실이었다. 윤 전무가 추천한 이후에 한중 비즈니스 협의회 방 국장에게 물어봤을 때도, '중국의 마당발'이라면서 얼마

전 성공한 한인 사업가로 신문에 소개도 되었다는 것이다.

"윤 전무와 제가 워낙 각별한 사이다 보니, 이런 일에 제가 모른 척할 수는 없죠. 워낙 많은 한국 기업들과 일을 하다 보니 여유가 많지 않아요. 하지만 이 일만큼은 제가 꼭 해드리리다. 걱정마세요."

이 사장은 이미 자신이 이 사업을 하는 것으로 결정된 듯이 말했다. 황당했지만, 그럴 가능성도 있는 상황에서 기분 나쁘게 자를 필요는 없다고 생각했다. 솔직히 주혁에게도 다른 옵션이 있는 상황이 아니었다.

"어떤 사업들을 하셨나요?"

"뭐, 다양하게 했죠. 핸드폰 부품도 생산하고 있고, 컴퓨터 수리서비스도 대행하고 유학 컨설팅도 하고……."

"저희는 라면 생산 파트너를 찾고 있습니다. 혹시 식품사업에도 경험이 있으신지요?"

"부산식품 상해 총판했죠. 아, 그 사업 정말 괜찮았는데. 대박쳤거든요."

"식품 제조는요? 저희는 공장 운영 파트너가 필요합니다."

이 사장은 잠시 말을 멈추고, 주혁을 냉랭하게 쳐다봤다.

"조 팀장님. 중국에서 공장 운영은 식품이나 전자제품이나 같아요. 중국에 대해 잘 모르시나 본데…… 여긴 어떻게 사람들을 관리하고 정부 공무원들을 상대하느냐가 중요해요."

할 말이 없었다. 신문에까지 기사가 날 정도로 '중국에서 성공한 한인 사업가'가 하는 말에 어찌 감히 의문을 가질 것인가.

다른 대안이 없다는 것이 안타까웠지만, 솔직히 한편으로는 다행이라는 생각도 들었다. 조은식품은 파트너에 대한 아주 안 좋은 추억이 있다. 이번에도 파트너에게 안 좋은 결과라도 얻게 되면, 중국 사업은 물론이고, 주혁의 입장도 상당히 곤란하게 될 것임은 너무나 뻔했기 때문이다. 윤 전무가 적극 추천한 업체이니까 만에 하나 잘못되는 결과가 생기더라도 윤 전무에게 책임을 떠넘길 수도 있다.

하지만 신뢰가 안 가는 업체와 함께 공장을 운영하는 것은 모두 주혁의 책임이다. 엉터리 업체와 함께 일하면서 받는 스트레스를 무시할 수도 없는 노릇이었다. 그리고 자신을 믿어 준 김종원 대표에게 '윤 전무가 추천했기 때문에……'라는 변명을 어떻게 할 것인가.

다른 대안이 조만간 나타나기를 빌면서 사무실을 나왔다.

다음 날, 베이징 사무실

생각보다 빨리 대안이 나왔다. 메이가 흥분된 목소리로 주혁을 찾았다.

"지난번에 연락을 했던 웨이훙(味红)이라는 식품 회사에서 연락이 왔습니다. 파트너십에 관심이 있다고 하네요."

듣던 중 정말 반가운 소식이었다. 전국을 상대로 하는 업체는 아니지만, 베이징를 근거지로 과자와 사탕을 만드는 회사였다. 밑져야 본전이라는 생각으로 자웨이가 연락을 했는데, 답이 왔다는 것이다. 일단 급하게 만나자는 얘기에 택시를 잡아 타고, 자웨이가 먼저 기다리고 있는 웨이훙 공장으로 향했다.

웨이홍 사무실로 안내받은 주혁과 자웨이는 사장을 기다리고 있었다. '앗차.' 그 순간 메이나 샤오홍이 없다는 것을 알고, 주혁은 조금 당황했다. 통역이 없으면 자신은 귀머거리에 벙어리라는 것을 너무나 잘 알고 있기 때문이다. 그때 문을 열고 들어오는 한 젊은 친구가 있었다.

"미스터 조?"

영어를 아주 유창하게 하는 20대 중반의 남자는 자연스러운 제스처로 악수를 청했다.

"저는 류씨닝이라고 합니다. 이 회사에서 신사업개발 담당 부사장을 맡고 있습니다."

'부사장? 20대 중반으로밖에 안 보이는데?'

"조은식품의 매콤면은 제가 미국에서 살 때, 코리아타운에서 자주 먹었던 제품이죠. 먼저 연락 주셔서 감사합니다."

몸에 밴 매너가 인상적인 류씨닝은 미국 교포 1.5세대였다. 아이비리그 학교를 졸업하고, 미국 유명 식품 회사의 본사에서 2년간 마케팅 담당자로 일했다. 그후 중국으로 돌아와서 아버지의 친구가 대표로 있는 웨이홍에서 일을 하고 있었다. 그래도 직장 경력 2년 만에 꽤 큰 회사의 부사장이라니, 역시 중국에서나 가능한 파격적인 인사인 듯싶었다.

듣고 보니, 그가 없었다면 이 기회 자체는 생기지 않았을 것이다. 류씨닝이 다행히 매콤면의 브랜드를 알고, 적극적으로 건의한 덕분에 이 자리가 생긴 것이었다.

5분 정도 지나자, 50대 중반으로 보이는 남자가 들어왔다. 수트에 넥타이를 메고 있지는 않았지만, 한눈에 봐도 회사 대표라는 것을 알 수 있었다. 카리스마 넘치는 눈빛과 여유가 밴 몸짓이 그걸 말하고 있었다.

"안녕하십니까, 왕쿤입니다."

작지만 서글서글한 눈매를 가진 남자였다. 미팅은 중국어와 영어로 진행되었다. 주로 류씨닝이 영어와 중국어로 통역을 하면서 대화를 이어 나갔다. 처음으로 주혁은 자웨이와 자신의 의사소통이 아직 불편하다는 것이 상당히 부끄럽게 느껴졌다. 그리고 기필코 중국어를 배워야겠다는 생각을 했다. 하지만 지금 자신이 중국어를 못한다고 해서 자웨이와 따로 다닐 수도 없는 상황이었다.

주혁은 조은식품에 대한 소개를 하고 파트너를 찾고 있다는 얘기를 시작했다.

"우리 회사는 라면 생산을 함께 할 수 있는 파트너를 찾고 있습니다. 관심이 있으시다면 좀더 본격적으로 얘기하고 싶습니다."

왕쿤은 류씨닝에게 중국어로, 류씨닝은 주혁에게 영어로 대화를 나누기 시작했다. 언제 중국에 왔는지, 어디에 살고 있는지, 어떻게 베이징에 오게 되었는지, 주로 개인적인 대화를 나누었다. 자웨이는 그냥 앉아 있었다. 왕쿤도 류씨닝도 자웨이에 대해서는 전혀 관심 없는 듯했다. 그러다가 어느 순간, 대화는 왕쿤과 류씨닝 둘 간의 대화로 바뀌었다. 주혁은 어느 순간 두 중국인의 대화를 알아듣지도 못하면서 지켜보고 있었다. 간간히 '나도 듣고 있어요'라는 표정의 미소를 보여주며.

'더 이상 시간을 낭비할 수는 없지. 슬슬 본론으로 들어가 볼까.'

주혁은 어느 정도 몸풀기가 끝났다는 느낌이 들자, 바로 본게임을 위한 첫발을 내딛으려고 했다. 그런데 류씨닝이 먼저 입을 뗐다.

"오늘은 사장님께서 일정이 있으셔서 오랜 시간 얘기를 하기가 힘드시다고 하네요. 다음에 다시 시간을 마련해 보겠습니다. 안녕히 가십시오."

순간 당황했다. 분명 조은식품의 의도를 알고 있었을 것이다. 하지만 왕쿤 사장은 합자에 대해 한마디도 꺼내지 않았다. 본론을 시작하기도 전에 끝난 회의가 조금 이상했다. 하지만 바쁜 일정 탓이라 생각하며 자리에서 일어났다.

2009년 9월, 베이징

몇 주가 지나고, 끈질긴 조은식품의 연락에 왕쿤 사장이 응답했다. 저녁식사를 같이 하자며 시간을 잡았다.

베이징에서 가장 유명하다는 해산물 음식점에서 만나기로 했다. 주혁은 그 음식점 입구에서 입이 떡 벌어지고 말았다. 문을 열고 들어선 곳은 마치 로마의 콜로세움과도 같은 5층의 원형건물이었기 때문이다. 식사할 수 있는 방이 300개가 된다는 말에 다시 한번 놀라고 말았다.

그 방 중에서 가장 크고 고급스런 방으로 주혁, 자웨이 그리고 메이가 안내되었다. 동그란 테이블이 한쪽에 있고, 다른 공간은 고급스러운 소파와 술을 마실 수 있는 작은 바가 있었다. 주혁에게 왕쿤은 테

중국의 일반적인 고급 음식점 룸의 내부 모습.

이블의 가장 안쪽으로 자리를 안내했다.

"정말 멋진 음식점입니다."

주혁이 감탄했고, 왕쿤이 흡족하게 미소를 지었다. 류씨닝과 메이
가 함께 상의하며 약 20분간 음식 주문을 하는 사이 왕쿤은 계속 미
소를 짓고 있었다. 주혁은 어색하게 앉아서 중국어를 제대로 배우지
않은 자신을 자책하며, 무슨 얘기를 할까 머릿속으로 열심히 화제를
찾느라 안간힘을 쓰고 있었다. 자웨이는 들락날락거리며 종업원들과
뭔가를 얘기하면서 바쁘게 자신의 역할을 다 했다.

얼마 지나지 않아, 하나씩 하나씩 차가운 음식부터 온갖 해산물들
이 진상되기 시작했다. 음식들이 올라올 때마다 류씨닝은 천천히 회
전 테이블을 돌려서 주혁이 제일 먼저 올라온 음식들을 맛보게 했다.

손님이 제일 먼저 맛있는 음식을 먹어야 한다며. 그리고 왕쿤이 준비한 술이 올라왔다. 주혁은 어색함을 이기기 위해 서둘러서 잔을 채우고 건배를 했다. 그리고 한 잔씩 주고받으면서 취기가 돌았다.

대부분의 대화가 중국어로 진행되고 있었다. 주혁도 불만은 없었다. 결국 여기는 중국이고 모두 중국 사람들이니 크게 기분 나빠 할 상황은 아니었다. 하지만 메이가 가끔씩 영어로 통역해 주는 대화 내용에는 일과 관련된 내용이 하나도 없었다. 파트너십 관련된 내용은 더더욱 없었다. 주혁은 조금씩 의아해지기 시작했다.

'도대체 왜 이런 시간을 보내고 있는 거지? 그냥 손님 대접을 하는 것인가? 파트너십에 관심이 전혀 없는 건가?'

"이 테이블을 영어로 뭐라고 하는지 아십니까?"

류씨닝이 말없이 생각에 잠겨 밥만 먹고 있던 주혁에게 말을 걸었다.

"게으른 수잔(Lazy Susan)라고 합니다. 서로 음식 그릇을 넘겨줄 필요 없이 뱅글뱅글 돌려서 먹으니까요. 하하."

류씨닝은 상당히 유쾌한 젊은 친구였다. 직감적으로 류씨닝이 자신을 도와줄 것이라고 느낀 주혁은 류씨닝에게 물었다.

"사장님이 파트너십에 관심이 있으신가요?"

"글쎄요. 잘 모르겠네요. 하지만 전혀 없다면 오늘 자리가 없었겠죠."

우문현답이었다.

'그렇지. 그렇고 말고. 관심이 없는 사람하고 이렇게 일부러 시간을 내서 식사를 하지는 않을 테지.'

하지만 그날도 별 성과 없이 그렇게 끝났다. 초조하게 파트너십 얘기만을 기다리던 주혁은 너무나 실망스럽기만 했다. 왕쿤이 탄 검은색 아우디가 음식점 주차장을 빠져나가는 모습을 보면서 주혁은 허탈하게 돌아섰다.

며칠 뒤 토요일, 베이징 산리툰

주혁은 일찍 일어났다. 오늘은 조금 특별한 약속이 있었기 때문이다. 바로 천링와 만나기로 한 날이다. 중국에서의 첫 번째 데이트다. 한국과 어떻게 다를지 궁금했다. 어떤 얘기를 할지, 어떤 음식을 먹으러 가야 할지, 어떤 옷을 입어야 할지, 그저 걱정뿐이었다. 중국 여자들은 어떤 남자를 좋아하냐고 메이와 샤오후에게 물어봤더니 돌아온 대답은 '선물 많이 사주는 남자'와 '요리 잘하는 남자'였다. 선물이야 동서고금 막론하고 당연한 것이라지만, 요리 잘하는 남자라는 것은 처음 들었다. 주혁은 요리를 잘 못할 뿐더러, 처음 데이트에서 그걸 보여줄 방법도 없다. 결국 큰 도움이 되지 못했다.

둘은 베이징에서 가장 데이트하기 좋다는, 산리툰(三里屯)에 있는 커피숍에서 만나기로 했다. 별말 없이 약속 시간이 30분이 지나서야 천링은 커피숍에 등장했다. 사과 한마디 없이 아무렇지 않은 모습이 황당했지만, 웃으면서 인사하는 예쁜 여자에게 짜증내는 것은 남자가 절대 못 하는 것 중에 하나 아니던가. 기다리면서 지루했던 마음은 온데간데없이 사라지고 말았다.

한국 사람끼리 얘기하는 것처럼은 대화를 나누지 못했지만, 주혁은 조금씩 물어보고, 천천히 알아가려 했다. 하지만 당황스러운 점은, 천링이 끊임없이 휴대전화를 쳐다보고 있다는 점이었다. 입으로는 주혁의 질문에 대답을 하고 있지만, 눈은 휴대전화에 고정되어 있었다. 다른 약속이 있는 것 같지는 않았다. 가끔씩 농담처럼 '바쁜가 봐요?' 하고 물어보면 '아니에요'라고 대답을 하는 것으로 봐서는. 하지만 전화가 오면 주저하지 않고 전화를 받는다든가 문자를 끊임없이 보내는 모습이 신경 쓰일 수밖에 없었다.

'내가 별로 맘에 안 드나? 아님 이 자리가 어색한가?'

또다시 드는 이 기분. 언뜻언뜻 느껴지는 자신을 무시하는 느낌. 주혁은 슬슬 자존심이 상해 간다.

"저만 계속 물어보고 있는데, 천링은 제가 궁금하지 않아요?"

그러자 천링이 기다렸다는 듯이 물어봤다.

"요리 잘해요?"

'어이쿠, 이것은 필수 질문이었구나.'

라면밖에 끓여보지 못했지만, 된장찌개를 끓일 줄 안다고 둘러댔다. 그나마 메이가 일러준 덕분에 수월하게 넘어간 듯하다.

"배 안 고파요?"

음식 얘기를 해서 그런지, 배가 고파진 천링이 말했다.

결국 둘은 커피숍을 나와 음식점을 찾았다.

"뭐 먹고 싶어요?"

"윈난(云南) 음식."

한국에서는 한 번쯤은 되물어 볼 법도 하건만, 그녀는 망설임 없이 자신의 맛집으로 주혁을 인도했다. 이전에 한 번도 먹어보지 못했지만, 아름다운 경치와 소수민족의 문화로 유명한 윈난 음식을 먹으러 간다는 데에는 물론 찬성이었다.

상당히 고급스러운 그 음식점의 한 자리로 안내를 받은 뒤, 천링은 이번에도 조금의 망설임 없이 음식을 주문하기 시작했다. 언제나 느끼는 것이지만, 중국 사람들의 음식 주문은 상당히 복잡한 과정을 거치고, 이를 위해서 음식에 대한 풍부한 지식 및 경험이 필요한 것으로 보였다. 한참 동안 메뉴판을 보며, 종업원과 대화를 하면서 주문을 했다.

그리고 음식이 나왔다. 음식의 가짓수가 상당히 많았다. 철판에 먹음직스럽게 담겨진 각종 버섯, 기름을 쭉 뺀 돼지고기 그리고 돌솥에 담긴 시원한 탕 등 큰 그릇에 담긴 요리만 네 개였고 곁들여져서 나온 음식 접시들도 꽤 되었다. 고급스러운 음식점에, 맛있어 보이는 음식들. 내심 속으로는 음식값이 신경 쓰였지만, 일단 먹고 보자는 심정으로 식사를 시작했다.

계산을 할 때, 주혁은 놀랐다. 너무 많이 시켜서 제대로 먹지도 못한 음식이 대부분이었는데, 한국 돈으로 20만 원이 넘는 음식값을 내야 하는 상황이 도저히 이해가 안 가는 것이었다. 천링은 멀찌감치 떨어져서 모르는 척 휴대전화만 바라보고 있었다.

택시로 집에 바래다 주고 돌아오는 길, 주혁은 복잡한 기분이었다.

'왜 만나자고 한 거지? 나에게 관심도 없는 것 같은데. 밥이나 얻어먹으려 한 것 아닌가?'

주혁은 기분이 상했다. 차 안에서 그날 있었던 일들을 돌아보기 시작했다. 천링은 늘 조금씩 거리를 두면서 대화를 한다. 사실 대화라기보다는 주혁이 일방적으로 물어보고, 그녀는 짧게 답을 했다. 어느 누가 보더라도, 남자가 짝사랑하는 여자에게 잘 보이려고 큰돈 써서 음식을 대접한 모습이다. 자존심이 상했다.

그때, 휴대전화에 문자가 도착했다.

"오늘 즐거웠어요. 주혁 씨 좋은 사람 같아요. 다음 주에 또 만나요."

상했던 기분이 조금씩 좋아졌다. 갑자기 복잡한 머릿속이 시원하게 뚫리는 기분이었다.

'음. 역시 이 여자는 나에게 관심이 있었군. 내가 오해했나 보네. 문화 차이에서 비롯된 오해였겠지.'

요즘 자신이 무엇이든지 문화 차이로 넘겨 버리는 듯했지만, 이것이야말로 문화 차이에서 온 오해라고 생각되었다. 심각하게 생각할 필요는 없다는 생각이 들었다.

택시는 쓰환(四环: 베이징의 4번째 순환도로)을 타고 시원하게 달리기 시작했다.

중국 여성들은 남자에게 의존적인가?

사랑한다는 고백을 누가 먼저 해야 하는가에 대한 질문에 한국의 여성들의 55%는 남자가 먼저 해야 한다라고 밝혔습니다.[13] 중국 여성들은 이보다 많은 70%의 여성들이 남자가 당연히 고백을 먼저 해야 한다고 밝혔습니다.[14] 밀당 중에 누가 먼저 자신의 마음을 표현하는지는 자존심의 문제이기 때문에, 중국 여성들이 한국 여성들보다 남녀관계에서 자존심이 더 강하다는 것을 알 수 있는 결과입니다.

데이트 비용의 부담 관련한 설문조사도 비슷한 결과가 나왔습니다. 데이트할 때 여성들이 얼마나 비용을 지불해야 하는가라는 질문에, 한국 여성은 30~40%가량이라고 대답했고,[15] 중국 여성들은 이보다 적은 10%라고 대답했습니다. 흥미로운 점은 여성이 데이트 비용의 50% 이상 내야 한다고 대답한 사람은 아무도 없었습니다. 결국 데이트 비용은 중국 여성들의 큰 걱정거리가 아니라고 보여집니다.

하지만 이 두 결과에 대해서 '중국의 여성들이 남성 의존적이다'라는 결론을 내리면 곤란합니다. 세계경제포럼(World Economic Forum)에서 발표하는 세계 남녀평등지수와 비교하면 상당히 놀라운 결과를 확인할 수 있죠. 한국은 111위인데 비해, 중국은 69위[16]로서, 중국 여성의 사회적 지위가 한국 여성에 비해 높은 것으로 조사되었기 때문입니다. 공산당 혁명은 사회의 모든 계급을 타파하는 것을 목적으로 했고, 그 이후 '남녀평등'은 가장 중요한 사회적 가치로 평가받은 것을 생각하면, 남녀 애정관계에서만 보이는 이 불평등은 사실 설명하기 힘든 부분입니다.

따라서 섣불리 중국의 여성들을 남성 의존적이다, 또는 독립적이다라고 판단하는 것은 무리가 있습니다. 하지만 분명한 것은 중국의 여성들이 남성과 데이트를 할 때 밀당에 능숙하며 자존심을 많이 세운다는 것은 사실인 듯합니다.

2009년 겨울, 베이징

겨울이 되었지만, 여전히 웨이홍과의 얘기는 진전이 없었다. 융숭한 식사 이후, 주혁은 그들과 몇 차례 더 미팅을 가졌지만, 구체적인 얘기를 하면서 진도를 나가 보려는 주혁과 달리, 왕쿤과 류씨닝는 조금 더 서로를 알아가는 시간이 필요하다는 말만 되풀이했다.

'도대체 어떻게 더 알아보겠다는 것이지?'

주혁은 회사 관련 자료들, 가령 사업자등록증이나 재무제표, 은행 거래 기록, 심지어 언론에 소개된 내용까지 스크랩한 것을 가져다 주었지만, 별 관심이 없는 듯했다. 도대체 어떻게 무엇을 더 알아보고 싶다는 것인지 알 길이 없었다.

'정말 중국 사람들이 만만디라는 게 사실이군.'

그냥 시간을 질질 끌고 있는 건 확실한데, 그 이유가 분명하지 않았다. '중국 사람들은 성격이 느긋하구나'라고만 생각을 하고 있는 편이 나을 듯했다. 그렇게 한 달이 지나가고 있었다. 윤 전무가 연락을 했다.

"조 팀장, 파트너십 어떻게 돼 가고 있지? 이기영 사장 말로는 그쪽은 이미 준비가 되었다는데 조 팀장이 연락을 안 한다면서?"

"연락을 안 하는 것이 아니라, 다른 중국 업체랑도 얘기 중입니다."

"물론 모든 가능성을 검토해야지. 근데 문제는 그 중국 업체와는 진도가 안 나간다면서? 벌써 세 달이 되어 가는데, 어디라도 한 곳 정해서 양해각서라도 한 장 써야 하지 않겠어? 진도가 없는 거 사장님이 아시면 조 팀장도 좋을 거 없잖아?"

성격이 급한 한국 사람들과, 뭐든지 서두르면 안 된다고 생각하는 중국인들이 함께 일하는 것이 쉽지 않은 것은 너무나 당연하다는 생각이 들었다. 주혁도 한국 사람이라서 김종원 대표나 윤승훈 전무의 생각을 이해하지 못하는 것은 아니었다.

'나도 이해하지 못하는 저 느긋함을 어떻게 설명할 것인가.'

외국에서 일하는 주재원들의 어려움 중에 하나는 결국 두 개의 다른 비즈니스 문화를 연결하는 데 있다는 생각이 들었다.

일반적으로 한국 사람들은 중국 사람들과 함께 일하고 지내는 데에 전혀 문제가 없다고 생각한다. 5천 년의 역사를 함께 부대끼며 살아왔으므로, 자신들이 중국 사람들을 세상에서 가장 잘 이해하고 있다고 생각한다. 하지만 막상 와서 살다 보면 한국인만큼 문화를 배우는 속도가 느린 사람들이 없다. '잘 알고 있다'라고 자부하는 마음이, 변해가고 있는 중국을 이해하는 데 걸림돌이 되는 것이다. 거대한 대륙에서 수많은 사람들이 만들어내는 문화는 획일적일 수 없다. 게다가 중국 근현대사의 크고 작은 사건들을 거치면서 또 한번 변하게 된 그 문화는 우리와 같을래야 같을 수가 없다.

"듣고 있는 거야, 조 팀장?"

한참을 딴 생각을 하고 있었던 듯하다. '알겠습니다' '빨리 처리하겠습니다'를 열 번 더 듣고서야 윤 전무는 전화를 끊었다. 하지만 분명히 사태의 심각성은 느끼고 있었다. 마음은 왕쿤에게 가 있었지만, 언제까지나 짝사랑만 할 수는 없는 노릇이었다. 문화의 차이든, 개인 성격의 차이든, 문제는 비즈니스고 돈이었다. 본사 눈치보다가 말라 죽겠는데, 앉아서 문화 타령만 하고 있을 수는 없었다. 결정을 내리겠노라고 굳은 결심을 하고, 주혁은 생각했다. 윤 전무가 적극적으로 밀고 있지만, 식품 제조에는 문외한인 이기영 사장과 동업할 것인가. 아니면 경험이 있지만, 리스크가 있는 왕쿤의 러브콜을 기다려 볼 것인가.

선택의 갈림길

아홉 번째 갈림길에 조주혁 팀장이 서 있습니다. 만약 당신이라면 누구와의 파트너십을 고집하겠습니까?

편하게 일할 수 있는 이기영 사장과의 동업?

아니면, 믿음이 가지만 연락이 없는 왕쿤 사장?

선택 1 이기영 사장과의 동업을 선택했다면?

2010년 봄, 베이징 쑨의

역시 소문대로 정부 관리들과 꽌시(关系)가 좋은 듯했다. 이기영 사장은 생각보다 쉽게 사업허가증을 받아내고, 베이징 외곽 쑨의(順义)에 있는 산업구 안에 있는 공장을 인수했다. 윤 전무가 매일같이 연락해서는 이기영 사장으로부터 진행 상황을 직접 보고받았다. 주혁은 조금 밀려난 듯했다. 좋은 것인지, 나쁜 것인지 알 수 없었지만.

그러던 어느 날, 문제가 생겼다.

이기영 사장 측 직원이 업체로부터 뒷돈을 받고 엉터리 공장 설비를 들여온 것이 뒤늦게 밝혀졌다. 그대로 두고 볼 수 없다는 생각에 주혁은 본사에 보고하고, 문제를 삼으려 했다. 이를 이 사장이 어떻게 알았는지 한걸음에 사무실로 찾아왔다.

"조 팀장. 미안해. 정말로 나는 몰랐어. 한 번만 좀 눈 감아 줘. 부탁할게."

"사장님, 사과로 끝나기에는 문제가 심각합니다. 본사에 얘기해 보고 말씀드리겠습니다."

"아이고, 같은 한국 사람끼리 왜 이러십니까? 중국에 나와서 고생하는 우리 동포들끼리 서로 도와야 하는데."

외국에서 만난 한국 사람에게 '동포'라는 단어가 주는 어감이 특별하지만, 이번 사건은 그냥 넘어갈 수가 없었다.

"본사가 뭘 알아. 중국에 대해 아무것도 모르는 사람들에게 말해서 뭐해. 조 팀장. 좀 눈감아 줘. 내가 섭섭지 않게 보상할게."

"보상요?"

"그래. 자네 명색이 조은식품 중국 지사장인데, 차가 없어야 되겠어? 내가 차 한 대 뽑아 주려 했어. 그거 타고 우리 골프도 자주 치러 가자고."

어이가 없었다. 일단 돌려보냈다. 이기영 사장의 입장도 이해가 안 되는 것은 아니었다. 하지만 윤 전무가 추천하고 추진한 파트너십인데, 적어도 그 사람은 알아야 한다고 생각했다. 수화기를 들고 윤 전무의 전화번호를 눌렀다.

"전무님. 드릴 말씀이 있습니다."

"아, 조 팀장. 그렇지 않아도 내가 먼저 연락하려 했는데. 그 있잖아. 이기영 사장 일, 나도 방금 들었는데. 우리가 좀 용서해 주자고. 중국에서 한국 사람이 사업하는 게 힘들다던데. 서로서로 도와줘야 하지 않겠어? 내가 보기에는 직원 한 명의 실수였던 것 같은데, 어렵게 시작한 사업에 찬물을 끼얹을 필요는 없을 것 같네."

새 차와 골프 약속이 어디로 갔는지 알 듯했다. 그렇게 그 일은 묻혀지게 되었다.

2011년 여름, 베이징 쑨의

일 년이 지나 여름이 되었다. 첫 라면의 생산을 시작하기로 한 날짜는 다가오는데, 좀처럼 가동을 할 수 있는 채비가 갖춰지지 않았다.

"사장님, 도대체 왜 이렇게 진도가 안 나가는 겁니까?"

"허허 조 팀장은 말야, 너무 성격이 급해. 중국에서 일하려면 그 성격을 고쳐야 해. 느긋하게 중국 사람들처럼 생각하라고."

"사장님. 제가 중국에서까지 한국 사람하고 일하는 이유가 뭐겠습니까? 우리 입맛대로 일을 해주셔야 하지 않습니까? 본사에서 제때 가동 못 시키는 것을 알면 우리 둘다 곤란해져요."

"걱정 마, 내가 윤 전무랑 지난 주에 한국에서 골프 치면서 다 얘기했어. 내가 잘 얘기해 줄 테니, 나만 믿어."

중국에서의 식품사업에 문외한인 이 사장은 결국 공장을 제대로 운영할 능력이 없었다. 유통기한이 있는 밀가루들을 그저 전자부품마냥 창고에 쌓아 놓더니, 급기야 폐기해야 하는 상황에 이르렀다. 사고가 터질 때마다 윤 전무를 만나서 골프 접대로 해결하는 이기영 사장. 주혁은 시간을 되돌려 웨이훙에게 기회를 주지 않은 것을 후회할 뿐이었다.

168

한국 기업과의 거래만 고집하는 한국 기업

인터뷰 **이영희 팀장 (오리온 중국법인)**

사실 한국 회사를 선호하는 것은 사실입니다. 아무래도 서로 언어의 문제가 없는 것도 이유지만, 가장 중요한 이유는 '입맛에 맞는 일처리'가 그것입니다. 계약서 하나도 한국에서 사용하던 형식으로 만들어 주니, 아무래도 손발이 잘 맞는 이유가 있죠.

하지만 득이 있으면 실이 있기 마련입니다. 어차피 업체를 선정하고 나서 실제로 함께 일하는 사람들은, 한국 관리자들이 아닌 중국인 직원들입니다. 중국 사람들은 그 사람들만의 방식이 있기 때문에 한국 비즈니스 방식을 중국 직원들에게 강요하는 결과가 되는 경우가 있습니다.

그리고 중국에서 '검증이 안 된' 한국 기업들이 많습니다. 예를 들어, 공장 자동화 구축을 한국에서 잘한다고 해서 중국에서도 잘한다는 보장이 없습니다. 사실 실력 없이 한국인 상대 영업력만 있는 회사들도 많습니다.

2009년 겨울, 몇 주 뒤 웨이훙 사무실

웨이훙과의 관계는 특별한 진전 없이, 넉 달이 다 되어 가고 있었다. 지난 주는 회사의 재무 사항을 체크하겠다, 이번 주는 라면의 맛과 품질을 확인해 봐야 한다며 웨이훙은 시간을 끌고 있었다. 춘지에 (春节—설날)가 다가오는 이 시점은 중국 사람들이 특별히 큰일을 벌이지 않는지라, 주혁을 제외한 모든 사람들은 별 기대 없이 춘지에가 지나가기만을 기다릴 뿐이었다.

오늘도 베이징의 매서운 겨울 바람을 맞으며, 자웨이와 주혁은 또다시 왕쿤과 류씨닝을 만나러 왔다. 여느 때와 같이 왕쿤은 담배를 뻐끔거리며 아무 말이 없었고, 자웨이와 류씨닝은 한국 라면의 입맛으로 어떻게 중국 사람에게 어필할 것인지에 대해 논하고 있었다. 모든 게 부질없는 시간 끌기 같다는 생각이 들었다. 주혁은 잠시 눈을 감고 뭔가를 결심한 듯이 눈을 떴다.

"류씨닝, 제 얘기 좀 통역해 주세요."

모두 주혁을 쳐다봤다. 자웨이가 조금 걱정스러운 눈빛으로 주혁을 바라봤다. 그도 그럴 것이, 늘 회의를 마치고 나오는 길에 자웨이와 주혁은 조금 다른 입장 차이를 보였다. 빨리빨리 결론을 내자고 서두르는 주혁에 비해, 자웨이는 느긋하게 기다려야 한다고 강조하는 것이었다. 중국 사람들은 한국 사람들처럼 서둘지 않는다며 기다리라고

할 뿐이었다. 그러던 터라, 자웨이는 주혁이 엉뚱한 얘기를 할까 봐
마음을 졸였다.

주혁은 조금 생각하는 듯하더니, 이내 입을 열었다.

"왕쿤. 저는 한국 사람입니다. 중국의 비즈니스 방식을 잘 모릅니
다. 아마도 그 부족한 이해에서 비롯된 것이겠지만, 저는 우리가 시간
을 낭비하고 있다고 생각합니다. 지난 4개월 동안 우리는 그저 피상
적인 대화로 회의를 하고 있고, 본론으로 들어가 보지도 못했습니다."

류씨닝이 뭔가 말을 하려고 입을 열었다가 멈췄다. 주혁은 말을 이
었다.

"하지만 조은식품을 대표하는 사람으로써 웨이홍과의 협력을 소망
하고 있는 사람입니다. 지금 조은식품은 우리의 제품을 잘 만들어서
함께 판매할 협력사가 필요하고, 우리 모두 그 회사가 바로 웨이홍이
라고 믿습니다. 지금 서울의 본사에서는 모두 웨이홍과의 계약 소식
만을 기다리고 있습니다."

자웨이가 주혁의 팔을 살짝 잡았다. 그만하라는 신호였다. 하지만
주혁은 멈추지 않았다.

"만약 관심이 없으시다면, 우리는 다른 협력사를 찾아보겠습니다.
하지만 우리와의 파트너십이 정말로 웨이홍에게도 도움이 된다고 생
각하시면, 조속히 결정을 내려 주십시오."

돌아오는 길에 주자웨이는 말이 없었다. 삐친 게 분명했다. 주혁의
직설화법 이후, 왕쿤과 류씨닝은 조금 당황스러워 보였고, 그 이후의
대화는 빠르게 마무리되었다. 분위기는 어색했다. 주혁은 찜찜했다.
다 된 밥에 코를 빠뜨린 기분이었다. 하지만 그 말을 하지 않았으면

더욱 힘들었을 것이라며 스스로를 위로했다.

이후로 며칠 동안 웨이홍으로부터 연락이 없었다. 주혁은 다른 파트너를 찾아보겠다는 결심을 하고 있었다. 그때, 자웨이가 얼굴이 상기되어 전화를 받으며 주혁에게 왔다. 그리고 전화를 주혁에게 건네주었다. 류씨닝이었다.

"지분은 관행대로 51대 49로 하시는 것은 어떠십니까?"

"네? 무슨 말씀이신지?"

"우리 합자회사 지분이요. 계약하셔야죠?"

믿기 힘든 얘기였다. 류씨닝 말로는 주혁과의 대화 이후, 왕쿤은 얼마 지나지 않아 바로 조은식품과의 합자회사 건설을 추진하라고 했다는 것이었다. 어리둥절한 주혁에게 류씨닝이 말했다.

"중국이라는 곳이, 예측불가능한 곳이죠. 모두들 중국 사람들이 느리다고 놀리지만, 모두 상대방을 알기 위해서 투자하는 시간입니다. 주혁의 솔직함을 보고, 라오반(老板: 직장 상사)이 감동했나 봅니다. 여하튼 서류 준비해 주세요. 왕쿤 대표가 이번에는 조은식품에 가서 직접 얘기하겠다고 하시네요."

그렇게 합자회사 설립 계약은 오랜 기다림 끝에 조금 어이없게 추진되었다.

중국 사람에게 계약은?

인터뷰 1   예단 부사장 (KPCB 벤처캐피탈)

중국에서는 누군가와 계약을 하게 되면, 정말 신중하게 그 사람이 신뢰할 만한 사람인가를 판단하려 합니다. 외자 기업들은 각종 재무자료와 자격증으로 신뢰를 얻으려 하지만, 결국 최종 결정은 협상을 하고 있는 사람의 신뢰도로 결정을 내리게 됩니다. 그렇기 때문에 사람을 알아 가기 위해 시간을 충분히 갖으려 합니다. 물론 계약의 규모에 따라서 걸리는 시간이 달라지지만, 보통 3개월에서 1년 가량 시간을 두고 사람을 알아보려 시간을 둡니다. 예전에 컨설턴트로 근무할 당시, 다른 나라에서는 공식 계약서와 동등하게 취급되는 SOW(작업기술서—프로젝트의 범위와 역할을 정해 놓은 문서)가 종종 프로젝트 중간에 무시되는 경우가 많았습니다. 즉, 의사 결정자들의 요청에 의해 프로젝트의 범위가 수시로 변경되었던 것이죠. 중국에서 SOW를 고집하며 일하는 사람은 계약서만 고집하고 사람 간의 신뢰에 관심이 없는 사람으로 취급당하기 쉽습니다.

인터뷰 2   서만교 법인장 (포스코 ICT 중국법인)

계약에 대한 생각이 한국 사람과 중국 사람은 판이하게 다릅니다. 중국 사람에게 계약서는 결혼 서약서입니다. 앞으로 멋지고 아름다운 결혼 생활을 꿈꾸는 장밋빛 언약서죠. 하지만 한국 사람에게는 이혼에 대비해서 준비하는 이혼 준비 서류의 성격이 짙습니다. 나중에 부부 사이가 틀어져서 갈라서면 집을 어떻게 나눌지, 애들을 누가 돌볼지, 쌍방의 불만을 없애기 위해서 만들어 놓는 각서죠.

그러니 중국 사람들은 장밋빛 인생을 꿈꾸는 데 무슨 이혼시에 나눌 재산을 따지는지 한국 사람이 이해 안 되는 것입니다. 반대로 한국 사람들은 혹시 모를 불상사를 미리 예상하고 정리하자는 생각을 이해 못 하는 중국 사람이 답답한 겁니다. 이 문화 차이를 어떻게 극복하느냐가 계약의 성사를 좌우한다는 것은 당연한 겁니다.

제7장

문화는 겪으면서 배운다

| 사례 연구 |
한국의 회식 문화가 부담스러운 중국인
춘지에 직장 문화
중국은 결혼도 결국 비즈니스?

2010년 1월, 베이징 산리툰 음식점

주혁은 천링과 오랜만에 저녁식사를 하고 있었다. 사실 지금 둘의 관계가 어떤지 정확하게 결론을 내리기는 힘들지만, 친구보다 연인에 가깝지 않나 하는 생각을 하고 있었다. 소위 '썸'을 타는, 뭐 그런 정도였다.

하지만 천링은 예전 한국에서 데이트를 했던 사람들과는 좀 달랐다. 가끔씩 만나서 밥을 먹는 사이였지만, 문자의 내용은 조금 노골적이었다. 예를 들어 '나 보고 싶어요?', '당신이 그리워요' 등의 문자를 보내지만, 막상 만나면 별 대화를 하지 않고 열심히 밥만 먹는다든가, 아니면 열심히 다른 사람에게 문자를 보내거나 전화 통화를 했다. 어장 관리를 하는 건지도 모른다는 생각이 들 정도였다.

"크리스마스에는 미안했어요."

크리스마스에 서울 본사에 출장을 다녀와야 했던 주혁이 미안한 마음에 면세점에서 사온 포장 꾸러미를 내밀었다. 말 없던 천링은 선물 꾸러미를 보자 얼굴이 밝아졌고, 포장지에 있는 명품브랜드 로고의 포장지를 보고 탄성을 질렀다.

"뭐예요? 핸드백? 크기로 봐서는 핸드백 같지는 않고. 지갑인가? 아님 목걸이?"

주혁이 향수보다 비싼 걸 사올 걸 하는 후회를 하는 동안 천링은 꾸러미를 거침없이 풀고 있었다. 선물이 향수라는 것을 확인한 순간 표정이 다시 어두워졌다. 그러고는 다시 휴대전화를 집어들고 문자를 보내기 시작했다.

"왜요? 선물이 맘에 안 들어요?"

"메이꽌시(没关系—괜찮아요)."

'괜찮아요'는 무슨 뜻일까. 표정과 행동을 보니, 영 맘에 안 드는 표정이었다. 한편으로는 이런 선물 투정이 주혁을 자신의 남자친구로 생각하고 있지 않다면 불가능한 것이 아닌가 하는 생각이 들었다. 그렇게 생각하니 조금 기분이 좋아졌다.

갑자기 천링이 주혁을 쳐다보고는 진지하게 물어보았다.

"나를 어떻게 생각해요?"

"네?"

"나를 어떻게 생각하냐고요?"

당황스러운 질문이다. 뭐라고 대답을 해야 할지 잠시 고민했다.

"좋아해요. 더 가까워지고 싶어요."

"그래요? 이상하다, 좋아하면 더 크고 비싼 선물을 해준다고 하던데."

귀를 의심했다. 못 들은 척하기로 했다. 문화의 차이를 넘어 언어의 문제일 수 있다고 생각했다. 영어가 편하지 않은 천링이 하는 말을 모두 직역할 수는 없는 노릇 아닌가.

"춘지에(春节—설날)에 한국으로 돌아가나요?"

"한국에 지난 주에 다녀왔기 때문에 그냥 베이징에서 지내려고요."

"그럼, 우리 집에 갈래요?"

"집이요?"

"네, 청두(成都)요."

천링은 주혁을 자신의 고향인 청두로 초대하고 있는 것이다. 주혁은 내심 기뻤다. 새로운 중국의 도시를 친구와 여행하는 것, 그것도 '썸' 타는 사람과 함께. 생각만 해도 기대되는 일이었다. 흔쾌히 승낙을 했다.

다음 날, 베이징 사무실

출근했더니 사무실 문마다 빨간색과 금색으로 된 '복(福)'이라는 큰 글씨가 붙어 있었다. 그러고 보니 빨간 글씨와 빨간색으로 된 상징들

춘지에 장식을 파는 상점의 모습. 중국 최대 명절인 춘절에는 붉은색 장식으로 집 안밖을 꾸민다

이 거리와 건물들을 뒤덮고 있었다. 지난 주에는 자웨이가 마트에서 사 입은 빨간색 내복을 슬쩍 보여주며 춘지에의 풍습에 대해 설명해 준 것이 생각났다. 문을 열고 들어서니 샤오후는 아주 짧게 머리까지 깎았다. 자신의 머리를 매만지며 춘지에 전에 이발을 단정히 하는 것이 풍습이라 했다.

한국도 설날에는 고향을 찾는 것이 당연한 일이지만, 중국에서 설날의 의미는 아무리 귀성길이 막혀도 몇 시간이면 도착하는 한국과는 사뭇 다른 듯했다. 워낙 큰 대륙에서 각자 흩어져 일하다가 일 년에 한 번 고향을 찾는 기회가 바로 설날인 것이다. 일주일이나 긴 연휴를 국가에서 지정한 이유도 귀경길의 사람들을 위한 배려였다. 비행기로도 대여섯 시간이나 걸리는 거리에 있는 사람들과 기차로 이틀이 걸릴 수도 있는 경우가 다수였기 때문이다.

상하이가 집인 메이, 창샤(长沙)가 고향인 자웨이는 고향에 내려가는 기차표를 사면서 들떠 있었다.

일하고 있는 주혁에게 메이가 슬쩍 와서 귀뜸을 했다.

"중국에서는 춘지에가 아주 중요한 날이에요. 직장에서는 일반적으로 상사와 부하 직원들이 모두 모여 저녁식사를 한답니다."

주혁은 메이가 와서 말해 준 의미를 너무나 잘 알고 있었다.

"우리 함께 춘지에 전에 식사할까요?"

주혁의 제안에 자웨이를 비롯한 직원들이 모두 아주 기뻐하며 반가워했다. 그러고 보니 최근에는 몇 번 야근 중에 간단하게 식사한 것 외에는 제대로 된 회식을 한 적이 없었다. 분명 모두들 기대하고 있었던 것이 분명했다.

주혁은 식사 장소에 대해 고민이 되었다. 사실 오랫동안 한국 사람들과 일을 하지 않았던 것이 한국에서의 직장 회식에 대한 향수를 불러일으켰다. 삼겹살에 소주. 뭐가 더 필요하랴. 그러고 보니 비록 중국지사이긴 하지만, 조은식품은 당연히 한국 회사다. 한국 회사를 다니고 있는 사람들이라면 한국의 문화를 알 수 있는 기회가 필요할 것이라는 생각이 들었다.

하지만 한편으로는 중국 사람들의 파티인데, 중국식으로 해야 하는 것이 아닌가 하는 생각도 들었다. 한국 사람은 나 한 명이고 모두 중국 사람들인데 중국 음식으로 하는 게 맞지 않을까? 그리고 주혁 스스로가 중국문화를 배울 수 있는 기회가 아닌가 하는 생각도 들었다.

선택의 갈림길

열 번째 갈림길에 조주혁 팀장이 서 있습니다. 만약 당신이라면 어떤 음식을 먹으며 직원들과 춘지에 회식을 하시겠습니까?

한국 회사이므로 한국 회식 문화를 알려줄 수 있는 한국 음식점?

아니면, 중국 직원들이 익숙한 중국 음식점?

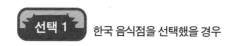

연휴 전날, 베이징 동즈먼 한국 음식점

샤오후가 찾아낸 한국 음식점은 베이징의 또 다른 번화가 동즈먼(东直门)에 있었다. '지리산'이라는 음식점 이름이 아주 친근하게 느껴졌다. 저고리를 신발끈처럼 크로스로 묶은, 조금은 어설프게 한복을 입은 여종업원의 안내로 일행은 방으로 안내되었다. 주문을 받으러 오자, 직원들 모두 주혁에게 메뉴판을 내밀며 주문을 하라는 손짓을 했다.

"그렇지, 내가 해야지. 한국 음식은 내가 제일 잘 알지."

주혁은 사진으로 된 큰 메뉴를 하나씩 보면서 주문을 하기 시작했다.

"삼겹살 5인분, 된장찌개 2개, 그리고 술은…… 어, 소주가 안 보이네."

소주를 찾자, 종업원이 한국 소주는 없고, 중국의 바이주(白酒)와 맥주뿐이라고 했다. 왜 없냐고 따지듯 물었지만 소용없었다. 이 음식점은 중국 사람이 운영하는 식당이며, 음식과 메뉴들이 상당히 중국화되었다는 것을 알게 되었다. 결국 맥주와 후식으로 냉면을 시켰다.

"손님 부족합니다. 더 시키세요."

"네? 부족하다니요?"

"지금 주문하신 음식의 양이 이 많은 사람이 드시기엔 부족하니까 더 시키세요."

'뭐야. 부족하고 안 부족하고는 내가 알지 뭔 참견이지? 이렇게 매
상을 올리려 하는 구나.'

무릎을 꿇고 손님의 눈높이에서 주문을 받는 한국의 패밀리 레스토
랑이 생각났다. 주객이 전도된다는 것이 이런 것인 듯싶었다. 명령조
의 말투에 기분이 상해 보이는 주혁에게 메이가 옆에서 왜 주문에 참
견을 하는지에 대해 설명을 해주었다. 메이에 따르면 중국 식당에서
메뉴를 받는 역할은 상당히 중요한 일이라고 했다. 그래서 푸우위엔
(服务员, 식당에서 서빙하는 종업원) 중에서도 고참들이 그 일을 맡는다고
한다. 그들은 단순히 주문을 받는 것뿐만 아니라 음식을 추천하고, 음
식을 너무 많이 주문하거나 반대로 너무 적게 주문하는 경우에는 이
를 지적해 주는 것도 아주 중요한 일이라고 한다. 늘 생각하는 거지
만, 문화에 대한 이해가 없으면 별것 아닌 것에 오해하기 마련이다.
중국의 당연한 문화에 한국 패밀리 레스토랑을 생각하며 섣부른 '문
화 비교'를 했던 자신이 부끄러웠다.

얼마 시간이 지나지 않아서 밑반찬들이 깔리기 시작하자 모두들 허
겁지겁 먹기 시작했다.

'뭐지? 그래도 한잔 하면서 시작해야 하는 거 아닌가?'

주혁은 서둘러서 맥주를 가져오라고 하고는 한 잔씩 따랐다.

그날 저녁식사는 조금 어색하게 끝났다. 모두들 술은 마시는 둥 마
는 둥. 삼겹살은 5인분 중 3인분도 안 먹은 것 같았다. 그나마 주혁이
안 먹었으면 모두 남길 뻔했다. 한두 조각만 집어 먹고는 먹지 않았
다. 모두들 열심히 먹은 것은 밑반찬이었고, 주혁은 너무 달아서 먹기

힘들었던 냉면뿐이었다.

　이차로 가는 호프집도 노래방도 없었다. 모두들 음식점을 나오자마자 뿔뿔이 흩어졌다. 모두들 기대한 파티였을 텐데, 도무지 뭐가 문제였는지 알 길이 없었다. 어색한 분위기에 눈치 보느라, 주혁만 피곤해졌을 뿐이었다.

한국의 회식 문화가 부담스러운 중국인

중국인 인터뷰 **익명, 중국인 (한국 S사 8년 근무)**
한국 사람이 좋아하는 회식과 중국 사람이 생각하는 저녁식사의 방식이 분명히 다릅니다. 음식 주문의 방법, 선호하는 음식, 그리고 먹는 순서와 시간까지도 다른 듯합니다. 일방적으로 한국식으로 음식을 결정하고 주문을 하는 것을 중국 사람들은 이해하지 못합니다.

한국 회사에서 일하면서 가장 힘들었던 경험은 한국 상사들과 함께 했던 술자리였습니다. 한국 사람들과 함께하는 저녁식사는 의례히 소주를 강제로 마시는 술자리가 되는 경우가 대부분이었지요. 가장 고통스러운 것은 '同命运酒(여러 가지 술을 섞어서 마시는 폭탄주)'였습니다. 소주와 맥주, 심지어 콜라 등의 음료수까지 섞어서 마시는 것을 강요하는 바람에 역겨움을 참느라 혼난 기억이 있습니다.

한국 사람들은 중국 사람들이 술을 많이 먹는다고 생각하는데, 사람에 따라 다르지만, 중국 사람들은 '스스로' 많이 먹지는 않습니다. 술을 많이 먹는 것으로 알려진 '산동(山东)' 지역 출신인 나도 술을 좋아하지만, 한국 사람들처럼 자주 마시지는 않습니다.

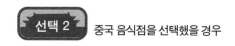

연휴 전날, 베이징 동즈먼 광둥음식점

주혁의 넥타이는 새빨간 색깔이었다. 오래전 선물받은 것이었는데, 사실 색깔이 너무나 강렬해서 서울에서는 몇 번 매지 않은 것이었다. 오늘을 위해 버리지 않고 간직한 듯이 느껴졌다. 작년 춘지에 때도 재작년에도 사람들이 빨간색 옷을 즐겨 입던 것을 기억한 주혁이 오늘 저녁식사를 위해 특별히 준비한 것이었다.

색깔이 주는 어색함을 걱정했지만, 기우였다. 모두의 옷차림에서 빨간색이 보였다. 특히 메이의 붉은색 치파오(旗袍, 중국의 전통의상)는 모든 사람들의 눈길을 사로잡았다. 순간 주혁은 처음으로 메이가 예쁘다는 생각을 했다. 붉은색과 메이의 하얀 피부가 순간 주혁의 눈으로 확 들어왔다.

주혁이 잠깐 메이를 보면서 넋이 나가 있는 동안, 자웨이가 주문한 음식들이 둥그런 원형 테이블에 올라오기 시작했다. 먼저 량차이(凉菜)라 불리는 차가운 에피타이저들이 쏟아져 나왔다. 그중 벼슬까지 또렷하게 보이는 닭머리가 담겨져 있는 요리를 제외하고는 아주 먹음직스럽게 보이는 음식들이었다.

하지만 가장 눈에 띄는 음식은 간이 전혀 안 된 듯한 생선 한 마리였다. 생선 머리가 놓여진 방향은 자리의 우두머리인 주혁을 향해 놓여졌다. 샤오후가 생선을 뜻하는 '위(鱼)'가 '차고 넘치는' 또는 '여유'

를 뜻하는 '위(余)'와 발음이 비슷하기 때문에 춘지에 음식상에는 꼭 올라온다고 얘기해 주었다. 뜻은 좋았지만, 크기의 부담감으로 쉽게 손이 가지 않을 듯했다.

그리고 바이주(白酒) 한 병이 올라왔다. 산시성(陝西省)에서 자웨이가 직접 사왔다는 그 술은 투명한 호리병에 담겨 있었고, 금색 봉황새 장식이 술 안에서 반짝반짝 빛나고 있었다.

지금껏 함께 식사를 할때, 단 한 번 맥주도 주문해 본 적이 없는 자웨이가 술을 가져오다니 조금 의아했지만, 더욱더 의아한 광경이 펼쳐졌다. 갑자기 자웨이, 샤오후와 메이가 자신들의 잔에 가득 술을 채우고 주혁 바로 옆에 섰다.

"지난 몇 달 동안 많이 고생하셨고 멋진 리더십으로 우리를 이끌어 주셔서 감사합니다. 새해에는 복을 받아서 돈을 아주 많이 벌기를 기원합니다. 꽁시파차이(恭喜发财)!"

모두들 주혁에게 잔을 들어 보였다. 그리고 잔을 마주쳤다. 그리곤 입을 열어 작은 바이주 잔을 털어 넣었다. 주혁도 웃으며 원샷을 했다.

"크~."

쓴 바이주가 목을 타고 넘어갔다. 한국 사람에게는 소주잔에 비해서 턱없이 작은 이 바이주 잔으로 하는 원샷이 그리 어렵지 않았다. 자웨이, 메이 그리고 샤오후는 모두 빈 잔을 주혁에게 보여주면서, '잔을 비웠다'를 알려주었고, 주혁은 한국식으로 머리에 잔을 털면서 '잔을 비웠다'를 보여주었다. 모두 유쾌하게 웃으면 다시 잔을 채웠다.

하지만 그것은 시작이었다. 얼마 지나지 않아, 자웨이가 다시 한 잔을 권하고, 샤오후가 또 권하고, 그 다음은 메이. 절대 술을 안 마시는 것 같던 메이도 오늘은 열심히 마시면서 주혁에게 술을 권했다. 그리고 다른 직원들도 한 명씩 번갈아 가며 주혁에게 작은 잔을 들고 왔다. 워낙 작은 바이주 잔이라 원샷이 우습다는 생각을 하면서 마시다 보니, 바이주 한 병이 비워 가고 있었다. 그리곤 취기가 얼큰 돌기 시작할 무렵, 한국에 있을 때 중국집에서 마셨던 '빼갈'이라 불리던 바이주들이 생각났다.

'쓰디쓴 바이주인데도 향이 좋구나.'

확실히 예전의 그 싸구려 술들과 고급 바이주는 향이 달랐다.

한 잔 두 잔 향을 맡으며 동료들과 들이키는 바이주. 오늘과 같은 날은 아무리 술을 못 하는 사람도 조직을 위해, 상사를 위해 덕담을 건네며 술을 즐기는 중국의 문화. 한국과는 비슷하면서도 다른 점들이 있었다. 결국 중국 사람들은 중국 문화에 익숙하고, 그것을 즐기는 것이다. 한류와 같은 새로운 문화에 대한 관심을 맹목적인 추종이라고 생각하는 것이 잘못되었다는 생각도 해보게 되었다.

어려웠던 지난 일을 얘기하며, 이제 몇 마디 하게 된 주혁의 중국어를 칭찬하며, 해산물 음식을 즐기며, 그리고 술을 한 잔 두 잔 서로 권하며 시간이 흐르고 있었다.

춘지에 직장 문화

중국인 인터뷰 **궈위 (국유기업 – 중국황금 근무)**

춘지에 연휴 전의 저녁식사는 중국인들에게 특히 조직생활을 하는 사람들에게 아주 중요합니다. 중국의 전통 조직문화가 아직 많이 남아 있는 국유기업의 직원들은 이 자리를 더욱 중요하게 생각합니다. 이 저녁식사는 연중 단 한 번밖에 없는, 사장 및 모든 임원과 직원들이 한자리에 모여서 식사를 하는 자리이기 때문입니다. 이날만큼은 모두 카이신(开心—기쁜)한 마음으로 모두에게 일 년 동안의 감사의 마음을 표현하는 시간입니다. 물론 이날만큼은 모두 기쁜 척과 감사하는

춘지에 직장 회식 모습

척해야 합니다. 이런 중요한 날의 분위기를 불만스런 얼굴 표정으로 망치는 것만큼 큰 실수는 없습니다.

이날은 각 직원들이 상사들에게 술을 권합니다(敬酒). 존경의 뜻을 표시하기 위해서, 그리고 일 년 동안의 감사의 뜻을 표하기 위해, 혼자보다는 몇 명이서 함께 술을 권합니다. 평소에 술을 즐기지 않는 사람들도 이날만큼은 존경의 표시를 하기 위해서 무리를 하면서 많이 마시는 경우가 있습니다.

중국인
인터뷰 **후하이동 (화웨이 본사 디렉터)**

춘지에(春节)는 가정에서뿐만 아니라, 비즈니스 사무실에서도 특별합니다. 바로 홍빠오(红包 - 용돈 또는 세뱃돈)를 주고받기 때문이죠. 춘지에가 끝나고 난 첫 출근날, 직장 상사들은 직원들에게 홍빠오를 나누어 줍니다. 제가 거주하는 선전(深圳)을 비롯한 남쪽 지방일수록 더욱 이런 전통이 남아 있고, 홍빠오의 액수도 많습니다. 4~5명을 거느리는 팀장에서부터, 회사를 운영하는 최고경영자까지 모두가 홍빠오를 준비하는 것이 관례입니다. 홍빠오를 나누어 주는 이유는 새해의 행운과 지난해 수고에 대한 감사를 표현하기 위해서입니다.

중국에서는 연간 성과급을 춘지에 직전에 나누어 주므로 홍빠오는 일에 대한 성과와는 상관없이 상사들의 개인 비용으로 내는 것이 일반적입니다. 따라서 홍빠오의 액수가 크면 클수록 직원들의 인기를 얻을 가능성이 높습니다. 일반적으로 적게는 1원(한화 170원)에서 많게는 10원까지 나누어 주기 때문에 수백 명을 거느리는 상사의 경우엔 부담이 꽤 클 경우도 있습니다.

최근 웨이신(微信 - 텐센트 메시징 플랫폼) 홍빠오나 즈푸바오(支付宝 - 알리바바 결제 플랫폼) 홍빠오를 주고 받는 것이 유행이어서, 직접 빨간 봉투에 담는 것이 아니라, 모바일로 주고받는 문화로 변해 가고 있습니다.

다음 날, 베이징 주혁의 집

벨이 계속 울린다. 전화기가 하필이면 손이 닿지 않는 곳에 있다. 주혁은 가까스로 몸을 뒤집어 휴대전화 벨이 울리는 곳으로 기어갔다. 아무렇게나 벗어 던진 바지춤에서 휴대전화를 찾았다. 샤오후였다.

"잘 주무셨어요? 집 앞까지 모셔다 드렸는데 괜찮으신가 해서요."

그러고 보니, 어제 회식자리에서 주거니 받거니 술을 마신 기억은 있는데, 집에 돌아온 기억이 없다. 좋은 술이라서 그런지 두통은 없었지만, 몸이 천근만근 무거웠다. 어떻게 왔는지 물어보고, 샤오후에게 몇 번이고 고맙다고 인사했다.

"그런데 오늘 청두(成都)에 간다고 하지 않았나요?"

'오 마이 갓.'

천링의 집에 가기로 한 날이 바로 오늘이었다. 직원들과의 식사 때문에 늦게 출발하게 된 주혁은 먼저 가 있는 천링과 오늘 청두 공항에서 만나기로 했다.

순간 시간을 봤다. 오전 11시. 비행기 시간이 12시였던 것을 기억해냈다. 반사적으로 일어나 옷을 입고 집을 뛰쳐 나왔다.

사십 분 뒤, 베이징 셔우두(首都) 국제공항

공항에는 춘지에를 맞이해서 집으로 돌아가려는 사람들로 붐비고 있었다. 택시가 공항에 도착하자마자, 주혁은 그대로 항공사 카운터로 달렸다. 이미 비행기표는 예약을 해놓았으니, 티켓팅만 하면 된다.

"청두, 청두, 스알디엔(十二点, 12시)."

그러자 카운터 직원이 뭐라고 하더니 외면했다. 다시 여권을 내밀며 소리를 질렀다. 그랬더니 신경질적으로 영어로 대답했다.

"이미 수속 끝났어요. 다른 비행기 티켓으로 교환하세요."

그러더니 주혁을 외면하고 다른 승객들의 체크인을 하기 시작했다.

아. 외마디 탄식뿐이었다. 그도 그럴 것이 이륙 15분 전이었다. 탑승시켜줄 리 만무했다. 달려간 티켓 사무실에서는 오늘 내일 비행기는 모두 만석이므로 자리가 없다고 했다. 절망이었다. 머리를 굴리기 시작했다. 어떻게 가야 하는가. 지금쯤 천링이 기다리고 있을 텐데. 조바심이 나기 시작했다.

갑자기 아이디어가 떠올랐다.

기차. 그래 기차를 타고 가자.

택시를 잡아타고 기차역으로 달렸다.

한 시간 뒤, 서베이징(北京西)역

기차역은 공항보다 더 아수라장이었다. 여기저기서 사람들이 누워 있고, 컵라면을 먹고, 카드 놀이를 하면서 기차를 기다리고 있었다. 주혁을 제외한 모든 사람들에게는 '시끄럽지만 평화로운' 묘한 분위기가 있었다. 사람들을 헤집고 매표소에 도착한 주혁은 '청두, 청두'

를 외쳤다. 유리벽 안쪽의 무표정한 여자가 뭐라고 물었지만, 도대체 알아들을 수 없었다.

"청두, 진티엔(今天―오늘), 콰이(快―빨리)."

정말 단어만을 던지는 엉터리 중국어를 맘껏 발휘하는 순간이었다. 무표정한 여자가 더욱 무표정한 얼굴로 티켓을 하나 끊었다. 다행히 표가 있는 듯했다. 출발은 저녁 6시 도착은 저녁 8시. 다행히 너무 늦지 않게 도착할 수 있을 것이란 생각에 안심이 들었다. 한시름 놓고 천링에게 문자를 보내기 시작했다.

베이징 기차역에서 춘지에 귀성인파

비행기를 놓치고 말았어요. 대신 기차를 타고 가려고 해요. 두 시간 정도 걸리는…….

'잠깐. 두 시간? 비행기로는 두 시간 삼십 분 거리인데. 어떻게 두 시간밖에 안 걸린다는 거지?'

주혁은 주머니 속의 표를 꺼내서 다시 자세히 보았다. 출발 2월 13일 저녁 6시, 도착 2월 14일 저녁 8시. 2시간이 아니었다. 26시간이었다.

잠시 패닉이었던 주혁이 다시 썼던 문자를 지우고, 다시 쓰기 시작했다.

내일 밤에 도착할 듯하네요…….

12시간 뒤 새벽 2시, 기차 안

열차 안은 고요했다. 모두가 잠든 새벽 2시. 주혁이 끊은 표가 삼층 침대칸의 가장 위, 3층이라는 것을 기차에 타고 나서야 알았다. 그 좁은 틈에 몸을 누이니, 천장까지 불과 50센티가 안 되는 듯했다. 정신 없이 뛰어다닌 덕분에 지쳐서 잠이 들었는데, 잠깐 깨고 나니 답답한 마음에 다시 잠을 이루기가 힘들었다.

청두에 도착하려면 아직 20시간이나 남았다. 서울에서 부산까지 단 3시간 만에 가던 것을 생각하니 중국이라는 나라의 크기가 실감이 났다. 곧 초고속 열차가 도입된다고 하던데. 얼마나 빨라질까. 이런저런 생각을 하면서 시간을 보내다가 결국 잠을 포기했다. 그리고 침대에서 조심스럽게 내려왔다. 좁은 복도에는 잠을 못 이루는 사람이 담배를 피우고 있었다.

걷다 보니 식당칸이 나왔다. 사람들이 가득 차 있는 식당칸은 모두 피곤한 듯 서로 몸을 겹쳐 잠을 자고 있었다. 멀찌감치 떨어져 있는 테이블에는 중국 남자 3명이 맥주에 마른 안주를 먹고 있었다. 연신 퉤퉤거리며 해바라기씨 껍질을 입으로 뱉어댔다. 물끄러미 바라보니 껍질을 혀와 이빨로 벗겨내는 기술이 신기하기만 했다.

주혁은 맥주를 시키고 운 좋게 빈자리를 하나 찾았다. 창밖은 어둡고 아무것도 보이지 않는다. 하지만 나름 운치가 있었다. 혼자 맥주를 마시고 있으려니, 저쪽에서 해바라기씨 먹던 남자들이 힐끔힐끔 쳐다본다. 중국 사람이 남을 잘 쳐다보는 것은 알고 있지만, 왠지 이런 자리에서는 더 불편하다. 술이 좀 취해서 목소리가 더 커지는 듯하다.

'정말 시끄럽네.'

주혁은 평화로운 기차여행을 꿈꾸며 식당칸으로 왔는데 거슬리기 시작했다. 그래서 그들을 째려봤다. 그러자 황급히 외면한다. 잠시 뒤, 취한 듯 보이는 한 사람이 걸어왔다. 덜컥 겁이 났다.

'괜히 내가 째려봤나.'

옆에 서서 뭔가를 말하는데, 도대체 알아들을 수 없었다. 새벽 2시, 모두 자고 있는 시간, 유일한 외국인인 자신에게 말을 거는 취객. 불편하다. 그냥 침대칸으로 돌아가고 싶다.

"팅부동(听不懂—못 알아듣겠습니다)."

주혁은 자신이 알고 있는 중국어 중에서 가장 유용한 한 단어를 말했다. 하지만 그 남자는 굴하지 않고, 몇 번 더 말을 걸더니, 그제서야 주혁의 정체를 알아차린 듯 이렇게 물었다.

"코리안? 재패니즈?"

"코리안."

갑자기 얼굴에 웃음이 번지더니 악수를 청한다.

"코리안 굿. 재패니스 배드."

나머지 두 명도 이 얘기를 듣고는 몰려왔다. 그리고 자신들의 술을 가져와서는 주혁의 자리에 앉았다. 주혁의 의사와는 상관없이 합석하는 상황이 되어 버렸다. 그러고는 일본에 대한 반감을 이야기하기 시작했다. 대부분은 중국어로, 몇 단어는 영어로. 내용은 일본의 침략과 난징 대학살을 얘기하고 있었다.

'에라 모르겠다.'

주혁도 질세라 한국 사람의 일본에 대한 감정을 얘기했다. 물론 조금 더 과장해서. 모두들 와하하 웃으며 얼싸안았다. 남들이 보면 술 취한 사람들이 추태를 부리는 듯 보였겠지만, 그들에게는 동북아시아 현대사의 재조명 및 지속적인 평화 아젠다 회담이었다.

거나하게 취한 한 친구가 담배를 권한다. 그리고 보니 이 친구들은 기차 식당칸 안에서 줄담배를 피워대고 있었다. 몇 년 전에 끊은 담배. 하지만 왠지 오늘은 함께 하고 싶었다. 주혁도 받아들고 한 모금 쭉 빨아본다. 기쁠 희(喜) 가 두 개나 붙어 있는 이 담배는 한국에서의 담배와 다르게 독하고 썼지만, 왠지 이 자리에서는 아주 잘 어울리는 듯이 느껴졌다. 그리고 이 담배를 나눠 피면서 자신도 중국 사람이 되고 있다는 묘한 기분이 들었다. 그 기분은 잘난 외국인으로서의 건방짐이 아닌, 조금 겸손하게 같은 사람으로 이들을 대한다는 '낮춤'에서 비롯된 것이었다.

그렇게 떠들썩하게 엉터리 중국어와 영어를 주고받으며 기차 안에서 새벽을 맞이했다.

다음 날 오후, 청두 기차역

청두에 도착한 것은 이미 날이 어두워질 무렵이었다. 기차역에서 만난 천링과 반가운 인사를 하고, 천링의 집으로 향했다. 부모님께서 귀한 손님을 위해 식사를 준비했다는 것이다. 들뜬 기분으로 창밖을 바라보았다. 2선 도시라고 하지만, 베이징이나 상하이와 다를 바가 없는 고층건물들과 수많은 차들로 가득찬 거리였다. 이런 규모의 도시가 중국에는 도대체 몇십 개나 있을까 하는 생각이 들었다.

어느덧 택시는 천링의 집앞에 멈춰 섰다. 긴장된 표정으로 들어선 천링의 집 안에는 앉아 있을 곳이 없을 정도로 사람들이 많았다. 뿌연 담배와 음식 연기로 가득찬 거실에 들어서니, 순간 시끌시끌하던 사람들이 대화를 멈추고 일제히 주혁을 바라보았다. 여자들은 미소를 머금고, 남자들은 힐끔힐끔 곁눈질로.

천링이 주혁을 소개하자, 천링의 아버지와 어머니로 보이는 분들이 주혁에게 다가왔다. 그리고 웃으면서 인사를 했다. 상당히 인상이 좋으신 분들이었다. 특이한 점은, 아버지는 내복 차림으로 부엌에서 일하고 있었고, 어머니는 마치 천링을 시집 보내는 날처럼 가지고 있는 가장 우아한 옷을 내어 입고 귀부인인 양 멋을 맘껏 부린 듯했다. 물론 주방 근처에도 안 갈 옷차림이었다.

어머니가 따라오라는 손짓을 주혁에게 보냈다. 그러고는 어느 방문을 열고, 한곳에 주혁의 짐가방을 놓게 했다.

"여기가 천링의 방이에요. 여기서 오늘 한 방을 쓰시면 되요."

'여기서 자라고? 자신의 딸과? 결혼도 하지 않았는데?'

얼굴이 빨개졌다. 설마 부모님이 결혼도 안 한 남자가 자신의 딸과 같은 방을 쓰게 하지는 않겠지. 잘못 들은 것으로 넘겼다.

다시 거실로 나가자, 모두들 한 자리를 권했다. 식탁의 정 중앙자리였다. 어색해서 사양하는 주혁의 팔을 사람들이 잡아끌고 억지로 앉혔다. 그나마 다행인 것은 천링이 옆에 앉았다는 것이었다. 어색한 표정으로 앉아 있는 주혁에게서 시선은 떠나지 않았다. 여자들은 미소로, 남자들은 여전히 곁눈질로. 그러고는 말이 없다. 모두들 쳐다만 보고 말을 걸지는 않는다.

자신이 천링의 '엉클'이라고 소개한 50대로 보이는 남자가 바이주한 병을 들고 주혁에게 다가왔다. 한 잔을 쭈욱 마시라고 손짓으로 권한 뒤 다시 한 잔을 따랐다. 그러고는 주혁에게 이야기한다. 상에 차려진 음시들을 가리키며.

"하오츠마?(好吃吗—맛있어요?)"

이제 이 정도 간단한 중국어 대화는 주혁도 가능하다.

"하오츠(好吃—맛있어요)."

그 다음 질문은 무슨 말인지 알아들을 수가 없다.

"이 음식을 누가 했는지 아냐고 물어보는 거예요."

천링이 통역을 해주었다.

눈치가 백단인 주혁이 모를 리 없었다. 당연히 '천링 아버지'라고 대답했다. 그러자 술 취한 '엉클'은 큰 소리로 뭔가를 사람들에게 얘기했다. 그러자 사람들이 모두 큰 소리로 웃기 시작했다. 물론 주혁이 알아들을 수는 없었다.

"별 얘기 아니니 몰라도 돼요."

천링는 별일 아니라는 듯이 넘겼다.

'뭐지. 이 기분은. 마치 웃음거리가 된 듯한 기분. 나를 배려해 주는 듯하지만, 정말 말도 못 하게 어색하고 힘든 자리네.'

그렇게 시간이 흘렀다. 처음에는 주혁만을 쳐다보더니, 이제는 흥미를 잃었는지 어느샌가 주혁을 잊고 자기들끼리 얘기하고 있었다. 소외된 기분이었다. 조용히 밖으로 나왔다.

하지만 밖도 조용하지 않았다. 정신없이 쏘아대는 폭죽은 빵빵 터져대며 요란스러운 춘지에의 밤을 화려하게 밝혔다. 처음에는 고개 들어 하늘을 보면서 사람들이 쏘아 올리는 폭죽을 즐겼지만, 10분이 채 지나지 않아 시끄러운 폭죽 소리에 귀를 막고 싶어졌다.

다시 안으로 들어가려는 순간이었다. 좀 전에 같이 앉아 있던 천링의 사촌도 지겨웠는지 밖으로 나왔다. 그러고는 주혁에게 다가왔다. 독일계 회사에서 일한다는 사촌은 영어를 꽤 잘했다.

"말을 알아듣지 못해 답답하죠?"

"이제 적응이 되어 가고 있기는 한데, 아직 쉽지는 않네요."

"걱정 마세요. 중국어를 아주 잘하는데요."

중국 춘지에 밤의 폭죽놀이. 우리가 생각하는 것처럼 아름답고 낭만적이지만은 않다.

주혁은 미소로 답했다. 늘 듣는 입에 발린 거짓 칭찬이 지겨워졌기 때문이다.

"친척들이 늘 이렇게 많이 모이나요?"

"아니에요, 오늘은 춘지에라서 모인 겁니다. 중국 사람들은 이런 명절을 러나오(热闹—왁자지껄한 흥겨운 분위기)하게 보내야 한다고 생각하죠."

러나오(热闹)라는 단어가 정말 많은 문화를 설명하고 있구나 하는 생각이 들었다. 어디서나 크게 들리는 광고, 노래, 심지어 대화 소리. 중국 사람들은 조용한 분위기보다는 시끌시끌한 분위기를 더 선호한다.

"아까 보니, 모두들 당신을 좋아하는데요."

"고마워요. 그런데 아까 삼촌이 하신 말씀이 뭐길래, 모두 웃은 거죠?"

"아, 그거요. 천링 아버지가 음식을 잘하시는데, 부자 사위가 들어왔으니 큰 음식점을 차려줄 수 있어서 잘되었다고."

"부자 사위요? 제가 음식점을 차려준다고요?"

"네."

"사위요? 아직 결혼 안 했는데."

"하기 싫은 건가요?"

"아뇨. 뭐 그런 건 아니지만."

"그러면 곧 할 거라는 말이잖아요. 그리고 부자 맞잖아요. 누나가 그러는데, 큰 사업을 베이징에서 한다고……. 그리고 한국 사람들, 다 돈 많잖아요. 모두 부자예요, 부자."

머리를 세게 얻어맞은 듯했다. 이미 자신은 부자 사업가, 그리고 곧 천링와 결혼해서 천링의 집안을 일으킬 사람이 되어 있었다. 천링과 자신의 관계에 대해서 혼란스러워했던 자신에 비해, 천링 아니 천링의 식구들은 이 문제에 대해 이미 상당히 정리가 된 듯이 보였다. 주혁은 적어도 천링이 자신을 어떻게 생각하는지에 대한 문제의 답은 얻었다.

마음을 가다듬고 자리로 돌아가니, 천링은 자신이 사준 향수를 꺼내서 사람들에게 자랑하고 있었다. 한 사람이 주혁을 보자마자 물었다.

"한 달에 얼마를 벌어요?"

그러자 갑자기 질문들이 쏟아졌다.

"그중 얼마를 천링에게 써요?"

"선물 또 뭐 사줬어요?"

"서울에 집이 있어요?"

"결혼하면 서울 가서 살 생각이에요?"

도저히 대답을 할 수가 없었다. 질문은 어렵지 않았다. 하지만 대답하기 싫었다. 전혀 다른 문화에서 비롯된 생각들, 그리고 거기에서 나오는 질문들. 대답해야 할 이유를 느끼지 못하는 질문들이었다. 못 알아듣는 척하며 술을 들이켰다. 정신은 몽롱했지만 생각은 또렷해졌다. 천링을 어떻게 생각하느냐는 중요하지 않다. 내가 이런 문화를 극복할 수 있느냐를 먼저 생각해야 한다.

그렇게 청두에서의 첫 밤이 지나가고 있었다.

2010년 2월 중순, 베이징 커피숍

청두에서 첫 저녁식사 후, 천링의 어머니는 천링의 방에서 주혁과 천링이 함께 자도록 권유했지만, 주혁은 정중하게 사양하고 천링의 남자 사촌과 함께 방을 썼다. 그리고 그 다음 날 주혁은 지체하지 않고 베이징으로 돌아왔다.

이유를 묻는 천링에게 그저 베이징에서 만나서 다시 얘기하자고만 말했다. 그리고 그들은 만났다. 예상대로 천링은 상당히 화가 나 있었다. 조심스럽게 주혁이 마음을 얘기하기 시작했다.

"그날 저는 매우 당황스러웠어요. 다른 사람들에게 어떻게 우리가 당연히 결혼하는 사이가 되었는지 궁금해요."

"우리 서로 사랑하잖아요."

깜짝 놀란 주혁이 되물었다.

"사랑?"

"네, 사랑."

천링은 아주 당연한 것을 묻는다는 표정으로 말했다.

"그런 거 서로 얘기한 적 없잖아요."

"사랑을 꼭 말해야 아나요?"

천링은 상당히 기분 나빠했다. 마치 자신이 남자에게 사랑을 구걸하는 것처럼 보일까 봐 매우 불쾌해하는 듯 보였다.

할 말이 없었다. 속을 몰라서 애태웠던 자신이 한심해졌다. 과연 사랑이나 결혼이 천링에게는 어떤 것인지, 주혁이 몰라도 한참 몰랐던 것이 분명했다

결국 헤어질 수밖에 없다는 것을 인정해야 했다.

중국은 결혼도 결국 비즈니스?

많은 중국 여성들이 결혼 상대자를 고를 때, '나를 얼마나 물질적으로 풍요롭게 해줄 수 있는가'를 가장 중요한 조건이라고 생각한다는 것은 이미 알려진 사실입니다. TV 짝짓기 프로그램에 출연한 여성이, 출연 남성의 자전거 데이트 신청에 '자전거 타면서 웃느니, BMW 타면서 울겠다'라는 말을 했다고 합니다.[17]

하지만 동시에 이를 두고 배금주의라며 중국인들의 공분을 산 것은 모든 여자들이 오직 '돈'을 위해서 남자를 선택하지는 않는다는 반증이기도 합니다. 같은 문화를 공유하는 한국 사람들도 다양한 결혼관을 가지고 있듯이 단순하게 일반화하기에는 어려운 주제입니다.

중국인 인터뷰 1 — 쑨팅팅 부사장 (중국 HSBC, 독일 남자와 국제결혼)

중국 남자가 아닌 외국인과의 결혼 후 '부럽다'라는 말을 자주 듣습니다. 대부분의 중국 사람들은 외국인과의 결혼, 특히 서양인과의 결혼을 대단히 성공적인 것으로 생각하기 때문에 무턱대고 부러워하는 것이죠.

소득 수준이 일반적으로 높은 외국인과의 결혼은 부유하고 안락하게 평생을 살 수 있는 기회라고 생각합니다. 따라서 외국인과의 결혼 뒤에 일하는 것을 이상하게 생각하죠. 왜 당장 일을 관두지 않느냐고 말하는 사람들이 대부분입니다. 모두 외국인과 결혼하면 선진국에 가서 살면서, 일을 안 하면서 쇼핑으로 시간을 보낼 것이라고 생각하는 것이죠. 그 외에도 중국이 아닌 다른 나라의 국적을 얻는 것과 예쁜 혼혈 아기를 갖는 것도 부러워하는 이유입니다.

중국인 미혼 여성, 익명 (중국 IBM)

'嫁汉嫁汉 穿衣吃饭'이라는 말이 있습니다. '결혼을 통해서 기본적인
생활이 가능하다'라는 뜻인데, 그저 옛말이라 하기에는 아직까지 많은 중국 사람들
이 이를 마치 신념 또는 믿음으로 가지고 있습니다. 즉 결혼을 하는 여자들은 남자
의 재력으로 생활이 가능해야 합니다. 그렇기 때문에 중국에서는 사랑, 남자의 외
모와 나이, 심지어 남자의 과거도 그다지 중요하지 않습니다. 오직 그 남자의 경제
적인 능력이 중요하죠. 저의 수입은 중국 사회에서 상위 10% 안에 들지만, 저는 저
의 결혼 상대가 적어도 저의 5배에서 6배의 수입을 가진 사람이었으면 합니다. 나
중에 아이와 양가 부모님을 모두 책임지려면, 적어도 그 정도의 능력이 있어야 한
다는 생각입니다. 그 정도는 되어야 친구들에게도 떳떳이 남편을 소개할 수 있을
듯합니다.

하지만 중국의 이혼률이 높은 이유도, 부부가 바람을 피우는 확률이 높은 것도
모두 이 때문입니다. 돈이 있는 남자는 '좋은 남자'고 돈이 없는 남자는 '나쁜 남자'
이기 때문에, 충분히 돈을 버는 것이 바로 좋은 남편 또는 좋은 아빠로서의 의무를
다한 것입니다. 결국 돈을 벌어다 주면, 다른 것들은 묵인됩니다, 심지어 바람을 피
우는 것도요. 그러다 보면, 사랑이 식는 것은 시간 문제지요. 안타깝지만, 그게 중
국의 현실이네요.

중국 소비자는 왕이다

2010년 7월, 베이징

남아프리카 공화국 월드컵에서 한국 대표팀은 16강에 올랐지만 아쉽게 그걸로 끝이었다. 우루과이와의 경기에서 패하고 말았다. 하지만 대표팀이 16강에서 떨어진 것은 아쉽지만, 다행이라는 생각이 들기도 했다. 본격적으로 바빠지던 그 시기에, 새벽에 축구 보느라 잠을 설쳐 그 다음 날 일하는 데 방해되는 것은 문제였기 때문이다.

그만큼 주혁의 2010년 여름은 분주했다. 3월에 출시된 현지 생산의 '매콤면'의 인기가 중국인의 인터넷 생활화에 힘입어 더더욱 상승세를 타고 있었기 때문이다. 새로운 직원들이 하나둘씩 늘어가고, 어느덧 영업마케팅팀에만 열 명이 일하고 있었다. 웨이훙과의 합자였기 때문에 모두 합치면 100명 가까이 되는 큰 회사가 되어 가고 있었다.

어느 날, 주혁은 윤 전무로부터 이메일을 한 통 받았다.

조 팀장,

지금 성장세는 아주 고무적이지만, 성장을 좀더 끌어줄 만한 리더십이 부족하다는 생각이 드는군. 당신이 기반을 탄탄히 닦아주었지만, 그래도 중국을 더 잘 아는 사람이 필요하지 않겠는가.

마침, 이신혜 차장이 다시 열심히 하고 싶다고 의사를 밝히고 있으니, 이 차장을 다시 적극 추천하게 되었네. 아마 김 대표도 아주 좋아할 것이라 생각되는구면. 우리에게 노련한 경험이 있는 사람들이 필요하지.

메일을 보던 주혁은 노트북을 집어던져 버리고 싶었다.

이 차장은 회사를 버리고 자기 기분대로 떠난 사람인데, 왜 다시 받아줘야만 하는가? 이신혜 차장이 회사에 없었던 관계로 자신이 중국에서 처음부터 다시 시작하느라고 얼마나 고생했는가. 이 모든 것이 자신의 입지를 중국에서도 공고히 할 속셈으로 자기 편을 한 명 붙여두려는 윤 전무의 생각임을 충분히 짐작할 수 있었다.

하지만 지금 사업이 커가고 있는 상황에서 사람이 더 필요한 것은 사실이었다. 그리고 끝까지 반대한다고 해서 크게 좋아질 것도 없었다. 결국 주혁 스스로가 얻을 수 있는 것은 자존심뿐이라는 생각이 들었다. 결국 이 차장을 받아줄 수밖에 없었다.

이신혜 차장은 부총경리(副总经理, 부사장 또는 부지사장)라는 직함을 명함에 새기고는 다시 출근을 하기 시작했다. 주혁은 긍정적으로 받아들이기로 했다. 그리고 이신혜 차장에게 대형 마트 영업팀을 이끌어달라고 부탁했다. 처음 며칠은 주혁의 말에 고분고분하는 듯했다. 나름 며칠은 일일 보고도 하는 등의 정성을 보였다.

그러나 한두 달이 지나자, 예전의 모습으로 돌아가기 시작했다. 걸핏하면 출근을 안 하는가 하면, 주혁의 영업회의에 빠지기 일쑤였다. 그리고 가끔씩 시키지도 않은 일들을 하기 시작했다. 웨이홍과의 합자회사에 들락날락거리면서 자신이 슈퍼바이저인 양 직원들에게 일을 지시하고 혼을 내기도 했다.

"중국 사람들에게는 조금 강압적으로 해야 해요. 조 팀장님이 안 하시니까 제가 오지랖 넓게 설치고 다니는 것처럼 보이는 거예요. 아직 더 배우셔야겠네요."

주혁이 조금이라도 자신의 일에 참견하려고 하면, '중국을 모른다' 라는 말로 다시 주혁을 무시하기 시작했다.

얼마 뒤, 베이징

대형 사건이 터졌다.

한 소비자가 매콤면을 먹고 식중독에 걸린 사건이었다. 다행히 병원에 입원 후 치료를 통해 건강은 회복했지만, 이 일은 인터넷을 통해 빠르게 퍼져 나갔다. 라면을 판매한 마트는 제조회사의 책임으로 돌렸고, 웨이홍과 조은식품으로 그 불똥이 옮겨 붙었다.

누군가가 요우쿠(优酷, 중국의 유튜브)에 올려놓은 동영상이 순식간에 퍼져 나갔다. 매콤면을 열어서 곰팡이가 슨 라면과 스프를 보여주는 동영상이었는데, 진짜 매콤면을 촬영한 것인지 아니면 조작된 동영상인지는 알 길이 없었다. 사실 그것은 중요하지 않았다. 그저 지금 매콤면과 조은식품이 타깃이 되고 있고, 쉽게 사라지지 않을 것임은 분명했다. 인터넷으로 성공적인 마케팅을 했지만, 이젠 인터넷으로 불매운동이 시작되고 있었다.

매일 상황을 묻는 본사와 기삿거리를 캐내려는 한국과 중국 기자들의 전화로 회사는 정신이 없었다. 얼마 뒤 예상대로 마트 납품은 중단되었다.

주혁이 회의를 소집했다.

"어떻게 하면 좋겠습니까?"

아무도 선뜻 입을 열지 않았다. 그도 그럴 것이 모두 어찌해야 할지를 모르는 상황이었다. 너무나 갑작스럽게 상황이 악화되고 있어서 어디서부터 손을 대야 할지 알 수 없었다. 이신혜 차장이 침묵을 깨고 입을 열었다.

"지금은 일단 아무런 조치를 취하지 말고 관망하는 게 낫다고 생각합니다. 중국 사람들은 작은 일에 일희일비하는 모습을 보이는 것을 좋아하지 않습니다. 매콤면을 먹고 병원에 간 사람도, 곰팡이 슨 매콤면의 동영상도, 사실 우리의 잘못이라고 확신하기는 힘듭니다. 여기서 우리가 사과를 한다든가, 뭔가 대응을 한다면, 우리가 잘못을 인정하는 모습으로 비춰질 수 있습니다."

자웨이가 고개를 끄덕였다. 이 차장의 의견에 동의한다는 뜻이다.

"저는 하루라도 빨리 공식적인 사과를 해야 한다고 생각합니다. 쉽게 진정될 문제가 아니라고 보여집니다."

메이는 다른 의견을 가지고 있었다.

"어떻게 사과를 해야 할까요?"

"공식적으로 인터넷에 사과를 하고, 보상을 해줘야 하지 않을까요?"

"보상? 지금 메이는 우리의 잘못으로 인정하자는 건가요?"

이신혜 차장이 발끈했다.

"인정한다고 말씀드리지 않았습니다. 빨리 이 소동을 잠재우는 것이 우리에게 유리하다고 생각합니다."

사과하고 보상을 하느냐, 아니면 무시하고 조용해지기를 기다리느냐. 쉽지 않은 결정을 몇 시간 내로 내려야 하는 상황이었다.

열한 번째 갈림길에 조주혁 팀장이 서 있습니다. 만약 당신이라면 어떻게 하시겠습니까?

조용해질 때까지 대응을 안 하고 기다리겠습니까?

아니면, 바로 사과를 하고 보상하시겠습니까?

 선택 1 조용해질 때까지 기다리기로 했다면?

3주 뒤, 베이징

사건이 발생한 지 정확하게 3주가 지나자, 조은식품에 대한 불매운동은 생각지도 않은 새로운 국면으로 접어들었다. 베이징 올림픽 이후 잠잠했던 '혐한감정'이, '매콤면' 사태로 다시 생겨났다. 이 감정은 절대 사라지지 않았다. 그저 작은 불씨로 남아, 어딘가에 잠재되어 있다가 한국과 관련된 사건이 터질 때마다 폭발력을 가지게 되는 것이었다.

몇 년 전 유아들이 시중에 판매되는 분유를 먹고 사망했던 '분유파동' 이후, 몇 년 사이에 먹거리에 대한 걱정과 식품회사에 대한 불신이 극에 달했을 때 하필 이 사건이 터진 것이다. 이제 조은식품이 제대로 모든 죄를 뒤집어쓰고, 십자가에 못 박히는 꼴이 되어 버렸다.

중국 사람들을 무시하는 한국 사람의 이미지에다 이제는 돈에 눈이 멀어 중국인들의 건강을 해치는 '나쁜 사람'이라는 매도까지 덧붙여져 인터넷에서 집단 구타를 당하고 있었다. 점점 걷잡을 수 없이 번지던 이 사건으로 인해 웨이홍은 빠르게 합자계약을 취소해 달라는 요청을 해왔다. 손해를 보더라도 이 분위기에서 나가야 한다고 생각한 것이다.

더 이상 떨어질 바닥이 없다고 생각이 들던 어느 날, 주혁은 영사관에서 전화를 받았다.

"한중 관계를 고려해서, 사업 철수를 고려해 주십시요."

이 모든 일이 불과 두 달 새에 일어난 사건이었다.

기업의 잘못에 관대하지 않은 중국인

중국에서 비즈니스를 한다면, 잘못을 저지르고 (또는 잘못이 적발되고 나서) 조용히 넘어갈 생각을 해서는 안 됩니다. 중국에서 기업의 잘못을 넘어가 주는 관용을 기대하기는 어렵기 때문입니다. 잘못에 대해 사과를 하는 모습이 없다면, 중국소비자들은 이를 분명 문제 삼을 것입니다.

2011년 지멘스의 냉장고에서 결함이 발생했지만, 리콜을 거부한 것에 격분한 중국인이 지멘스 베이징 본사 앞에서 냉장고를 부수는 시위를 벌였습니다. 이 사건은 신문과 웨이보를 통해 퍼져나가 불매운동이 벌어지는 계기가 되었습니다. 적절한 대응을 하지 못한 지멘스는 결국 항복을 할 수밖에 없었습니다. 하지만 이것은

지멘스 냉장고 시위 모습

하나의 작은 사례에 불과합니다. '315 완회(晩会)'에 비하면 말이죠.

'315완회'는 전세계 소비자의 날인 3월 15일에 방송되는 CCTV 2의 소비자 고발 전문 프로그램입니다. 벌써 25주년을 맞은, 중국 소비자들의 권익을 대변하는 대표 프로그램으로 부정을 저지르거나 문제가 있는 제품을 판매한 기업의 잘못을 낱낱이 파헤칩니다. 타깃이 된 기업은 이미지 실추는 물론, 판매량의 급감을 각오해야 하는 상황에 이르는 것이 보통입니다.

2013년 3월 15일, CCTV는 애플의 애프터서비스의 문제를 방송했습니다. 오직 중국에서만 무상보증기간에도 부품값을 받는 것이 그 골자였죠. 하지만 더 큰 문제는 방송을 한 직후에 벌어졌습니다. 방송 이후에도 별다른 사과 성명이 없자, 중국 소비자들이 들고 일어난 것이죠. 화가 난 소비자들이 불매운동을 벌이고, 인민일보(人民日報)에서는 특집 기사로, 공상국(工商局)에서는 법규제를 운운하며 압력을 가했습니다. 이런 상황은 투자자들의 우려로 이어졌고, 하루 만에 12.9억 달러의 주가가 빠지고 말았죠. 결국 애플의 항복과 CEO 팀 쿡의 직접 사과가 이어졌습니다. 그 후에야 중국 소비자들의 불만이 수그러들게 되었습니다.

2015년에는 중국의 통신사들이 고발 대상에 포함이 되어 있기는 했지만, 고발 대상은 주로 외국계 회사들입니다. 우리나라 기업도 몇 년 전에 고발 대상이 되어 곤란을 겪은 적이 있지요. 중국에서 외자 기업으로 살아남기가 쉽지 않습니다.

2015년 '315완회' 방영 모습

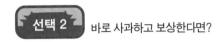

회의 다음 날, 베이징

사실 여부도 중요했지만, 시시비비를 가리기에는 시간이 부족했다. 그래서 가능한 빠르게 사과를 하고 사건을 수습해야 했다. 우선, 인터넷에 사과의 글을 올렸다. 지역방송국의 시사 프로그램에 출연해 고개 숙여 사과했다. 그리고 피해를 입었다고 글을 올린 피해자에게 찾아가서 사과 및 보상을 하고, 이 사실을 인터넷에 올렸다. 중국 사람들의 분노는 조금 진정된 듯했지만, 매출로 이어지는 변화는 없었다. 대형 마트에서 다시 납품을 받겠다는 연락도 없었다. 결국 반품된 라면들은 창고에서 썩어 가야 할 판이었고, 이미 주문해 놓은 물량들도 고스란히 창고에 쌓여 갔다.

상황이 더 이상 나빠지지는 않았지만, 좋아지지도 않았다. 갑자기 비즈니스가 멈춰 버린 느낌이었다. 영화 속에서 모든 게 멈춰버리고 자신만이 움직이는 기괴한 상황 속으로 들어간 느낌이었다. 그렇게 하루하루를 보내고 있었다.

한 달 뒤, 베이징

어느 날, 사무실에서 일을 하던 주혁과 직원들은 아주 이상한 경험을 했다. 갑자기 건물이 흔들리면서 책상 위의 물건들이 우르르 바닥으로 떨어졌다. 어지러운 상황은 약 20분간 지속되었다. 모두 놀라서 밖으로 뛰어나갔다. 그 경험은 주혁과 동료들만의 것은 아니었다. 같은 건물에서 일하는 사람들도 모두 놀라서 밖으로 나온 것이었다. 모두 상황을 파악하고자 난리법석을 떨고 있는 상황에서 한 사람이 인터넷으로 확인하고는 외쳤다.

"쓰촨성에 엄청난 강도의 지진이 발생했대요!"

주혁이 올 초에 방문했던 청두는 다름 아닌 쓰촨성의 도시였다. 급히 천링에게 연락해 보니, 다행히 천링의 가족들은 피해가 없는 듯했다. 비록 지금은 헤어졌어도, 자신에게 마음을 표현해 준 천링과, 단지 하루지만 성대하게 환영해 준 가족들이 무사하다는 사실에 큰 걱정을 놓게 되었다.

하지만 TV로 본 쓰촨성 지진 현장은 참혹할 정도로 비참했다. 많은 사람들이 죽었고, 살아난 사람들도 고통 속에서 하루하루를 연명하고 있었다. 그리고 구호물자가 필요하다는 뉴스를 접했다.

"창고의 라면들을 보내자."

구호물자를 보냄으로써 회사 이미지를 조금이나마 개선해 보고자 하는 생각이 전혀 없지는 않았다. 하지만 당장 라면을 처리할 방법도, 판매할 방법도 없는 상황에서 구호물자가 필요한 곳으로 보내자는 생각에 미치기까지는 그리 오랜 시간이 걸리지 않았다.

그렇게 수천 개의 라면 상자들이 쓰촨성으로 배달되었다. 주혁과 메이가 군인들과 함께 직접 수송을 도왔다. 임시 거주 장소로 지정된 학교와 병원에서 라면을 직접 나눠 주었다. 사실 주혁은 라면을 배달

하고 바로 돌아가려 했다. 하지만 메이가 조금의 망설임 없이 라면을 직접 끓여서 사람들에게 배식하는 모습을 보고 차마 모른 척할 수는 없었다. 메이는 마치 자신의 아이를 돌보듯 열심히 라면을 끓여서 아이들에게 먹였다.

쓰촨성을 떠나기 전날 밤, 주혁은 임시 숙소로 마련된 작은 학교의 교실에서 자다가 화장실을 가기 위해 일어났다. 화장실로 가던 중, 메이가 감기에 걸려 누워 있는 아이를 정성껏 간호하는 모습을 보게 되었다. 춘지에 저녁식사 자리에서 치빠오가 너무 잘 어울리던 아름답던 메이는 부족한 잠과 피로에 많이 수척해 보였다.

그러고 보니, 메이는 늘 주혁의 옆에서 그를 도와주고 있었다. 중국 어를 하나도 못 하는 주혁을 위해 기꺼이 통역을 도와주고, 회사가 베이징으로 옮길 때 아무 조건 없이 함께 따라나선 그녀. 정말 수많은 위기와 희망 속에서 늘 함께 해준 메이. 그리고 늘 조언을 아끼지 않던 메이.

갑자기 메이가 너무 사랑스럽고 매력적인 여자라는 생각을 하게 되었다. 몇 년 동안이나 함께 일했지만, 메이가 이토록 아름답다는 생각을 해본 적은 없었다. 주혁은 이상하고 어색한 기분에 얼른 그 자리를 피하고 말았다.

주혁은 다음 날 베이징으로 다시 돌아왔지만, 메이는 자원해서 2주 간 쓰촨에 남아서 구호를 지원했다. 업무가 멈춰 버린 베이징보다 그곳이 메이를 더 필요로 한다고 판단한 주혁도 동의했다.

메이는 주로 매콤면을 끓이고 배식하는 일을 담당했다. 그런 메이의 모습이 어떤 기자를 통해 신문에 나게 되었다. 짤막한 인터뷰에서 메이는 자신이 조은식품의 직원이며, 구호물자를 직접 운송하고 남아서 자원 봉사를 하고 있다고 했다. 이 소식은 인터넷을 통해 급속히 퍼지면서 몇백 개의 댓글이 달렸다. 물론 조은식품의 자원봉사에 대한 칭찬과 격려가 대부분이었다.

한편으로 구호물자나 성금을 가장 많이, 그리고 빨리 낸 기업에 대한 순위가 매겨졌다. 남의 일에는 무관심하기로 유명한 중국인들이지만, 기업의 사회 환원을 보는 기준은 상당히 날카로웠다. 다행스럽게도 조은식품은 가장 빠르게 구호물자를 지원한 회사 리스트의 상위권에 한자리를 차지했다.

어떤 사람들은 마케팅이라면서 비난했지만, 이 사건은 엄청난 파급 효과가 있었다. 누가 언제 매콤면과 조은식품을 욕했냐는 듯이 인터넷에서는 조은식품에 대한 칭찬 일색이었다. 그리고 메이가 매콤면을 끓여 주는 모습이 찍힌 사진은 엄청난 광고 효과가 있었다. 마트들이 다시 연락을 해왔다. 그리고 다시 예전의 매출 수준으로 점차 회복해 나갔다.

스촨 지진 당시 구호 마케팅

CSR(Corporate Social Responsibility: 기업 사회적 책임)은 중국에서 가장 중요한 브랜드 구축 방법입니다. 기부문화가 발달하지 않은 사회이기에, CSR은 기업의 사회 환원의 측면보다는 마케팅의 한 수단으로 인식되는 경우가 많습니다.

2008년 5월 12일에 발생한 스촨성 지진 당시, 중국의 전통 음료를 현대식으로 개량한 〈왕라오지(王老吉)〉를 생산하는 지아뚜어바오(加多宝)라는 회사는 당시 유례 없던 런민비 1억 위안, 당시 환율로 한화 130억이라는 거액을 기부했습니다. 이

스촨지진 당시 기부하는 지아뚜어바오 그룹

지아뚜어바오의 기업 사회적 책임 CSR 관련 캠페인

는 엄청난 파급 효과를 일으켰습니다. 인터넷에서는 '중국인은 왕라오지만 마시자', '콜라를 마시지 말고, 왕라오지를 마시자'는 등의 댓글들이 넘쳐났습니다, 지아뚜어바오는 폭발적인 지지를 얻게 되었고. 결국 2008년도 '중국음료시장 소비자 만족도에서 1위를 차지했습니다.[18] (오랫동안 이어진 '제품명' 소송 끝에 패한 지아뚜어바오는, 2012년 이후에는 '왕라오지' 이름 대신 회사 이름과 같은 '지아뚜어바오'라는 이름으로 제품을 생산하고 있습니다.)

반면에 기부액이 많지 않던 몇몇 외국 기업에 대해서는 궈지티에공지(国际铁公鸡), 즉 인정 없고 파렴치한 기업으로 매도되어 비난을 받았습니다.[19] 인터넷을 통해 불매운동이 벌어졌을 뿐만 아니라 직접 매장에서 시위를 하고, 업무를 방해하는 등의 테러가 있었는데, 맥도날드나 KFC가 그 대상이 되었습니다.

제9장

길을 모를 땐 중국인에게 물어라

| 사례 연구 |
꽌시가 비즈니스를 망친다?
현지화 연구개발(R&D)에 대한 노력 부족
중국 사무소에는 중국인 직원이 없다?
중국인을 무시하는 한국 주재원을 보는 중국인 직원들의 생각

2010년 겨울, 베이징

2년 전 올림픽처럼 상하이의 엑스포는 중국 경제에 또 한번 스테로이드를 주입했다. 올림픽 이후, 지쳐갈 듯하던 중국의 내수 시장은 그 흡입력을 유지했다. 소비자들의 구매력은 아직 건재했고, 그 효과를 조은식품이 보고 있었다.

회사의 규모가 일 년 사이에 제법 커져 가고 있었다. 여기저기 부지런히 설치고 다니는 이신혜 차장 덕분인지, 아니면 자웨이의 노련한 영업 능력 덕분인지 점점 대형 마트 중심의 판매 채널이 자리를 잡아 가고, 대부분의 매출이 대형 마트에서 발생하는 상당히 안정적인 구조로 변해 가고 있었다. 어느 날, 샤오후가 대형 마트 중 가장 큰 하오티엔 마트를 방문하고 돌아와 주혁을 찾았다.

"자오종, 하오티엔 마트 구매부장이 저에게 돈이 아직 입금이 안 되었다고 하던데, 혹시 아는 것이 있나요?"

"아니요, 처음 들었는데요. 무슨 얘기죠?"

"저도 잘 모르겠어요. 그냥 저에게 라오반(老板—상사)에게 말하면 알 것이라 하던데요.'

순간, 주혁은 뭔가 이상한 낌새를 눈치챘다. 별도의 돈이 입금되는 것을 물어본다는 것은 이상했다. 특별한 판촉행사 외에 모든 비용은 라면 납품대금과 함께 정산되는 것이 관행이기 때문이다.

이제 꽤 여러 명의 부하 직원이 생긴 샤오후에게 상사라 하면, 자신과 자웨이, 둘뿐이다. 게다가 자웨이가 대형 마트 채널을 관리하고 있으니 자웨이가 당연히 샤오후의 상사라고 볼 수 있을 것이다. 생각이 꼬리에 꼬리를 물다 보니, 자웨이가 돈 입금을 해야 하는 속사정이 있을 것이라는 추측을 하게 되었다.

'결국 자웨이가 나 몰래 뒷거래를 해왔군.'

배신감이라기보다는 자책감이 들었다. 중국 사람들을 너무 믿고 있다며 늘 빈정거리던 이신혜 차장의 말이 떠올랐다. 너무 중국을 모른다는 말을 한 귀로 흘려 버렸는데. 이번에는 이신혜 차장이 옳았다는 생각이 들었다.

'내가 바보였어, 자웨이를 믿었다니. 같은 한국 사람들의 말을 더 들었어야 하는데…….'

급히 이신혜 차장을 찾았다.

"차장님, 제가 차장님의 도움이 필요합니다. 문제가 생겼어요"

이신혜 차장이 귀를 기울였다.

"실은 자웨이가 몰래 마트들에게 뒷돈을 주고 있는 듯합니다."

"뒷돈요? 누구랑요?"

이차장이 놀라서 물었다.

"하오티엔 마트 구매부장하고 뒷거래가 있는 듯해요."

"……."

주혁은 이 차장에게 사과했다.

"제가 이 차장님 말씀을 귀 기울여 듣지 않아서 생긴 일인 듯합니다. 너무 자웨이를 믿었나 봐요. 이번 일은 제가 나서서 정리하겠습니다. 아무래도 제가 직접 하오티엔 마트 사람들을 만나서 정리하고 본사에 알려야겠죠?"

"아뇨. 그렇게 하지 마세요."

"네?"

주혁은 놀라서 물었다.

이 차장이 잠시 망설이더니, 입을 열었다.

"그거, 제가 하고 있는 거예요. 자웨이하고는 아무 상관없어요."

충격적인 말이었다. 이 차장이 설치고 돌아다니던 마트 중에 물론 하오티엔 마트가 있었다. 그리고 샤오후보다는 윗 서열이었기 때문에 구매부장이 샤오후의 상사라고 충분히 생각할 만했다.

이신혜 차장은 당당하게 말을 이어 나갔다.

"리베이트는 관례이기 때문에 어쩔 수 없어요. 자웨이도 작은 회사에서만 일해 봐서 대형 마트와 어떻게 거래하는지 잘 모를 거예요. 중국은 리베이트, 꼭 필요합니다."

이신혜 차장은 오히려 자신에게 고마워해야 한다는 표정으로 말했다.

"팀장님이 중국 경험이 없어서 걱정되는 건 이해해요. 하지만 지금 하오티엔 마트와의 계약은 우리 매출의 30% 가까이 되어 가고 있는 거 아시죠? 리베이트 없으면 그것도 없는 거예요. 제가 얼마나 어렵게 만든 '꽌시'인데, 오히려 저에게 감사하셔야 해요."

주혁은 고민을 했다. 당연히 뒷거래를 하는 것은 법적으로나 도덕적으로 문제가 있는 것이다. 한국이라면 절대 해서는 안 될 일이다. 하지만 중국에서는 모두 다 하는 일이라고 한다. 그렇다면 오히려 안 하는 것이 문제가 아닌가? 어쩌면 이 차장이 얘기하는 것이 옳은 방법일지도 모른다. 결국 중요한 것은 매출 목표를 달성하는 것 아닌가?

열두 번째 갈림길에 조주혁 팀장이 서 있습니다. 만약 당신이라면 어떻게 하시겠습니까?

관례라는 리베이트를 눈감고 넘어가겠습니까?

아니면, 매출에 손해를 보더라도 리베이트를 못 하게 하시겠습니까?

 선택 1 리베이트를 눈감아 주겠다고 한다면?

중국에서 큰 길을 건너는 가장 안전한 방법은?

① 신호등이 파란불일 때
② 신호등이 빨간불일 때
③ 사람들이 건널 때

알려진 답은 ③이다. 중국에서 법보다 더 우위에 있는 명제가 바로 '사람들이 모두 하는 건, 해도 된다'라고 알려져 있다. 주혁도 그렇게 하기로 했다. 만약 이신혜 차장이 경험을 통해, 리베이트가 꼭 필요한 것이고, 누구나 다 하는 것이라면, 잘난 척하면서 반대할 이유가 없었다.

주혁에게는 달성해야 하는 매출 목표가 있다. 절대 잊으면 안 된다. 모두 다 하는 것인데, 왜 자신만 문제가 되겠는가?

얼마 뒤, 베이징

일단 이 차장에게 맡겨두고 멀찌감치 물러나 있으면 큰 문제가 안 생길 것이라 판단했다. 예상대로 매출은 계속 올랐고, 하오티엔 마트를 통해 매출 비중은 삼십 프로에서 사십 프로, 결국 얼마 뒤에는 절반으로 올랐다. 이것이 바로 '꽌시의 전형적인 성공 사례'라면서 오히려 주혁이 자랑을 하고 다녔다.

그후 하오티엔 마트는 영국계 리테일 회사의 투자를 받기로 결정했다. 점점 치열해지는 시장에서 투자도 받고 선진 경영 전략도 배울 수 있는 성공적인 투자 유치라고 일컬어졌다. 하오티엔 마트는 선진기업의 프로세스를 배우고 더 많이 그리고 더 빨리 성장해 갔고, 그와 더불어 매콤면의 판매는 기하급수적으로 늘어갔다. 조은식품도 환영할 수밖에 없는 이유였다.

그러던 어느 날, 날벼락이 떨어졌다. 영국 본사에서 파견된 감사팀에서 이 리베이트 커넥션이 밝혀진 것이다. 영국 본사는 이를 가지고 중국 파트너사와의 정치 싸움의 도구로 사용하기 위해, 인터넷에 리베이트를 주고 받은 회사 이름을 공개했고, 조은식품의 이름도 덩달아 치욕스런 '비리 납품 명단'에 포함되었다.

중국 공상국에서 조사를 시작했고, 매출은 곤두박질쳤다. 이미 그때는 매출의 문제가 아니었다. 공안과 요청을 받은 영사관에서의 조사. 이제는 본사의 문제로 커진 상황이었다.

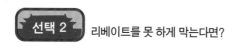
선택 2 리베이트를 못 하게 막는다면?

얼마 뒤, 베이징

"절대 찬성할 수 없습니다. 당장 그만두세요."

주혁은 다음 날 이 차장을 불러서 말했다.

"정말 이렇게 답답하게 구실 겁니까? 이거 없으면 매출도 없어요! 중국을 모르시면, 아는 사람에게 좀 배우세요."

"관행이라는 이름으로 위법을 정당화하려고 하시는군요. 그렇게 중국을 잘 아시는 분이니, 어디 가도 혼자 잘 살아남으시리라 믿습니다."

"네? 무슨 말이에요?"

"내일부터 사무실에 안 나오셔도 될 것 같습니다. 이만 나가 주세요."

"나를 해고한다고? 당신이 중국에 대해 뭘 안다고, 이 회사 문 닫고 싶어요?"

"중국 친구 좀 많고, 중국어 좀 잘한다고 성공한다면, 결국 중국에서 오래 산 순서대로 성공하겠네요. 하지만 현실은 누가 더 시장을 이해하고, 변화를 파악하고, 민첩하게 움직이냐죠. 지금 때가 어느 때인데 뒷돈에 꽌시만 믿고 사업을 하십니까?"

그렇게 이 차장을 내보냈다. 그리고 리베이트를 중단했다. 하지만 이신혜 차장의 예상대로 하오티엔 마트는 더 이상 발주하지 않았고,

매장 내에서도 매콤면 특별 판매대를 치워 버렸다. 매출의 삼십 프로가 순식간에 사라졌다. 별 방법이 없었다. 다른 새로운 마트를 찾고, 기존의 마트에서의 매출을 늘리는 전쟁 같은 하루하루를 보내면서 손해를 메꾸어 가는 수밖에 없었다.

그러던 어느 날, 중국 정부는 비리의 근절을 중요한 국정 운영의 방향으로 언급을 했다. 이에 따라 온갖 비리에 대해 사람들과 언론들이 나서서 고발을 하기 시작했다.

한 지역방송국에서 외국계 마트의 관행으로 여겨지던 리베이트에 대해 고발하는 프로그램을 방송했다. 예전에 발생했던 멜라민 분유파동이 모두 납품 비리에서 시작되었다는 인식이 만연했기 때문이었다. 그 방송의 여파로 공안의 수사가 시작되었고, 그 마트는 엄청난 과징금은 물론 중국인들의 비난을 받아서 매출이 폭락했다.

후폭풍은 다른 마트들에게도 전달되었다. 모든 마트들이 공안의 조사를 받거나, 그 전에 자체 감사를 벌여서 모든 리베이트 관행을 없애려 노력했다. 하오티엔 마트의 구매부장은 결국 회사에서 해고당했다.

"그동안 매콤면을 찾는 고객들에게 미안하더군요. 다시 함께 성공할 수 있는 방안을 찾아 보시죠."

다행히 하오티엔 마트의 새로운 구매부장은 원점에서 다시 검토를 시작했고, 다시 예전 수준의 발주를 내기 시작했다.

꽌시가 비즈니스를 망친다?

중국에서는 '꽌시'를 만들고 '뒷돈'을 주고받는 것이 마치 당연한 것처럼 생각하는 사람들이 있습니다. 특히 중국에서 오랜 기간 비즈니스를 한 사람들일수록, '뒷돈'을 마치 모든 문제를 해결하는 열쇠로 착각하고, '누구누구와 꽌시가 있다'를 자랑스럽게 말하죠. 하지만 이제는 그 '뒷돈'이 오히려 비즈니스를 망치는 결과를 낳고 있습니다. 월마트와 지멘스에 이어 많은 기업들이 호되게 그 대가를 치르고 있죠.

2014년 5월, 중국 정부는 부정부패를 저지른 40명의 기업인 및 공무원의 신상과 그 혐의들을 공개했습니다. 2013년 중국을 떠들썩하게 했던, 다국적 제약회사 글락소스미스클라인(GSK)의 임원들이 더 비싼 가격에 더 많은 약품을 팔기 위해 여행사를 끼고 공무원이나 병원, 의사들에게 뇌물을 제공한 사례도 포함되었죠.

2015년, 중국의 경제정책 방향이 정해지는 양회(两会 – 전국인민대표대회, 전국인민정치협상회의)에서도 키워드는 부정부패였습니다. 3년 전 새정부 출범 이후, 변함이 없습니다. 처음에는 말뿐이려니 하고 생각했던 중국인들도, 지난 정부의 최고 권력자들이 하나둘씩 사정의 칼날을 피하지 못하는 것을 본 후로는 생각이 바뀌었죠. 지금까지 중국 비즈니스를 '뒷돈'과 '꽌시'가 전부인 양 생각했던 외국계 기업들은 그 변화를 하루속히 인지해야 합니다.

2011년 3월, 베이징

더 이상 참기 힘든 상황에 이르렀다. 메이가 마음 한가운데에서 자리 잡은 지 일 년이 다 되어 가는 상황이었지만, 주혁은 지금껏 그 감정을 이성으로 누르고 있었다. 문화 차이를 극복하고 결혼할 자신이 없었기 때문이었다.

천링과의 이별 후, 마음속으로 다짐했다. 중국 여성과는 교제하지 않겠다고. 문화 차이는 생각 차이를 낳고, 생각 차이는 상대방에 대한 오해를 낳는다. 상대방이 잘못한 것이 없는데, 다른 문화 속에서 만들어진 가치관 때문에 그를 오해하면서 미워하는 것은 어리석은 짓이다. 천링이 잘못한 것은 없다. 자라온 문화가 다른 것이라 함께하기 힘들었을 뿐이다.

하지만 자신의 감정 괄약근의 힘이 현저히 떨어졌다는 느낌이 들었다. 메이가 야근하는 날에는 퇴근을 할 수가 없었다. 주말에는 메이를 볼 수 있는 월요일을 기다렸다. 그리고 회의 때, 메이와 한 번씩 눈이 마주칠 때면 심장이 멎는 듯했다. 좋아하는 사람과 함께 일하는 것이 이렇게 힘들다는 것을 몰랐다. 그리고 메이에 대한 감정이 이성으로는 조절이 안 되는 것을 인정해야 했다.

어느 날, 한국에 계신 어머니에게서 전화가 왔다. 중국으로 떠난 지 몇 년이 지났지만, 타국에서 홀로 지내는 아들의 결혼 문제는 어머니의 가장 큰 걱정거리다. 당장 들어와서 선을 보고 결혼하라는 말씀은 통화하실 때마다 나오는 레퍼토리였다. 혹시 중국 여자를 마음에 두고 있다면 어떻게 생각하실까. 사실 걱정하는 어머니에게 좋아하는 여자가 있다고 말씀드리면서, 안심시켜드리고 싶은 생각이 들었다. 망설임 끝에 그 말을 꺼내려던 참이었다.

"아들. 그런데 말야. 아무리 결혼이 급해도 중국 여자를 만나는 거 난 반대다. 얼마 전 한국 외교관들이 중국 여자 한 명에게 홀려서 나라 망신시킨 거 알지? 듣기로는 중국 여자들이 요물이랜다. 남자들 고생만 시키면서 돈만 밝힌다고 하던데……. 물론 그럴 리는 없겠지만, 여튼 중국 여자는 꿈도 꾸지 마라."

할 말이 없었다. 다시 마음을 접는 수밖에. 짝사랑이라는 감정에 젖어 시간을 보내기에는 일에서 받는 부담도 만만치 않았다.

이제 막 2011년이 시작되긴 했지만, 목표로 잡은 올해 말까지 200억 규모의 매출을 만들어내는 것은 한계가 있는 듯이 보였다. 라면의 시장은 커 가고 있지만, 매콤면의 성장이 비례하지 않았다.

물론 매콤면의 원가 절감을 위해 합자회사를 설립하고 생산을 중국에서 시작한 것은 적절한 대응이었다. 이로 인해 가격 경쟁력을 확보했다. 그동안 인터넷 광고와 매장내 판촉만으로도 매출을 올렸었다.

하지만 한계가 있었다. 매콤면의 맛은 한국 사람들을 위한 것이었다. 물론 웨이홍과의 합자로 맛의 변화를 조금씩 준 것은 사실이다. 스프에 중국 사람들이 좋아하지만, 한국에는 없는 마라(麻辣:입이 얼얼하게 매운 맛) 맛을 추가하고, 건더기 스프에 샹차이(香菜:고수풀)를 첨가했다. 하지만 거기까지였다. 매출은 오르지만, 그 성장 속도는 떨어지고 있었다. 내년, 내후년, 그리고 그 이후에 끊임없이 두 배 성장을 하기 위해서는 다른 뭔가가 필요했다.

조금 더 중국 사람들이 원하는 제품이 필요하다는 것을 절감했다. 본격적으로 연구개발이 필요하다는 생각을 하기에 이르렀다. 웨이홍과의 기술연구는 있었지만, 그저 맛을 조금씩 연구할 뿐이었다. 어쩌면 맛을 조금씩 바꾸는 것만으로는 부족한 시점이었다.

"오늘 우리 집에 오세요. 부모님이 오셨어요. 같이 식사해요."

메이가 출근하자마자 주혁에게 달려왔다. 메이의 부모님이 주말을 딸과 함께 보내기 위해 베이징로 오셨다는 것이다. 주혁은 얼굴이 빨개졌다. 왜인지는 모르겠지만, 가는 것이 편하지 않았다. 지난번 함께 뵈었을 때는 그저 반갑고 좋았는데 지금은 왠지 마음이 무겁다. 마치 결혼 허락을 받으러 가는 것처럼 부담스럽다.

천링의 부모님과 친척들이 생각났다. 그 힘들었던 자리가 떠올랐다. 하지만 메이랑 자신은 지금 사귀는 사이도 아니고, 심지어 메이는 주혁의 마음도 모른다.

"아빠가 주혁을 위해 위토우를 하신대요. 좋아하잖아요?"

위토우. 얘기만 들어도 군침이 돌았다. 상하이에서 메이 가족과 함께 위토우를 먹은 이후 베이징에서 위토우를 먹으러 몇 군데 다녀봤지만, 메이 아버지의 솜씨를 따라오지 못한다고 주혁은 생각하고 있던 터였다.

그날 저녁, 메이의 집

그날 저녁, 오랜만에 메이의 부모님과 한자리에 앉았다. 예상대로 식탁에는 수저 놓을 자리도 없을 정도로 많은 음식들이 올려져 있었다. 그리고 예상대로 메이 부모님의 반가운 인사와 따뜻한 미소가 있었다. 주혁이 떠듬떠듬 하게 된 중국어가 기특한지 부모님은 연신 칭찬을 했다.

대학에서 영어를 전공한 주혁에게는 유창한 외국어를 해야만 외국인과 대화가 될 것이라고 생각했던 때가 있었다. 그래서 오직 중국어를 전공하거나 공부한 사람만이 중국에서 비즈니스를 잘할 수 있다고 생각했었다. 하지만 중국에 와서 중국 사람들과 부딪치면서 일을 해 본 결과, 대화는 언어 외에 문화적 이해, 표정, 제스처 그리고 무엇보다 대화를 하려는 의지가 있어야 가능하다는 것을 알게 되었다. 문화적 이해와 의지가 없는 대화는 언어의 교환일 뿐, 마음이 전달되는 대화가 되지 못한다. 비즈니스에서 중요한 것은 내 마음이 진실이라는 것을 상대방에게 전달해야 한다. 언어만 가지고 안 되는 이유다.

또 한 가지 중국어를 중국에서 공부하면서 느낀 흥미로운 점이 있었다. 중국어를 공부함에 있어, 중국어와 영어 사이에 다른 것이 있었다. 미국이나 영국 사람들에 비해 중국 사람들은 중국어를 못 하는 외국 사람에 대한 관용과 이해가 있었다. 어설픈 중국어, 단어만 던져대는 엉터리 중국어도 그들은 들어 주려 노력하고, 배우려는 의지를 높이 사고 칭찬해 주는 것이다. 메이의 부모님도 그런 주혁을 기특하게 생각하고 감사해했다.

메이의 부모님께 잘 보이고 싶었다. 엉터리였지만, 그동안 배워 온 중국어로 대화를 시도했다.

"빠바, 닌쭈오더차이도우헌하오츠(爸爸, 您做的菜都很好吃: 아버지의 요리가 모두 정말 맛있습니다)."

메이와 부모님은 모두 배꼽을 잡고 웃었다. 주혁이 한국에서 하던 대로 친구 아버지를 '슈슈(叔叔 : 아저씨)'라 부르지 않고, '아버지'라고 부른 것이 중국 사람들이 듣기에는 황당했지만, 재미있었던 것이다. 웃으면서 아버지가 한마디 했다.

"팅하오더. 나니먼랴지오지에훈바?(挺好的.那你们俩就结婚吧 : 좋지, 그 럼 너희 둘이 결혼하는 건 어때?)"

순간 메이는 얼굴이 시뻘개져서 아무 말도 못 하고, 주혁은 그런 메 이를 바라봤다. 메이의 마음이 어떤지 궁금했다. 그리고 속으로 그런 일이 꼭 일어나기를 바랬다.

어색함을 극복하려고, 메이가 아버지에게 물었다.

"아빠, 면 사오셨어요?"

"그럼, 시장 가서 뽑아 왔지."

메이 아버지는 주방에서 비닐봉지에 담긴 면을 국물이 자박자박하 게 담긴 위토우 접시에 부었다. 위토우 요리가 완성되는 순간이었다. 짭짜름한 위토우 국물에 적셔 먹는 밀가루면. 기가 막히게 맛있었다.

갑자기 뭔가가 생각난 듯이 주혁이 왕메이에게 물었다.

"면발이 아주 쫄깃한데요. 중국 사람들은 이런 면을 주로 어디서 사 먹어요? 반건조된 면은 봤어도, 생면은 마트에서도 못 본 거 같은데."

"주로 시장에서 면을 뽑는 곳이 있어요. 이런 생면들은 그런 데 아 니면 사기 힘들죠."

"중국 음식에 면은 아주 많이 들어가는데, 시장에서밖에 안 판다는 건가요?"

234

이거다. 갑자기 아이디어가 떠올랐다. 라면을 만드는 조은식품은 '면'에는 둘째가라면 서러울 정도로 전문 면 제조회사다. 더구나 '생면'은 한국에서 이미 오래전에 '탱탱' 시리즈를 히트시킨 경험도 있었다. 생면제조에 대해서는 노하우를 이미 많이 보유하고 있었던 것이다. 중국에 면 수요가 엄청난데도 아직까지 편리한 '포장생면'이 없다는 것은 조은식품에겐 대박 찬스인 게 분명했다.

주혁은 면을 자기 앞접시에 옮겨 담으면서 말했다.

"이걸 한번 우리가 만들어 보면 어떨까요?"

현지화 연구개발(R&D)에 대한 노력 부족

실패사례 인터뷰 **익명, 한국인 (한국 P사 중국법인 근무)**

상품 기획 당시에 시장 조사는 열댓 명 내외의 현지 사람들을 모아 시식하는 설문조사가 전부였습니다. 좌담회라고 불리는 이 방식은 한국에서 잘 팔리던 상품을 가지고 중국 사람들의 입맛에 맞는가를 테스트하는 목적이었는데, 결국 상하이에 살고 있는 열댓 명의 중국인의 선호도를 통해, 중국 전역의 상품 출시를 고려했습니다. 중국 23개 성, 4개 직할시, 그리고 5개의 자치구에 사는 13억 인구의 입맛을 사로잡으려 하는 제품의 맛을 과연 한 도시의 열댓 명으로 결정한다는 것이 의아했지만, 예산 부족과 현지기술개발 여건의 한계가 그 이유였습니다.

성공사례 인터뷰 **문상준 법인장 (중국 SPC 파리바게트)**

SPC는 중국에 진출하면서부터 현지인들의 기호, 선호도를 고려한 제품 개발에 전력을 다했습니다. 중국인이 선호하는 원재료와 요리 방법 등에 끊임없이 관심을 가지고, 중국 사업부에서는 8:2법칙을 따르면서 새로운 제품을 개발하고 있습니다. 80%는 파리바게뜨가 갖고 있는 고유의 경쟁력 있는 제품을 매달 선보이지만 20%는 현지 고객들이 선호하는 신제품들을 출시하는 것이죠. 말린 고기를 여러 가지 양념과 버무린 육송빵의 탄생이 그렇고, 원두커피보다는 설탕과 크림이 잘 혼합된 믹스 커피를 선호하는 고객층을 위한 파리바게뜨 스위트 커피가 대표적인 현지화 제품입니다. 이를 위해 국내 매장에서 근무 경험이 있는 본사 인력과 중국 현지 사정과 문화에 정통한 현지 인력의 조화된 인력 운영이 파리바게뜨의 현지화에 큰 도움이 되었습니다.

성공사례 **P&G의 현지화 연구**[20]

현지화된 제품에 대한 개발을 논하면서 P&G를 빼놓을 수 없습니다. P&G는 사업 초기부터 광저우에 현지 R&D센터를 세웠고, 중국 시장에 맞는 제품 개발에 정성을 쏟았습니다. 그리고 고객 수요 파악을 위한 조사 기법이 일반화되지 않았던 시기부터 광범위한 시장 조사를 실시했습니다. 그 이유는 철저히 고객 관점으로 제품을 출시해야 성공할 수 있다는 믿음 때문이죠.

예를 들어, Olay를 출시하기 전에 중국 소비자들이 피부 보습보다 미백을 우선한다는 점을 파악하고 미국 본사에 미백 성능을 추가하라고 요청했습니다. 미국 관리자들이 이에 회의적이었지만, 설득을 통해 미백 제품을 출시하여 매출액과 수익률을 높일 수 있었습니다.

2011년 4월, 베이징

메이 부모님과의 식사 이후, 주혁은 냉장 포장 생면을 출시하기로 했다. 포장된 반생면은 이미 시중에 유통이 되고 있었지만, 생면은 오직 재래식 시장에서나 구할 수 있다는 것에 착안한 것이다. 중국 사람들이 수많은 음식에 넣어서 먹는 생면. 우리나라의 쌀처럼 각종 요리에 면이 들어가서 주식으로의 역할을 하고 있었다. 특히 북쪽 지방에서는 이 면을 넣어서 먹는 요리가 절대적으로 인기가 있었다. 이것이 라면 정말 우리의 맛으로 중국 사람들을 설득하는 것이 아니라, 중국 사람들의 기호를 찾아서 제공하는 격이 된다. 본격적으로 현지화된 제품으로 승부를 해본다는 생각이 주혁을 흥분시켰다.

문제는 유통기한을 최대한 늘릴 수 있는 기술이었다. 냉장보관을 한다 하더라도 한 달 남짓의 유통기한을 어떻게 늘릴 것인가. 중국 전역에 유통을 시키기 위해서는 한국보다 더 오랜 유통기한이 필요했다. 웨이훙도 냉장 생면을 연구해 본 경험이 없었기 때문에 새로운 전문가가 필요했다.

결국 한국 본사에서 연구개발 팀장을 데려오기로 했다. 그래서 파견된 사람이 안도영 부장이었다. 조은식품에서 '탱탱한 짬뽕면'을 만들었던 경험을 통해, 진공포장과 유통기한에 관해 모르는 것이 없는 전문가였다. 다행히도 그가 흔쾌히 중국에 와서 몇 달을 일하자는 제의를 받아들였다.

전문가답게 그의 지식과 경험은 엄청난 도움이 될 것으로 보였다. 하지만 문제는 안도영 부장의 업무 스타일이었다. 한국에서도 성실하기로 소문난 사람답게 모든 것이 FM대로였다. 그렇기 때문에 중국 직원들하고 늘 충돌이 있었다. 중국의 느슨한 조직문화가 맘에 들지 않았던 것이다. 그가 총괄하는 R&D팀에는 베이징의 최고 학부의 식품과를 졸업한 두 명의 직원들이 입사했는데, 이들과 늘 사이가 좋지 않았다.

영어를 너무 못한다, 늘 지각을 한다, 야근을 자발적으로 하지 않는다, 모르는 게 많다, 게으르다. 안도영 부장은 늘 입을 열면, 두 직원들에 대한 불만을 토해내었다. 군기가 중요한 조은식품의 본사 연구소에서 길들여진 상하서열 문화가 편한 안 부장에게, 중국식 자유주의로 무장한 빠링호우(八零后, 80년대 이후 출생한 신세대를 일컫는 말)는 같이 일할 수 없는 존재들이었다.

"조 팀장, 그 두 녀석들은 어떻게 정리도 안 하고 칼같이 퇴근할 수 있지? 어제는 내가 연구설비 정리 좀 하라니까, 청소하는 아주머니들이 있는데, 왜 자기들이 하냐는 거야. 내가 성질 죽이느라 혼났다니까."

안 부장도 자신이 조금 고리타분하다는 것을 모르는 것은 아니었다.

"솔직히 중국 회사 문화에 적응이 안 되는 것 같아. 조 팀장, 정말 당신이 내가 끝까지 있기를 바란다면, 한국에서 두 명을 새로 데리고 오게 해줘. 나 한국 사람들하고 일해야 해. 중국 사람들하고는 도저히 일을 할 수가 없어."

결국 안 부장은 한국 사람이 아니면 일을 안 하겠다고 으름장을 놓았다.

"부장님, 중국에 오셨으니, 중국 사람들과 일을 하시는 것도 배우셔야죠. 막무가내로 한국 사람하고만 일을 하시겠다면 어떡합니까?"

"조 팀장, 나는 연구소에서 일하는 사람이야. 내가 중국말을 모르면 어떻고, 내가 중국 문화를 모르면 어때? 정해진 시간 내에 생면만 만들어 내면 되는 거 아냐? 나는 그것만 하고 서울로 돌아가고 싶으니까, 내가 해달라는 대로 해줘. 그게 서로를 위해 편한 거야. 난 말이 통하고, 손발이 척척 맞는 사람들하고 일해야겠어."

사실 안 부장의 요구가 그리 무리한 것은 아니었다. 그리고 어느 정도 이해할 만한 것이었다. 연구소에 있는 전문가는 고객과 얘기를 해야 하는 영업도, 시장을 이해해야 하는 마케팅도 아니다. 굳이 말도 잘 안 통하는 중국 사람들과 섞어 놓아 봤자, 좋은 점이 딱히 떠오르지도 않았다. 게다가 연구라는 것이 편한 환경에서 해야 하는 것 아닌가라는 생각도 들었다.

조 팀장은 결국 심각하게 고민을 하기 시작했다. 과연, 안 부장 말대로 비용을 들여가며 한국에 있는 연구원들을 더 데리고 와서 일을 빨리 끝낼 것인가. 아니면 시간이 걸리더라도 끝까지 중국 사람들과 일하도록 설득할 것인가.

선택의 갈림길

열세 번째 갈림길에 조주혁 팀장이 서 있습니다. 만약 당신이라면 어떻게 하시겠습니까?

한국에서 연구원들을 데리고 오시겠습니까?

아니면, 중국 직원들과 계속 연구하도록 하시겠습니까?

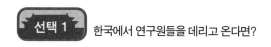

2011년 여름, 베이징

한국에서 온 두 명의 연구원들과 안 부장은 정말로 손발이 척척 맞는 듯했다. 늘 함께 출근하고 함께 점심을 먹고, 함께 퇴근하고 함께 주말을 보냈다. 그에 따라 연구의 진척도 빨라지는 듯 보였다. 주혁은 연구 결과에 대해서 걱정이 되면서도, 그 과정에 대해서는 불만을 가질 수는 없었다.

오랜 기다림 끝에 세 명의 연구원들과 주혁이 회의실에 마주 앉았다.

"조 팀장. 좋은 소식과 안 좋은 소식이 있는데. 어떤 것부터 들어볼 텐가."

두근거리는 마음으로 주혁이 말했다.

"좋은 소식 먼저 듣고 싶습니다."

"좋은 소식은, 바로 생면을 곧 생산 가능할 수 있게 되었네."

박수 치며 환호하는 주혁에게 안 부장은 조심스럽게 입을 열었다.

"나쁜 소식은 말이지…… 아무래도 밀가루는 한국에서 들여와야 할 듯해."

"왜죠?"

"그게 말이지, 우리가 샘플 몇 개 가지고 실험해 봤는데, 도저히 원하는 품질이 안 나와. 중국산은 역시 안 되겠어."

"부장님, 생면은 저렴한 가격이 포인트인 거 아시죠? 우리의 포장

생면은, 중국 돈 5위안(한국 돈 800원)도 안 하는 재래시장 면하고의 경쟁입니다. 밀가루까지 수입해서 만들면 절대 가격 경쟁력이 없다는 것 아시잖아요."

"그렇긴 한데…… 어쩔 수 없잖는가?"

"도대체 몇 종을 실험해 보셨는데요?"

"그게……."

사실을 알아 보니, 결국 안 부장은 중국 직원들이 회사를 떠나기 전에 뽑아 놓은 몇 개 샘플만을 가지고 작업을 한 것이다. 중국을 모르는 연구원 세 명이 할 수 있는 것은 그저 연구실에 있는 샘플만을 가지고 밤낮을 연구하는 것이었다. 누구에게 어떻게 알아보고 어떻게 샘플을 구할지를 전혀 모르는 상황에서 그들은 대학을 갓 졸업한 신입사원보다 할 수 있는 일이 적을 수밖에 없었다.

게다가 두 명의 한국 직원들은 가정을 핑계로 모두 한국으로 돌아가겠다고 했다. 현지의 운영을 단기 출장자들의 손에 맡기는 것만큼 위험한 것도 없다. 결국은 누군가 끝까지 책임을 지고 일을 차질 없게 운영하면서 끊임없이 새로운 직원들을 교육시켜야 한다. 정년까지 중국에 있지 않을 거라면 현지인이 그 일을 언젠가는 맡아야 한다.

한국에서 아무리 유능하고 뛰어난 사람도 중국에서 할 수 없는 일이 분명히 있다. 그런 부분은 확실히 중국 사람이 아니면 할 수 없는 일인 것이다. 언뜻 시간이 더 걸리고, 어설퍼 보여도 그것만이 가장 확실하게 중국에서 성공할 수 있는 길인 것이다.

결국 중국 연구원들을 다시 뽑느라고 시간을 보내고, 3개월 뒤에야 다시 정상적으로 연구가 진행될 수 있었다.

중국 사무소에는 중국인 직원이 없다?

실패사례 인터뷰 **익명, 중국인 (한국 P사 근무)**

한국말을 하는 직원(주재원, 현지 채용 한국인, 그리고 조선족 교포)과 한국말을 못하는 중국인들은 80대 20의 비율입니다. 즉, 한국어 가능자가 전체의 80%에 이릅니다. 사무직만 모여 있다고는 하지만, 다른 외국계 회사에 비해 중국 현지 직원의 수가 상당히 적은 편입니다. 따라서 한국어를 못하는 직원들은 그저 한국인들을 지원하는 일을 하고 있을 뿐입니다.

한국 회사를 8년간 다니면서 회사 내에서 크게 성공을 하겠다는 또는 인정을 받겠다는 생각을 해본 적이 없습니다. 업무의 강도가 세지 않고, 월급이 괜찮은 편이라서 별 불만 없이 다니고 있습니다.

만약 회사에서 능력을 인정받으며, 남보다 먼저 승진하고 더 중요한 직책을 맡고 싶다면 한국 회사는 피하라고 충고하고 싶습니다. 늘 함께 일하는 한국의 주재원들과 서울 본사의 직원들은 우선 우리와 직급 체계가 다르고, 처우가 완전히 다르기 때문입니다. 그들과 동등하게 일한다고 생각해 본 적은 한 번도 없습니다. 중요한 결정에서 중국인들은 늘 제외되어 있습니다. 본사에서 과장이 중국 근무를 하게 되면 차장으로, 차장이 주재원으로 나올 때는 부장으로 한 직급씩 올려서 중국 직원들보다 서열상 위에서 군림하게 하는 식의 직급체계는 유치하지만 공공연하게 이뤄지고 있는 것으로 알고 있습니다.

그날 오후, 사무실 근처 대형 마트

안 부장을 설득하기 위해, 주혁은 안부장과 사무실을 나와 근처 카르푸 마트로 갔다. 성큼성큼 걸어 들어가는 주혁을 따라, 안 부장은 쫓아 들어갔다. 그들은 이곳저곳을 둘러보기 시작했다.

처음 와보는 중국의 대형 마트는 믿기 힘든 장면들이 펼쳐지는 황당한 곳이었다. 식품 코너에서는 위생 분명 문제가 있어 보이는 과일설탕꼬치나 밀전병 같은 밀가루 반죽 말이를 만들어서 팔고 있었다. 그리고 사람들은 줄을 서지 않고 너 나 할 것 없이 돈을 쥔 손을 내밀면서 무질서하게 그 불량식품들을 사먹고 있었다. 우리나라였으면 잡상인이나 불량식품 장사치로 취급당해 쫓겨났을 듯한 사람들이 정식 코너로 버젓이 마트에 입점해 있는 것이다.

냉장식품의 육류 및 생선 코너는 더욱 충격이었다. 모든 사람들이 모여서 고기를 맨손으로 만져 보고 사고 있었다. 닭고기나 돼지고기를 손으로 꾸욱 눌러서 마치 고무공의 탄력 검사를 하는 것마냥 만져 보며 비닐봉지에 담고 있었다.

가구 코너로 가니 더 재미있는 장면이 펼쳐졌다. 진열되어 있는 침대와 의자에는 사람들이 누워서 잠을 자거나 담소를 즐기고 있었다. 심지어 싸온 음식을 판매를 위해 진열해 놓은 식탁 위에 올려놓고 먹고 있는 모습도 보였다.

가구매장에서 잠을 자는 등 휴식을 취하고 있는 쇼핑객들

　그리고 그 어디에도 조용한 곳은 없었다. 시끄러운 음악이 쿵쾅쿵쾅 흘러나왔고, 물건을 파는 사람들이나 사려는 사람들이나 모두 소리를 지르며 사고 팔고 대화하고 있었다. 정신이 없는 마트의 모습에 질려 버린 안 부장이 주혁의 팔을 끌고 밖으로 나왔다. 그리고 길거리의 벤치에 앉았다. 마치 저승을 구경하고 온 사람마냥 안 부장은 상기되어 있었다.

　"세상에, 정말 황당하네. 어떻게 파는 날고기를 맨손으로 만져서 고르는 거지? 그리고 무슨 불량식품 같은 음식을 매장 내에서 만들어 팔 생각을 했을까? 그리고 이렇게 시끄러워서 쇼핑을 할 수 있나? 우리나라에서는 말도 안 되는 일인데."

　"네, 맞습니다. 부장님. 우리나라에서는 말도 안 되는 이야기죠?"

　"당연하지. 절대 이런 곳에서 한국 사람들이 쇼핑을 할 수가 없지."

　주혁이 기다렸다는 듯이 안 부장에게 설득의 말을 하기 시작했다.

"대부분의 한국 사람들이 중국은 한국과 같을 것이라 생각합니다. 같은 한자 문화권인 데다가 생김새도 그 어느 나라보다 비슷하기 때문이겠죠. 하지만 바로 그것 때문에 많은 한국 기업들이 실패해서 돌아가고 있습니다. 중국 사람들을 더 알아보려 하지 않고, 문화나 습성이 한국 사람들과 기본적으로 같지만, 조금 덜 선진화된 사람들로 취급해 버리기 때문이죠. 즉, 중국의 방식은 '다르다'라고 인식하는 게 아니라, '틀리다'라고 생각해 버리거든요."

잠시 말을 멈춘 주혁이 다시 말을 이어 갔다.

"한국에는 우리가 쌓아 놓은 지식과 경험이 있습니다. 한국 사람들이 지식과 경험을 통해서 얻은 옳고 그름에 대한 기준이 한국의 기업 문화에 적용되는 것은 당연합니다. 하지만 그 옳고 그름을 자꾸 중국의 기업 문화에 적용하려고 하는 것이 문제입니다."

안도영 부장이 뭔가를 알아차린 듯 침묵을 하고 있었다.

"칼퇴근을 하는 것도, 덜 일하고 더 요구하는 것도, 모두 여기의 문화이고, 인정하고 받아들여야 하는 것이지요. 비교는 중국 사람과 중국 사람을 두고 해야죠. 중국 사람을 한국 사람과 비교하는 것은 의미 없지요."

주혁은 벤치에서 일어나면서 말했다.

"중국에서 성공하려면, 중국 사람들과 함께 일해야 합니다. 한국 사람들끼리 중국에서 성공하는 경우는 단언컨데 없습니다."

안 부장은 조금 언짢은 듯이 보였다. 한국의 기업문화로 보면 경력도 짧은 주혁이 한참 선배인 부장에게 가르치려 하는 것이 당연히 기분 나빴을 것이다. 하지만 중국에서는 이 서열 문화부터 포기해야 한다는 것이 주혁의 생각이었다.

다음 날 아침, 안도영 부장이 주혁에게 다가왔다. 한국으로 돌아가 겠다고 말하면 어떻게 하나 고민하고 있던 주혁은 조금 긴장되었다.

"조 팀장, 어제 생각을 많이 해봤는데, 이제 와서 바꾸는 것도 그렇 고…… 그 친구들이랑 잘해 볼게. 일단 통역할 수 있을 만한 사람 한 명 붙여 줘. 나도 영어가 편하지 않고, 중국어는 아예 할 줄도 모르니 까 말야."

2011년 가을, 베이징 외곽 쑨의 생면 공장

안 부장과 주혁은 생면을 생산하는 공장 라인에서 박스에 포장되고 있는 첫 번째 생면을 흐뭇하게 바라보고 있었다.

"부장님, 정말 수고 많으셨습니다. 드디어 생면이 나왔네요. 기분 이 어떠십니까?"

"뭐, 100% 만족한다면 거짓말이겠지만, 기분은 아주 좋아. 조 팀 장 말대로 중국 사람들하고 일하는 것을 포기했다면, 절대 가능한 일 은 아니었을 거야. 고마워."

중국인을 무시하는 한국 주재원을 보는 중국인 직원들의 생각

중국인 인터뷰 **익명, 중국인 (한국 S기업 8년 근무)**
중국 직원들로부터 존경을 받는 한국 주재원들은 흔치 않습니다. 그 이유 중의 하나로 중국 직원들에 대한 무시를 꼽을 수 있습니다. 중국 직원들의 일하는 방식, 즉 중국에서의 업무 방식을 한국과 다르다는 이유로 무시합니다. 말끝마다 '한국에서는 더 열심히 그리고 잘한다'라며, 중국 직원들의 업무 능력을 무시합니다. 이런 말들을 중국인들 앞에서 함으로써 모욕을 주는 경우도 있습니다.

S기업의 어떤 부장은 세 명의 중국 부하직원에게 따로따로 한 도시의 시장 규모 조사를 지시한 적이 있었습니다. 이후 각각의 조사를 모두 앞에서 공개하면서 덜 정확하게 조사한 직원에게 망신을 준 적이 있었습니다. 중국인 상사들이라면 절대 하지 않을 행동이었죠.

제가 다녔던 S기업은 물론, 많은 한국의 대기업들이 주재원으로 발령을 내기 전에 직원들에게 중국어는 물론 중국 문화에 대한 교육을 시켜준다고 들었습니다. 하지만 그 문화라는 것이 중국 노래나 기본적인 음식 이름을 가르치는 것에서 끝나는 듯합니다. 제 개인적인 생각은, 한국 주재원들에게 필요한 것은 어설픈 중국어 교육이 아니고 중국 사람들을 존중할 수 있는 인성교육이 아닐까 싶습니다.

제10장

중국인 직원도 회사의 주인이다

|사례 연구|
회사에 대한 충성도와 월급과의 상관 관계
중국인 직원에게 열정을!

2011년 겨울, 베이징 사무실

새로운 카테고리의 제품 홍보는 단연 기존과 달라야 했다. 아무도 접해 보지 않은 냉장 생면. 어떻게 먹어야 하는지에 대한 '소비자 교육'을 할 필요가 있었다. 재래시장에서 비닐봉지에 대충 담겨 있는 면만 봐온 중국 소비자들은 진공 포장된 생면을 어떻게 먹어야 할지 모르기 때문이었다.

자웨이가 이끄는 영업팀에서 판촉 도우미를 고용하는 방안을 생각해냈다. 직접 현장에서 데워서 먹는 생면을 보여줌으로써 사람들의 구매를 유도하는 것으로 전통적이지만 소비자 교육이 가장 확실하고 즉시 구매로 이어지게 하는 방법이었다.

포장생면이 판매되는 마트에 3교대로 2명씩 조를 이루어서 배치되었다. 모두 반나절의 교육을 마치고 투입되었지만, 모두 경험이 있는 사람들로만 구성했으므로 교육에 문제가 있을 것이라고는 전혀 생각하지 않았다.

며칠 뒤 주말, 주혁의 집 근처 마트

메이와 주혁은 함께 장을 보러 나섰다.

"마트에 가서 김치하고 재료를 좀 사와서 내가 맛있는 김치볶음밥을 해줄게요."

신제품 출시를 위한 연구라는 핑계를 댔지만, 사실 상하이 여자들은 요리 잘하는 남자를 좋아한다는 말을 들은 터라 잘 보이고 싶은 마음에 한 번도 해보지 않은 요리에 도전하게 되었다. 메이가 좋아하는 얼굴을 보니 더욱 부담이 되었다.

"주혁, 저기 우리 생면 판촉을 하고 있어요."

메이가 주혁의 팔을 끌고 판촉 도우미에게 다가갔다.

"우리 판촉 도우미의 실력을 한번 테스트해 볼까요?"

주혁도 재미있을 것 같다는 생각이 들었다. 이번 기회에 이들을 테스트하면서 정말 판촉 도우미의 효과가 있는지 알아 보고 싶은 생각이었다.

"이거 뭐예요?"

메이가 다가가서 물었다.

"생면이요."

판촉 도우미 얼굴에는 피곤이 가득했다. 주혁과 메이가 누구인지 알 리가 없는 그녀는 불친절하게 한마디 내뱉듯이 말했다. 그 뒤로는 아무 말이 없었다. 교육대로라면 관심을 보이는 고객에게는 구매를 유도하기 위해 맛이나 사용 방법에 대한 설명이 있어야 한다.

"그럼 이거 한번 시식해 볼 수 있나요?"

메이가 데우고 있던 면을 가리키면서 물었다.

"아뇨. 시식용은 이제 없어요. 이건 진열용이니 드릴 수 없어요."

사고 싶음 사고, 아니면 가 버리라는 표정과 몸짓이었다. 비록 정규 직원은 아니었지만, 한국의 마트에서의 서비스 수준을 기대했던 주혁에게는 충격이었다. 친절하게 하나라도 더 시식해 보라고, 그리고 판매를 위해 최선을 다하던 한국 시식요원 아주머니들의 열성을 이들에게서는 조금도 찾아볼 수 없었다. 실망한 메이와 주혁은 돌아설 수밖에 없었다.

사실 이 문제는 단순히 비정규직의 문제가 아니었다. 정규직으로 고용한 직원들조차도 적극적으로 자신의 일처럼 회사의 일을 하는 사람들을 찾기 힘들었다.

누군가는 중국의 빠링호우(八零后) 또는 지오링호우(九零后, 90년대 이후에 태어난 젊은 사람들을 일컫는 말)의 습성으로 이런 모습을 설명하려 했다. 한 가정에 한 명밖에 없는 아이들에게 쏟아지는 관심과 애정이 게으르고 모든 일에 무관심한 청년들을 양산했다는 것이다. 누구는 사회주의와 근현대 역사에서 그 이유를 찾기도 했다. 즉 고객보다는 당의 간부 또는 직장 상사가 더 중요한 사람들이며, 결국 주어진 업무만을 하면서 생긴 습관이라고도 했다. 이유가 무엇이건 간에 비즈니스를 하는 사람들로서는 극복해야 할 문제였다.

특히, 한국 회사의 중국 직원들 사이에서 이러한 경향이 두드러지게 나타났다. 모두들 회사의 브랜드를 보고 입사를 하지만, 결국은 얼마 가지 않아서 다른 직장으로 떠나곤 했다. 다른 직장으로 떠나는 탓이 돈의 문제라고 하기에는 다른 직장보다 한국 기업의 평균 급여가 결코 적지는 않다는 것이 중론이었다. 여러 가지 의견들이 많지만, 한국 기업을 다니는 중국인 직원들이 왜 회사에 충성하지 않는가는 오래된 고질병처럼 풀기 어려운 문제였다.

열정이 부족한 원인를 파악해야 했고, 이를 해결해야 했다. 아직 회사의 프로세스가 제대로 정립되지 않은 조은식품의 중국지사 같은 곳에서는 직원들의 열정 없이는 절대 성공할 수 없었다.

다음 월요일, 베이징 사무실

아침 회의시간에 이 문제에 대해 얘기를 꺼냈다.

"어떻게 하면 우리 직원들이 열정을 가지고 더 열심히 일을 할 수 있을까요?"

"월급이죠. 우리 중국 사람들은 명분보다는 실리를 굉장히 중요하게 여깁니다. 돈 때문에 회사를 다니는 것인데, 월급 인상만큼 더 좋은 방법이 있을까요?"

샤오후가 '장난 반, 진담 반'으로 말을 꺼내기가 무섭게 모두들 한 마디씩 했다.

"맞아. 결국 돈밖에 없지."

"갈 곳 많은 사람들인데, 굳이 적은 돈을 받고 일하고 싶겠어?"

가만히 듣고 있던 주혁이 물었다.

"어떻게 올려 줘야 효과를 높일 수 있을까요?"

"그냥 올려 주지 말고, 판매 실적에 인센티브를 걸어야 합니다."

자웨이가 대답했다.

굿아이디어.

오전의 회의는 결국 모든 영업사원들과 판촉사원들에게 실적에 따라 추가 인센티브를 지급하는 방안을 고려해 보는 것으로 마무리 지었다.

그날 저녁, 주혁은 메이를 집까지 바래다 주기 위해 함께 걷고 있었다.

"메이, 우리 회사 다니기 전에 다른 회사에 다닌 적 있다고 했죠?"

"네."

"그런데, 왜 그만두었어요?"

"여러 가지 이유가 있었지요. 그곳도 한국 회사였는데, 월급도 너무 적었고, 그리고……."

"그리고?"

"모든 관리자들은 한국에서 온 주재원들이었죠. 솔직히 중국 직원이 관리자로 승진하는 것이 어렵다는 것은 중국 직원들 사이에서는 공공연한 사실이었기 때문에 모두들 어느 정도 경력이 쌓이면 나가려고 했어요."

주혁으로서는 처음 듣는 얘기였다.

"누구나 회사를 다니면 승진에 대한 욕심도, 능력을 인정받고 싶은 욕구도 있잖아요. 기본적으로 중국에 있는 한국 회사는 그런 욕구가 충족될 수 없는 상황이었죠. 한국 주재원들은 자신들만의 왕국처럼 회사를 이끌어 갔으니까요."

"왕국?"

"네. 인도의 카스트 제도처럼 계급사회죠. 주재원 계급, 한국인 현지 채용 계급, 조선족 교포 계급, 그리고 기타 중국인 계급. 관리자 레벨은 모두 한국 사람들이고, 중국 사람들은 찾아보기 힘들어요. 본사에서도 한국 사람들하고만 얘기하려 하고, 중국 직원들과는 언어 때문인지 신뢰가 없어서인지 말을 하지 않으려 했어요. 중요한 안건에서는 중국 사람들이 배제되기 일쑤였죠. 누가 자신을 중요하게 생각하지 않는 조직에 충성을 다하겠어요?"

"하지만 그것은 모든 외국계 회사들의 공통점 아닌가요? 팔은 안으

254

로 굽게 되는 거죠. 한국 기업들만의 문제는 아닌 듯한데요."

주혁이 물었다.

"물론 외국계 기업은 언어와 국적이 같은 사람들을 더 환영하죠. 하지만 한국 회사의 문제는 그렇게 언어와 국적이 같은 한국 사람의 비율이 너무나 높다는 겁니다. 제가 다닌 회사는 직원의 절반이 주재원이거나, 현지에서 채용되는 한국 사람이거나, 조선족 직원이었어요."

전체 직원의 절반.

충격이었다. 중국 사람들이 스스로를 하부계층이라고 생각할 만했다. 그리고 그 회사가 과연 어떻게 중국에서 사업을 해나가는지도 궁금했다.

결국 소속감을 만드는 것이 또 하나의 방법이라는 것을 깨달았다. 또 소속감을 만들기 위해서는 중국 직원도 한국 회사에서 유능한 인재로 인정받고 성공할 수 있다는 것을 알려 줘야 한다.

주혁은 잠시 고민에 빠졌다. 회사일을 자신의 일처럼 하는 열정을 불러일으키는 가장 효과적인 방법은 무엇일까? 정말 '돈'을 가지고 열정을 살 수 있는가? 아님, 소속감을 높인다고 해서, 또는 승진에 대한 희망을 준다고 해서 당장 그 사람들에게 열정이 생겨날 수 있는 것인가?

열네 번째 갈림길에 조주혁 팀장이 서 있습니다. 만약 당신이라면 어떻게 하시겠습니까?

성과에 따른 보상의 차등제를 도입하시겠습니까?

아니면, 회사에 대한 소속감부터 높여야 한다고 생각하십니까?

 선택 1 성과급제를 도입한다면?

한 달 뒤, 베이징 사무실

중국인들이 한국인들보다 실리를 더 추구한다는 것은 오랫동안 들어온 얘기였다. 1원이라도 남길 수 있으면 장사를 하고, 이득이 없다 하면 오랜 친구도 나 몰라라 하는 사람들이라고 들었다.

"그거 고민 너무 안 하셔도 돼요. 팀장님뿐만 아니라, 모든 한국 기업들이 고민하는 것이 거든요. 결국 월급입니다. 조금 더 주시면 돼요. 그러면 말 잘 듣습니다."

한중 비즈니스 협의회 방 국장은 간단 명료하게 정리해 주었다.

"중국 사람들 돈 좋아하는 거, 이제는 아시잖아요."

쉽게 생각하기로 했다. 월급을 인상하고, 영업 실적에 대한 인센티브를 주기로 했다. 우선 월급을 모두 10% 인상하는 것을 발표했다. 그리고 모두 자신의 판매량을 할당하고 그것을 초과하는 사람에게는 그 달 월급의 10%를 성과급으로 제공하기로 했다.

효과는 바로 나타났다. 판매 목표량이 있는 영업사원들과 판촉사원들은 그 누구보다 열심히 자신들의 목표량을 맞추기 위해 노력하기 시작했다. 서서히 매출이 늘어나기 시작했다.

그러다가 얼마 되지 않아서, 전혀 예상치 않은 문제가 생겼다. '실적을 위해 저지르는 비리'가 늘어난 것이다. 판촉 도우미가 마트 직원과 짜고 엉터리 판매 실적을 만들어낸 것을 자웨이가 발견해냈다. 그 이후 주혁이 조사해 본 결과, 10% 인센티브를 받기 위해 수많은 영업사원과 판촉 도우미들이 실적을 거짓으로 보고하는 것이 발견되었다. 결국 '실적 만연주의'가 만들어낸 결과였다. 회사에 득이 되건, 해가 되건 내가 받는 10%가 더 중요하다는 이기적인 생각에서 비롯된 것이었다.

열정이 '돈'만으로는 절대 만들어질 수 없다는 것을 다시금 확인할 수 있는 사건이었다.

회사에 대한 충성도와 월급과의 상관 관계

중국의 많은 한국 기업들은 중국인 직원들이 월급 인상에 상당히 민감하다고 생각합니다. 단 몇 푼이라도 다른 회사에서 더 준다고 하면, 얼마든지 회사를 떠날 수 있다고 믿고 있습니다. 하지만 설문조사[21] 결과를 보면 꼭 그렇지만은 않은 것 같습니다.

한국 회사에 근무하고 있는 중국 직원을 대상으로 한 설문조사 결과, 100명 중 80명의 중국 직원들은 꽤 큰 임금 인상(현재보다 20% 이상)이 없다면 한국 회사에 남아서 일을 하겠다라고 밝혔습니다. 오직 100명 중 20명만이 다른 회사에서 조금이라도 더 준다면 미련 없이 떠나겠다라고 한 것이죠.

이 설문조사를 가지고, 80%의 한국 회사를 다니고 있는 중국 직원은 월급에 크게 개의치 않고 한국 회사를 다닐 만큼, 회사의 충성도가 있다라고 단정짓기는 힘듭니다. 하지만 많은 한국 고용자들이 생각하는 것처럼 중국 직원들의 월급에 대한 민감함이 심각한 정도라고 보기는 어려울 것 같습니다.

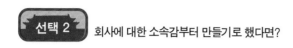 **회사에 대한 소속감부터 만들기로 했다면?**

한 달 뒤, 베이징 사무실

주혁이 아침에 직원들을 불러 모았다.

"제가 한국 본사의 인사팀과 몇 주간 준비한 것에 대해 공지를 하고 싶어서 이렇게 여러분들을 찾았습니다."

그리고는 한 장의 슬라이드를 열었다. 슬라이드 안에는 현재 중국 직원들의 직급과 한국의 직급이 한 장의 표에 정리되어 있었다.

"우리는 앞으로 한국 본사와 똑같은 직급체계를 갖기로 했습니다. 이전에는 경력에 비해 한국 직원들이 조금씩 중국 직원들보다 높았습니다. 앞으로는 입사부터 시작해서 같은 직급이며, 같은 기준으로 승진을 하게 됩니다. 승진에는 연차와 경력, 그리고 실적으로 평가되기 때문에 한국 사람이라고 해서 더 빨리 승진하는 일은 없습니다. 중국 사람도 얼마든지 같은 기준으로 승진을 할 수 있습니다."

다들 놀란 눈치였다. 한국 회사이지만, 중국 사람들이 한국 사람들의 상사가 될 수도 있다는 대목에서는 낮은 탄성마저 나왔다.

"판촉 도우미도 실적에 따라, 정규 영업사원으로 고용할 수 있는 길도 열어 놓았습니다. 다 같이 소속감을 갖기 위해서 파트타임도 같은 인사제도로 관리하려 합니다. 그렇게 해서 우리는 모두 공평하게 승진 자격이 주어질 것입니다."

주혁이 조금 뜸을 들였다. 그리고는 미소를 지으며 말했다.

"그리고 저는 어제 부로 한국 본사에서 퇴사했습니다."

모두들 놀라는 눈치였다. 몇몇 여직원은 외마디 비명까지 질렀다.

"뭐라고요? 그럼 회사를 떠나는 건가요?"

누군가 물었다.

"아니오. 그리고 오늘 부로 중국법인으로 입사했습니다. 저는 이제 주재원이 아닙니다. 저는 중국법인의 직원입니다. 여러분하고 똑같습니다."

많은 것을 포기해야 했던 결심이었다. 하지만 직원들에게 열정을 주고, 이 회사를 위해 최선을 다할 수 있도록 도와주기 위해서는 결국 그들에게도 이 회사에서 일을 함으로써 공평하게 성장하고 승진할 수 있다는 것을 알려줘야 했기 때문이었다. 그렇게 하기 위해 주혁 자신부터 동등한 위치임을 알려 줄 필요가 있었다.

회사의 성장이 자신의 발전과는 아무런 관계가 없다는 것을 알게 되는 순간, 그 직원은 열정이 식어 버린다. 중국 직원들 입장에서는 자신이 아무리 회사의 매출에 기여를 해도, 부장, 상무, 전무, 사장이 될 수 없다는 것을 안다면 남아서 야근을 할 이유가 없다. 마찬가지로 중국에 대해 아무것도 모르는 주재원들에게는 차와 운전 기사가 제공되는 걸 보면서 자전거로 출퇴근하는 중국 직원들에게 열정이 생길 리가 없다. 정작 실무를 책임지는 사람들은 중국인인데, 단지 본사에서 왔다는 이유만으로 더 많은 혜택을 누리는 것은 공평하지 않았다. 회사에서 자신에게 관심이 없다는 것을 아는 순간 회사에 대한 직원의 관심도 사라진다. 너무나 분명한 이 간단한 논리를 무시하고 있었다는 생각이 들었다.

"한 가지 더 발표할 것이 있습니다. 우리는 이제 매년 두 차례씩 평가를 통해 우수 직원 한 명을 선정해서, 서울 본사로 2주간 교육을 보내드릴 예정입니다."

사람들이 웅성거리기 시작했다. 이들 중 상당수는 해외여행을 해보지 않은 사람들이었다. 게다가 한국 드라마를 통해 본 서울은 맛과 멋이 있는 도시로, 중국 사람들에게 인기 있는 관광지이다. 게다가 물론 자신들이 일하는 회사의 본사에 가 본다는 것은 마치 회사로부터 큰 인정을 받은 기분을 들게 하는 효과가 있었다.

"2010년 하반기에 가장 열정적으로 회사를 위해 근무했고 또한 남다른 성과를 이룬 사람이 있습니다. 그분은 다음 달에 2주간 서울에서 본사 사람들과 만나고 업무 관련 교육을 받을 것입니다."

"그게 누굽니까?"

모두들 기대에 차서 물어봤다.

"주자웨이입니다."

모두들 놀랐지만, 자웨이가 특히 더 놀란 듯했다.

"자웨이, 정말 감사합니다. 자웨이가 없었다면 우리는 많이 힘들었을 겁니다. 축하합니다. 첫 번째 최우수 직원으로 선정되셨습니다."

주혁은 악수를 청했다. 첫 대면이 기억났다. 후줄근한 츄리닝 차림의 주자웨이가 면접을 보러 왔을 때, 이런 날이 오리라고는 아무도 생각하지 못했다. 여전히 정장에 넥타이가 아닌 청바지에 운동화 차림이었지만, 그리고 영어가 서툴지만, 회사의 발전 전략과 경영윤리를 정확하게 이해하는 그가 있었기에 웨이홍과의 파트너십도, 여러 차례의 위기 극복도, 성장하는 매출도 가능했던 것이다.

중국인 직원에게 열정을!

한국무역협회의 조사에 의하면 재중 한국 기업의 인력 관리에 어려움을 겪는 원인(복수 응답)에 대해서는 '빈번한 이직'(40.6%)을 가장 많이 꼽았습니다. 응답 기업의 54.3%는 직원들의 평균 재직기간이 1~3년에 그친다고 말했고, 27.3%는 4~6년이라고 답했죠.[22] 그 이유를 많은 기업들이 '높은 임금을 쫓아 가기 때문'이라고 생각합니다. 하지만 앞서 얘기했듯이 임금과 회사에 대한 충성도는 꼭 비례하지는 않는 것으로 밝혀졌죠. 그렇다면 무엇이 문제일까요?

이를 알아 보기 위해 실시한 자체 설문조사를 통해, 가장 큰 문제는 '회사의 소속감이 부족하기 때문'이라는 결론을 내릴 수 있었습니다.[23] 100명 중 25명의 중국 직원들은 한국 기업을 떠나고 싶은 이유로, 한국 기업내에서는 '미래가 불투명하다'고 생각하는 것으로 나타났습니다. '회사 내에서 나의 존재가 별로 중요하지 않다고 생각한다'라는 응답을 한 사람도 70% 가까이 되었습니다.

또한 대다수(70%)의 중국인 직원들은 스스로 '차장 이상의 진급이 불가능하다'고 생각하고 있는 것으로 나타났습니다. 그 중 14%는 심지어 자신이 과장까지의 진급도 불가능하다고 대답했습니다. 결국 70%의 직원들은 자신이 부장으로 승진되기 전에 다른 회사로 떠나거나, 큰뜻 없이 한국 기업에서 일하고 있다는 뜻입니다. 엄청난 인력 유실의 문제가 예상되는 상황입니다.

이를 극복하기 위한 중국 내의 인력 관리의 트랜드를 소개해 드리고자 합니다. 중국의 KFC라고 불리는 패스트푸드 체인, 디코스(德克士)는 2014년 6월, 직원들을 위한 파격적인 프로그램을 발표했습니다. 일 년 이상 매장이나 사무실에서 일해 본 디코스 직원들에게는 디코스의 체인점을 열 경우, 10,000위안(한국 돈 약 1,700만 원) 및 교육 등의 지원을 하겠다는 내용입니다. 중국 젊은 직원들이 원하는 것이 바로 '미래를 함께 할 수 있는 조직'이라는 것을 정확하게 파악한 것이죠.[24]

문상준 법인장 (SPC 파리크라상 중국법인)

한국인은 물론 중국인 직원의 열정을 이끌어 내기 위해서는 세 가지가 충족되어야 합니다. 첫째는 안정성입니다. 열심히만 일하면 회사에서 근로가 안정적으로 보장된다는 것을 알려 줘야 합니다. 둘째는 발전성입니다. 회사가 나의 발전에 신경을 쓰고 있다는 것을 느껴야 합니다. 셋째는 좋은 기업문화입니다. 좋은 분위기에서 하루의 업무가 즐거워야 능률이 오르는 것은 당연하죠.

세 가지를 충족시키기 위해서 SPC에서는 많은 교육 기회를 통해서 중국 직원들이 SPC의 기업문화를 배우고, 발전을 하게 도와주고 있습니다. 특히 한국 교육 연수 프로그램은 상당히 좋은 반응과 결과를 얻고 있죠. 우수 사원을 선정해서 한국에 다녀오게 되면, 한국의 SPC 본사에서 융숭한 대접을 받고는 회사에 대한 충성도가 높아져서 더욱 많은 기여를 하는 것을 보게 됩니다. 이 외에도 다양한 프로그램들을 개발해서 한국인 직원과 중국인 직원은 평등하다는 것을 모두에게 심어 주고 있습니다.

제11장

편견을 버리다

2012년 봄, 베이징 왕징의 한국식당

방지석 국장과 오랫만에 마주 앉아 소주 한잔을 기울이고 있었다. 중국 음식을 못 먹는 방 국장을 위해 한국 사람이 운영한다는 양대창 구이집을 찾았다. 화로나 밑반찬들이 모두 한국과 똑같은 이곳은 중국 손님들도 많이 눈에 띄었다.

"정말 축하드립니다, 팀장님. 지금 조은식품의 포장생면이 대박이라는 소문이 자자합니다. 영사님도 지난번에 언급하시던데요. 아주 성공적인 케이스라며."

"감사합니다. 국장님을 만나서 여러 가지 조언을 들은 덕분이죠."

"중국에 나오신 지 얼마나 되셨죠?"

"그러고 보니 벌써 6년이 넘었네요."

"혼자서 지내기가 외롭지 않으세요? 제가 좋은 여자분 소개시켜드릴까요?"

"지금은 좀."

"왜요? 사귀는 분이 있어요?"

"아니요. 그냥 좋아하는 사람이죠."

"짝사랑? 나이가 몇인데 짝사랑을 하십니까, 하하. 그 행운의 여자분은 누구세요? 제가 다리를 놔 드리겠습니다. 중국에 나와 있는 한국 미혼 여성이 많지는 않지만, 저의 네트워크를 활용하면 얼마든지 연결할 수 있죠."

"사실은 중국 사람입니다."

"네? 중국 사람이요?"

방 국장은 조금 놀란 듯이 대답했다. 그리고는 별말 없이 대창을 뒤집었다. 고기가 지글지글 먹음직스럽게 구워지고 있었다.

"어차피 시작한 것도 아닌 관계니 마음을 접으시는 게 낫겠네요."

갑작스러운 방 국장의 말에 주혁이 물었다.

"네? 무슨 말씀인지?"

"조주혁 팀장을 제가 생각하는 마음에서 드리는 말씀이니까, 기분 나빠하지 마세요."

방 국장은 소주를 한 잔 털어넣으면서 얘기를 이어 갔다. 그가 중국에 처음 온 것은 한국의 대기업 주재원으로 온 97년도였다. 그리고 사랑하는 중국 여자를 만나게 되었고, 한국에 계신 부모님의 우려 속에 중국 여자와 2001년 결혼식을 올렸다. 하지만 결혼 생활은 쉽지 않았고, 3년 뒤 이혼했다.

문화 차이가 문제였다. 첫 번째 문제는 고부 갈등이었다. 지방마다 다르지만, 중국은 고부 갈등이 거의 없다고 알려져 있다. 여성들이 일터에서는 물론, 집안에서 목소리가 크고 파워가 있기 때문이었다. 많은 중국의 며느리들은 육아와 살림을 집에 계시는 친정 부모님이나 시부모님이 당연히 해주시는 것으로 생각한다.

"왜 시부모님을 어려워해야 하는지, 왜 시어머니가 잔소리를 하는지를 이해하지 못했어요. 내가 장남인데, 제사도 드려야 하는데, 일 년에 두세 번 들어가는 것조차 싫어하는 사람과 살면서 불효를 짓는 기분이었죠. 하지만 가장 결정적인 문제는 결혼 후 돈 문제에 대한 갈등이었어요. 제가 한국 주재원이라서 좋은 집과 차가 제공되는 것을 보고, 제가 돈이 많다고 생각했나 봐요. 저도 결혼 전이라 잘 보이고 싶은 생각에 조금 있는 척을 했습니다. 결혼 후에 제 수입이 신통치 않으니, 구박을 하더군요. 중국에서는 여자들은 치장하고 쇼핑을 하고 남자들은 많은 돈을 가져다 주는 것이 너무나 당연한데, 저는 그렇지 못하니, 남편 노릇을 제대로 못 한다는 것이었어요. 세상에 돈밖에 모르는 여자랑 어떻게 삽니까?"

주혁은 예전에 중국 남자들은 중국 여자들을 기쁘게 하기 위해 노예처럼 살아야 한다는 얘기를 들었던 것을 떠올렸다. 결국 남자들은 미인을 얻기 위해 돈을 버는 능력을 과시하고, 결혼 후에는 돈을 벌어서 여자를 치장시키는 데 다 써야 훌륭한 남편이라는 우스갯소리였다.

"결국 수입이 신통치 않다고 생각하자, 장모님이 괄시하기 시작하더라고요. 나 원 참, 우리나라에서 장모가 돈 못 번다고 사위를 구박하는 게 말이 됩니까? 중국 여자들, 정말 황당해요."

쓸쓸하게 웃으며, 방 국장은 소주를 다시 한번 목 안에 털어넣었다.

"좋아하는 감정은 좋아하는 감정으로 간직하세요. 결혼으로 이어져서 행복할 거라고 생각하지 마세요. 문화 차이에서 비롯된 가치관은 태어나면서부터 몸에 밴 버릇이라서 쉽게 극복이 잘 안 되는 겁니다."

그리고 나서 며칠 동안 방 국장의 말이 머릿속에서 맴돌았다. 술자리에서 안주 삼아 얘기한 것이라고 넘겨 버리기가 쉽지 않았던 이유는 천링과의 교제 경험이 있었기 때문이었다. 남자가 여자에게 모든 것을 바쳐야 한다고 생각하던 천링. 그리고 가족들에게 집안을 경제적으로 도와줄 남자로 주혁을 소개했던 것이나 서로 제대로 대화도 하지 않았음에도 불구하고 사랑과 결혼을 쉽게 말했던 그녀. 방 국장의 말이 과장이 아님을 이미 스스로 경험했던 것이었다.

메이는 분명 좋은 여성이다. 천링과는 완전히 다른 사람이다. 동료로서 몇 년을 넘게 봐왔다. 하지만 분명 그녀도 중국 사람이다. 중국 부모 밑에서 컸으며, 중국 친구들과 시간을 보낸다. 여자들끼리 결국 남편들을 비교하면서, 무뚝뚝하고 심지어 바람을 피우더라도 돈을 많이 버는 남편을 최고라고 엄지손가락 추켜세우며 칭찬할 것이다. 남자관 결혼관 자녀관 가족관 모두 다르다. 지금은 좋지만, 나중에 서로 다른 가치관으로 인해 생겨날 갈등들은 어떻게 해결할 것인가. 자신이 없었다.

'서로를 위해 내가 마음을 접는 것이 낫다.'

주혁은 결심했다.

그 다음 날부터 일부러 거리를 두기 시작했다. 점심식사를 같이 가자며 온 메이에게 바쁘다며 싸늘하게 거절했다. 회의에서 메이의 옆자리는 일부러 피해서 멀찌감치 떨어져 앉았다. 유치했지만 일부러라도 거리를 두어야만 했다. 이렇게라도 하지 않으면 메이에 대한 자신의 감정이 멈추지 않을 것만 같았다.

메이는 당황해하는 기색이 역력했다. 일부러 주혁에게 몇 번 말을 붙여 보려 했지만, 차갑게 대답하는 주혁에게 실망했는지 얼마 지나지 않아서 메이도 주혁을 피하기 시작했다. 복도에서 마주치면 얼굴을 숙이고 지나가 버리는 메이를 보는 주혁의 마음은 너무나 복잡했다.

'메이는 잘못한 것이 없는데.'

이 모든 것을 오로지 주혁 혼자 시작하고 끝내고 있었다. 바보 같은 모습이었지만, 더 불행할 수 있는 미래를 피하는 길이라고 위로하며 지냈다.

2012 여름, 베이징 사무실

오랜만에 주혁은 회의실에서 메이와 마주 앉게 되었다. 창문을 통해 들어온 한여름의 태양이 주혁의 얼굴을 뜨겁게 달궜다. 주혁은 강렬한 빛 때문에 인상을 찌푸릴 수밖에 없다고 생각했다.

그날 아침, 메이가 정식으로 면담을 하고 싶다고 했다. 그리고 마주 앉은 자리에서 회사를 떠나겠다고 말했다. 주혁은 덤덤한 척했다. 얼굴이 빨개진 것도, 인상을 찌푸린 것도 여름의 태양 때문이라고 생각했다.

메이가 사무실을 나가자, 주혁은 무너질 듯한 마음을 그제서야 추스렸다. 이제 그녀를 보내야 하는가.

자웨이에게 부탁을 했다. 자웨이가 월급으로 왕메이를 붙잡아 보려 했지만, 그녀는 바로 거절했다.

"월급은 충분해요."

"그럼 왜 그만두고 싶은 거지?"

"불편해요."

"뭐라고?"

"짜오종하고 함께 일하는 것이 불편해요."

270

자웨이가 와서 말을 전했다. 그전까지 아무것도 모르던 자웨이가 어색해했다. 분명 둘 사이에 뭔가 있음을 눈치챈 듯했다. 주혁으로서는 할 말이 없었다. 자신이 만든 상황이기에 궁색한 변명조차 할 수 없다는 것을 알았다.

그날, 메이가 퇴근하기 전에 주혁에게 찾아왔다.

"짜오종. 제가 떠나지 않기를 바라신다고 했다는데, 맞나요?"

주혁은 고개를 끄덕였다.

"저에게 왜 이렇게 불편하게 대하시는지 잘 모르겠어요. 지금껏 우리가 몇 년을 함께 지냈는데, 저에게서 멀어지려고 하시는 이유가 뭐죠? 솔직히 얘기해 주시면, 남아 있겠습니다."

잠깐 망설였다. 하지만 더 이상 비겁하게 행동할 수는 없었다.

"메이. 사실은 메이가 싫어서 그런 행동들을 했던 것은 아니에요. 사실, 나 메이를 좋아했어요. 아주 오랫동안. 그래서 어색했어요. 메이와 함께 있으면."

"왜 좋아한다고 말을 하지 않았죠?"

"그건…… 자신이 없어서요."

"뭐가 자신이 없어요? 제가 안 좋아할까 봐?"

"사실은, 우리가 다른 문화에서 커 와서, 함께 지내면 힘들까 봐 자신이 없어요. 서로 부딪힐 일들이 너무 많을 것 같아서요."

메이는 멍하니 바라보고 있었다. 주혁은 자신이 말하고 나서도 창피했다. 솔직한 심정을 말한 것이지만, 메이의 입장에서는 어떻게 들릴까 걱정되었다.

"겁쟁이군요, 짜오종은."

잠시 생각하던 메이가 말했다.

"약속대로 떠나지는 않겠어요. 남아서 일을 하겠습니다. 그리고 걱정 마세요. 우린 잘 되지 않을 거예요. 저도 겁쟁이를 좋아하지 않아요."

서로를 위해서 메이에게 변화를 주는 것이 좋을 듯했다. 때마침 인터넷으로의 판매가 조금씩 인기를 얻어가고 있을 때라서 새로운 판매 채널인 인터넷 판매팀을 만들었다. 직원을 몇 명 고용하고 메이가 팀을 이끌도록 했다. 여전히 불편한 관계였지만, 고맙게도 메이는 가능하면 얼굴을 마주치지 않으려 노력했다. 멀찌감치에서 바라보는, 메이가 일하는 모습은 여전히 열정적이고 적극적이었다. 주혁은 비겁한 안도의 한숨을 쉬었다.

'메이가 떠나면 안 되지…… 우리 회사로서 큰 손해야…….'

속으로 중얼거리며 메이를 넋놓고 바라보았다. 그때 자웨이가 어깨를 툭 쳤다.

"짜오종?"

순간 화들짝 놀란 주혁은 얼굴이 새빨개진 채로 자웨이를 바라보았다.

"무슨 일?"

조금 주저하다가 자웨이가 조용히 말을 꺼냈다.

"생면 판매는 꾸준한데…… 문제는 판매 증가 속도가 줄고 있네요."

중국인들 사이에서 소위 '히트 상품'으로 입소문 나던 것이 속칭 '약빨'이 다 된 것이다. 슬그머니 시장에서는 중국어로 샨자이(山寨)라고 불리는 소위 '짝퉁'제품들이 넘쳐나기 시작했다. 이름과 포장만 다를 뿐 비슷비슷한 생면들이 바로 마트에 쏟아져 나오기 시작했다. 물론 가격은 조은식품의 생면보다 30%나 낮았다. 결국 생면의 판매량은 일정 수준 유지되었지만, 그 성장 속도는 눈에 띄게 줄어들기 시작했다.

말로만 듣던 짝퉁이 생겨난 것은 큰 문제였다. 짝퉁으로 넘쳐나는 중국 시장에서 어떻게 살아남을 수 있는가…… 고민스러웠다.

"아, 짝퉁이 생겨난다고? 내 그럴 줄 알았지."

전화 회의를 통해 서울에 있는 윤 전무와 강 이사와 상의하는 자리에서 윤 전무가 또다시 얄밉게 빈정거렸다.

"내 그렇게 중국 사업에는 리스크가 많다고 했잖아. 이런 상황에는 중국에서의 오랜 경험이 있는 이신혜 차장이 있어야 하는데……."

윤 전무가 이렇게 말하며 말끝을 흐렸다.

주혁은 순간 뜨거운 화가 치밀어 올랐지만 꾹 눌렀다. 이 순간까지 회사가 아닌 자신만을 생각하는 윤 전무가 가증스러웠다.

"조 팀장, 법으로 처리할 방법은 없습니까?"

침묵을 지키던 강 이사가 입을 열었다.

"요새 신문에서, 중국도 점차 특허권을 보호받는다던데……."

"그렇지. 소송을 걸어서 막아 봐. 우리 법률팀을 보내줄 테니."

옆에서 윤 전무가 맞장구를 쳤다.

"이미 몇 개 외국계 회사가 특허 소송 중이라던데……."

주혁도 얼마 전 본 신문 기사 내용이 생각났다. 괜찮은 방법이라고 생각했다.

전화 회의를 마치고, 모두 모여 대책회의를 하는 중에 '법적 대응'
에 대한 말을 꺼냈다. 자웨이가 펄쩍 뛰었다.

"그 많은 짝퉁을 무슨 수로 막습니까? 정말 중국이 얼마나 큰 나라
인지 모르고 하는 말씀이네요. 하나의 회사와 소송을 하고 있을 때,
다른 수십 개의 회사가 짝퉁을 만들어낼 겁니다. 시간 낭비예요."

"나도 같은 생각이야. 이건 짝퉁이라기보다는 '미투(Me Too: 베스트셀
러를 모방한 제품)' 제품이라고 봐야 해. 이름도 포장도 달라. 시장통에서
파는 루이비통이나 구찌의 모조품과는 다른 개념이지. 법적으로 큰
문제가 없을 수도 있어."

안도영 부장도 조심스럽게 말을 꺼냈다.

둘 다 옳은 말이었다. 밀려드는 샨자이 제품들을 막을 방법은 없었
다. 중국은 넓고, 사람은 많다. 한두 개의 회사를 상대로 승소를 한다
고 해도, 그 비용과 시간의 소비도 과연 보상받을 수 있을까? 생면은
큰 기술을 요하는 제품이 아닌 것은 분명했다. 얼마든지 따라 할 수
있는 것이다.

"결국 우리는 짝퉁과 경쟁을 해야 하는 상황이군요."

"하지만 가격을 맞출 방법은 없어. 우리보다 30%나 싼 가격에 비
용을 맞출 방법이 없는 거지."

안 부장이 고개를 절레절레 흔들었다.

"출혈을 해서라도 시장에 우리 제품을 뿌려 놔야지 우리 제품에 대
한 인지도가 유지됩니다."

자웨이는 단호하게 말했다.

"허허, 참 답답하네. 그래서 남는 게 없으면 무슨 소용이냐고. 이래서 영업사원들과는 얘기가 안 통해."

"중국 시장에 대해 잘 모르면, 일단 중국 사람에게 맡겨 보는 것이 낫죠?"

안 부장과 자웨이가 얼굴을 붉히면서 언성을 높이고 있었다.

주혁이 결국 중재를 시도했다.

"자, 흥분을 그만 가라앉히세요. 가격 싸움에 끼여드는 것은 저도 최고의 아이디어라고 생각하지는 않습니다. 하지만 그냥 앉아서 당하는 것도 문제입니다. 결국 우리는 차별화를 해야 하죠. 더 좋은 제품이라는 것을 강조해야죠."

안 부장이 답답하다는 듯이 나섰다.

"생면이 차별화를 시켜봤자지. 아무런 맛도 없는 면인데…… 고작 신선하다는 것을 강조하는 수준?"

"믿을 만한 브랜드라는 것을 강조해야죠."

메이가 한마디했다.

"어떻게? TV 광고를 대대적으로 할까? 그깟 생면 몇 개 더 팔려고?"

안 부장은 빈정거렸다.

"꼭 TV 광고가 아니더라도 방법이 있어요."

모두들 메이를 쳐다봤다.

"인터넷 쇼핑몰에 입점시키는 겁니다."

안 부장이 버럭 신경질을 냈다.

"인터넷 쇼핑몰? 그런 거로 몇 개나 팔 수 있는데? 지금 우린 올해 말까지 300억 원어치를 팔아야 해. 인터넷 쇼핑몰로 하루에 몇 개나 팔 수 있습니까? 기껏해야 50개?"

주혁도 고개를 끄덕였다. 인터넷 쇼핑몰은 값싼 제품을 조금씩이라도 팔려는 사람들이 모여서 파는 장터가 아닌가? 오히려 짝퉁이 더 잘 팔릴 수밖에 없는 장터에 굳이 들어가야 하는 이유는 없었다. 그거야말로 출혈 경쟁에 정면으로 뛰어드는 것이 아닌가?

메이도 움츠리고 말을 아끼는 듯했다. 긴 침묵이 흘렀다.

자웨이가 그 침묵을 깼다.

"일단 가격을 맞춰서 판매량을 늘려 놓아야 합니다. 안 그러면 결국 제대로 판매도 못 하고, 모든 시장을 뺏겨 버리는 결과만 초래하는 겁니다. 그 뒤에 브랜드 광고를 하든지, 마케팅으로 신선함을 강조하든지 방법을 짜는 겁니다. 우선 급한 불부터 꺼야죠."

이제는 안 부장도 주혁도 고개를 끄덕일 수밖에 없었다.

지금 당장은 일단 판매를 어느 정도 만들어 놓고, 그 다음에 신선함을 강조하면서 차별화를 시키자. 이제 막 시작인데, 판매량이 꺾이면 안 된다.

한편 메이가 한쪽에서 아쉬운 표정으로 앉아 있었다. 할 말이 있지만 참고 있는 듯했다. 인터넷 쇼핑몰에 입점하자는 생각은 별로 신통한 아이디어 같지는 않았다. 더 얘기를 들어볼까 하는 생각이 갑자기 들긴 했지만, 어색한 둘 사이가 이를 방해하고 있었다.

276

열다섯 번째 갈림길에 조주혁 팀장이 서 있습니다. 만약 당신이라면 어떻게 하시겠습니까?

출혈을 각오하고서라도 가격전에 뛰어들어야 할까요?

아니면, 인터넷 쇼핑몰 관련한 메이의 생각을 더 들어 볼까요?

 선택 1 가격전에 뛰어들기로 했을 경우

결국 30%를 낮추어 가격을 경쟁 생면들과 맞췄다.

판매량이 다시 늘어나기 시작했다. 얼마 지나지 않아 예전 수준을 되찾았다. 자웨이로부터 그 소식을 듣자마자 한숨을 내쉬었다.

"역시 자웨이의 의견을 듣길 잘했어……."

하지만 이 말이 끝나기 전에 자웨이의 핸드폰이 울려대기 시작했다. 전화를 받는 자웨이의 표정이 심각했다.

"무슨 일이죠?"

자웨이가 어렵게 입을 열었다.

"경쟁사들이 가격을 더 내렸답니다."

"얼마나……?"

"15% 더 내렸답니다."

"도대체 얼마나 남길래……."

중국 제품의 비용구조는 뭐가 다르길래 끝도 없이 가격이 내려갈 수 있는 걸까. 중국은 이제 인건비도 올라갈 대로 올라갔는데, 신기할 따름이었다.

눈물을 머금고 다시 가격을 맞췄다. 이젠 출혈이 꽤 심각한 상황이었지만, 이제 와서 다시 가격을 올리는 것은 할 수 없는 일이었다.

하지만 이번에는 상황이 달라졌다. 판매량이 예전 수준으로 회복되지 않았다.

"어떻게 된 거죠, 자웨이?"

"……."

자웨이도 당황스러운지 말을 잇지 못했다.

중국의 소비자들은 무서우리만큼 빠르고 예리했다. 출혈 가격 싸움에 뛰어든 브랜드는 더 이상 외국산 제품이 아니었다. 그냥 중국산 브랜드와 다를 바가 없었다. 많은 경우 가격과 제품의 질을 동일시하는 중국에서 가격이 싸다는 것은 품질이 낮다는 것과 일맥상통하는 것이었다.

게다가 출혈 경쟁으로 소진해 버린 판매 비용으로 인해 모든 프로모션이나 마케팅이 멈추어 섰다. 충분한 자금과 정부 및 유통 회사와의 꽌시를 가지고 있는 중국 로컬 회사들에게 이길 수 있는 방법은 없었다.

점점 생면의 판매량은 줄어들었다. 존재하지 않았던 하나의 새로운 시장을 로컬 기업에게 만들어 주고, 떠나버린 셈이었다. 조은식품은 쓸쓸하게 생면 시장에서 손을 떼는 수밖에는 없었다.

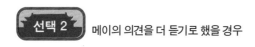

주혁이 메이를 바라봤다.

"메이, 인터넷 쇼핑몰에 입점하는 것이 어떤 도움이 된다는 거죠?"

"조 팀장, 뭐 그런 뻔한 걸 물어봐. 대단한 아이디어도 아닌 거 같은데."

안 부장이 불편한 심기를 드러냈다.

주혁은 안 부장의 말을 무시하고 메이를 바라봤다. 메이가 용기를 낸 듯 입을 열었다.

"그냥 인터넷 쇼핑몰이 아니에요."

"그럼?"

모두 메이를 바라보았다. 메이가 의자를 끌어당겨 회의 탁자에 다가 앉았다.

"브랜드몰에서 판매하는 거예요."

브랜드몰이라는 말에 모두 의아해하며 물었다.

"그게 뭐죠?"

"브랜드몰은 제조사가 큰 쇼핑몰 안에서 직접 운영하는 작은 쇼핑몰이에요."

메이가 화이트 보드에 검은색 매직을 들고 화이트 보드에 그림을 그려가며 설명을 하기 시작했다. 간단히 말해서, 백화점처럼 브랜드들을 입점시켜주는 방식의 샵인샵(Shop-in-shop) 쇼핑몰이라는 것이다.

"그런데 왜 브랜드몰을 통해 팔면 차별화가 된다는 거죠?"

"여러 가지 이유가 있겠지만, 브랜드몰은 고급 이미지를 홍보하기 쉽기 때문이에요."

우리나라의 백화점에도 아무 브랜드나 입점을 하지 못한다. 그렇기 때문에 고급 백화점에 입점하는 것만으로도 브랜드 가치가 높아진다. 백화점의 고급스러운 이미지가 투영되기 때문이다. 중국의 큰 인터넷 브랜드몰에 입점해 있는 회사들이 바로 그런 효과를 얻고 있다는 것이다. 즉, 직접적으로 샨자이에 대한 조치를 취하지는 않지만, 오히려 브랜드 가치를 높여서 산자이와의 차별화를 하는 것이다.

"샨자이도 브랜드몰에 입점하면 똑같아지는데, 무슨 차별화지?"

누군가 심드렁하게 얘기했다.

"그게 쉽지 않죠. 예를 들면, 알리바바의 브랜드몰인 티몰(天猫)은 정말 입점하기가 까다로워요. 알리바바가 믿을 수 있는 정품이나 안전한 제품만을 파는 업체만 골라서 입점을 시켜주기 때문이죠. 그렇기 때문에 중국 소비자들은 티몰에서 판매하는 대부분의 제품을 그저 믿고 구매를 해요."

그러자 여기저기서 티몰에 대해 얘기를 하기 시작했다. 모두들 한 번씩은 구매를 해본 듯했다. 중국에서 정품이나 믿을 만한 제품을 사기 힘든 것을 감안해 오직 정품, 좋은 제품만을 판매한다는 쇼핑몰은 모두에게 좋은 인식을 주고 있는 것은 분명했다.

"식품같이 안전성이 중요한 제품은 믿고 살 수 있는 쇼핑몰에서만 구매하는 것이 사실이죠."

자웨이도 거들었다.

"좋은 생각이네요. 이제 중국인들은 저렴한 제품만을 찾지는 않아요. 모두들 조금 비싸더라도 좋은 브랜드 정품을 사고 싶어합니다."

"짝퉁 생면을 만드는 회사들은 모두 규모가 크지 않고 식품제조 관련 허가증이 없을 겁니다. 결국, 브랜드몰에는 입점이 불가능하니까 옥석이 제대로 구분되겠군요."

주혁의 머리는 정리되고 있었다. 인터넷 쇼핑몰은 싸구려 제품을 싸게만 판매한다는 기존의 생각이 완전히 사라지지는 않았지만, 중국의 특수성을 다시 한번 믿어 보기로 했다.

"좋아요. 메이가 팀을 이끌고 각 브랜드몰 입점을 추진해 주세요."

이때 안도영 부장이 다시 걱정스럽게 물어봤다.

"짝퉁과의 브랜드 차별화는 되겠지만……. 인터넷 쇼핑몰로 팔면 얼마나 팔리겠어요?"

메이는 빙그레 웃으며 말했다.

"곧 알게 되겠죠."

2012년 11월 11일

새벽 3시에 전화가 왔다. 자웨이었다.

"3백만 개가 팔렸어요!"

무슨 소리인가…… 잠이 덜 깬 목소리로 주혁이 말했다.

"네? 지금 도대체 몇 시예요?"

"생면이 3시간 만에 3백만 개가 팔렸다니까요!"

눈이 번쩍 떠졌다.

그렇다. 오늘이 꽝꾼지에(光棍节 : 독신자의 날)였다. 알리바바가 만들어낸 쇼핑의 날이었다. 모두 솔로라는 뜻의 1이 네개 겹치는 11월 11일에 티몰에 입점에 있는 모든 샵들이 함께 대거 가격 프로모션을 하는 날인 것이다. 말이 솔로를 위한 프로모션이었지, 중국인이라면 모두 기대하는 대대적인 쇼핑의 날이었다. 대대적인 가격 할인을 하므로 모두들 새벽 0시를 기다렸다가 주문을 하기 시작한 것이다.

"3백만 개라고요? 한 시간에 백만 개?"

주혁은 정신없이 옷을 챙겨입고 집을 뛰쳐나왔다. 택시를 잡아타고 사무실로 향하며 중얼거렸다.

'설마 한 달 판매량을 세 시간에?'

그날 하루는 감탄과 환호의 연속이었다. 인터넷으로 실시간 확인되는 판매 그래프를 보면서도 주혁은 믿을 수가 없었다. 주문이 천만 개를 넘어서는 순간 직원들과 얼싸안고 소리를 질렀다.

모두 메이를 들어서 행가레를 쳤다. 모든 프로모션이 메이와 인터넷 판매팀의 작품이니, 그 공은 물론 메이에게 돌아가는 것이 당연했다. 주혁은 메이를 얼싸안고 고맙다고 절이라도 하고 싶었지만, 그렇게 할 배짱은 없었다. 그저 어색한 미소만을 주고받은 것이 전부였다.

대형 마트를 통해서는 겨우겨우 몇 달 동안 판매하던 2천만 개의 포장생면을 이틀 만에 팔았다. 믿기 힘든 결과였다. 그저 값싸고 품질이 안 좋은 제품이 대부분이라고 생각하던 인터넷 시장이 중국의 판매 채널을 송두리째 바꾸어 놓고 있다는 것을 체득하고 있는 과정이었다.

중국 유통구조의 지각변동, 전자상거래

중국의 알리바바가 2014년에 미국 증권거래소에 상장하면서 중국 전자상거래 시장에 대한 관심이 증가하고 있습니다. 앞서 말씀드렸다시피 중국은 7억 명이 넘는 인구가 인터넷을 사용합니다. 그중 3억 명이 인터넷으로 쇼핑을 하고, 이 중 2억 명이 모바일로 쇼핑을 합니다. 그렇기 때문에 중국 기업들은 전체 인터넷 관련 투자 비용이 매년 33%씩 증가를 하고 있습니다. 우리나라 기업이 매년 7%씩 투자 비용을 늘리는 것을 생각해 보면, 투자의 속도와 비중에 큰 차이가 있다는 것을 알 수 있습니다.[25]

중국에서 전자상거래는 오프라인 구매의 대체 수단이 아닙니다. 광활한 중국의 시장에 하나의 제품이 구석구석 뿌려지기까지는 너무나 오랜 시간이 걸립니다. 최고 인기로 팔리는 한국의 화장품이라도 시골의 작은 매장에서 판매되려면 몇 년이

티몰의 2014년 할인행사 광고, 최소 50% 할인이라는 광고가 돋보인다.

2014년 행사당일, 알리바바 본사에서 전광판을 통해 실시간 판매 현황을 보여주는 모습

더 걸릴지 모릅니다. 결국 유통매장이 우선 들어서야 하기 때문이지요. 하지만 인 터넷 쇼핑몰은 그 물리적인 제약을 한번에 해결했습니다. 그렇기 때문에 중국의 쇼 핑몰은 대체 수단이 아니라, 아주 중요한 독립적인 판매 채널입니다.

하지만 단순한 쇼핑몰의 형태에서 벗어나고 있습니다. 이제는 유명 인터넷에서 직접 운영하는 방식이 아닌, 브랜드가 입점해서 판매하는 플랫폼 방식의 브랜드 몰 이 한창 유행입니다. 알리바바에서 운영하는 티몰(天猫: www.tmall.com)이 바 로 대표적인 예입니다. 이 모델은 판매하는 제품이 정품임을 티몰이 인증하기 때문 에 가짜 산자이를 살 위험이 없습니다. 한국에서의 인터넷 쇼핑몰 구매에 익숙한 우리에게는 생소한 문제입니다. 한국에서는 인터넷 쇼핑몰에서 가짜 또는 품질이 나쁜 제품을 속아서 살까 봐 걱정하는 경우가 많지 않기 때문이죠. 적어도 중국에 비하면 말이죠. 그렇기 때문에 알리바바와 같은 회사가 보증하는 제품을 중국인들 이 믿고 사게 된 것은 인터넷 쇼핑몰 성장에 엔진을 달아 준 계기였습니다.

11월 11일 꽝꾼지에를 비롯하여, 6월 18일 징동(京东: www.jd.com) 창립일 쇼핑 행사나 8월18일 수닝(苏宁: www. suning.com)의 창립일 쇼핑 행사는 중국의 쇼핑의 비수기 성수기를 다시 정의했습니다. 이런 몇 번의 행사가 기존의 춘지에(설날)나, 국경절(10월1일), 중추절(추석) 등의 전통 판매 성수기를 무력하게 한 것이죠. 이제 중국인은 춘지에 할인 행사보다 티몰의 꽝꾼지에를 더 기다립니다.

2014년 꽝꾼지에를 통해 알리바바는 57억 위안, 한화 10조원의 매출을 올렸다고 하니, 어마어마한 규모입니다.[26] 중요한 것은 많은 브랜드들이 티몰에서 벌어들이는 연매출의 평균 30% 정도가 11월 11일 행사를 통해 나온다고 합니다. 그 예로 현재 중국 내 판매율 1위의 모바일 기기 제조사 샤오미는 2014년 꽝꾼지에 행사를 통해 한화 2천7백억 원의 매출을 올렸다고 합니다. 2일 동안 단일 쇼핑몰에서 나온 매출이라고는 믿을 수 없는 결과죠.

중국의 전자상거래는 판매 거리의 제약을 해결하면서 무서운 속도로 발전하고 있습니다. 이제는 전자상거래를 이해하는 기업이 중국에서 성공한다고 해도 과언이 아닙니다.

2013년 1월, 베이징 사무실

시간이 훌쩍 지났다. 그리고 10년 만에 중국의 새로운 국가 주석이 취임하던 그때, 조은식품에도 엄청난 일이 터졌다.

300억. 그 불가능하던 목표가 드디어 이루어진 것이다. 매콤면으로는 도저히 불가능해 보이던 중국 시장이 포장 생면으로 열린 것이다. 주주총회를 갓 마친 김종원 대표는 직접 주혁에게 전화를 걸었다.

"조 팀장. 정말 잘했어. 자네가 우리 조은식품의 회생 가능성을 중국에서 보여주고 있어. 주주들이 중국에서의 성공을 아주 만족스러워해."

주혁은 감개가 무량했다. 2007년에 와서 6년간 있었던 일들이 영화의 컷들을 이어 놓은 짧은 영상처럼 스쳐 지나갔다. 중국어가 전혀 안 되는 상황에서 패기 하나로 온 자신이 스스로 대견할 뿐이었다. 만약 이런 일들을 겪을 거라는 걸 알고 있었다면 과연 올 수 있었을까. 의문이었다.

"조 팀장. 자네가 말했던 제2공장 투자를 결국 모두 동의했어. 한번 추진해 봐."

주혁은 그 말을 듣는 순간 전화기를 든 채 벌떡 자리에서 일어났다.

"감사합니다. 사장님."

주혁이 그토록 기다린 대답이 왔다. 제2공장 건립 추진. 드디어 중국 전역에 냉장제품 생면을 납품할 수 있는 기회가 열린 것이다. 베이징이 중심이 되어 시장을 만들고 매출을 만들어낸 북쪽과 더불어 동쪽, 서쪽 그리고 남쪽 지역으로 진출할 수 있는 기회의 첫발인 것이다. 그 일 년 사이 벌써 몇몇 회사들은 발빠르게 포장 생면을 따라한 제품을 다른 도시에서 생산 판매를 시작한 상황이었다. 결국 빨리 다른 시장에 진출하는 것이 조금이라도 생면을 통한 매출을 만들어낼 수 있는 기회였다.

두 번째 공장은 어디에 세워야 하는가가 새로운 고민거리가 되었다. 주혁은 김종원 대표와 전화를 끊자마자, 회의를 소집했다. 공장을 어디에 건립할지 즉, 다음 진출 도시 및 지역을 결정하는 중요한 문제이기 때문이었다.

주혁은 회의실에 먼저 와서 기다리고 있었다. 그때 문이 열리더니 한 사람이 들어왔다. 메이였다. 어색하게 서로 인사하고, 메이는 멀찌 감치 떨어져 앉았다. 침묵이 흘렀다. 주혁이 휴대전화를 보는 척하면서 딴청을 부렸다. 메이도 노트북으로 뭔가를 보고 있는 듯했다. 반년이 넘게 이렇게 어색하게 지내고 있었다. 이제는 익숙해질 법도 한데, 좀처럼 나아지지는 않는다.

사람들이 회의실로 들어왔고, 회의는 곧 시작되었다. 강 이사가 이끄는 한국 본사의 전략팀이 전화 콘퍼런스로 회의에 참석했다.

"결국, 두 개 도시로 압축이 되는 듯하군요."

강 이사의 목소리가 전화를 통해 또렷이 전달되고 있었다.

"그러니까 선전(深圳)과 우한(武汉)을 모든 면에서 좋은 후보지로 보고 계신 것이죠?"

목표는 제2공장을 지어서 베이징에 머물러 있던 오퍼레이션을 확장시키는 것이다. 물론 냉장제품인 생면을 빨리 공장에서 시장으로 나오게 함으로써 짧은 유통기한의 문제를 해결하기 위해서는 베이징과 거리가 있는 지역을 커버할 수 있는 곳이어야 한다. 하지만 또 한 가지의 목적은 그 도시를 중심으로 해서 근방의 시장이 충분한 구매력을 갖추고 있어야 한다는 점이었다. 결국 큰 시장이 중요할 수밖에 없었다.

그리고 경험을 통해 주혁은 중국에서 비즈니스를 하면서 좋은 협력사를 구하는 것은 도시를 선정하는 데 가장 중요한 기준 중에 하나임을 알고 있었다.

시장의 크기 및 다른 도시로의 접근성, 그리고 협력 파트너. 이 두 가지가 가장 중요한 요소로 보였다.

선전은 1선 도시(흔히들 중국의 도시를 1선부터 4선까지 GDP를 기준으로 나눈다. 한국 사람들에게 친숙한 큰 도시들인, 베이징, 상하이, 광저우, 선전이 1선으로 분류되고, 경우에 따라서 충칭이 포함되기도 한다.)로서 인프라가 이미 구축되어 있는 장점과 함께, 시장의 규모가 워낙 크기 때문에 안전한 투자였다. 몇 년 전 유니버시아드를 치른 도시로서, 가장 많은 인구를 가지고 있는 도시 중에 하나였다. 게다가 선전에는 가장 먼저 외국 회사에게 문호를 개방한 도시답게 대만이나 싱가포르의 화교 식품 기업들이 진출해 있었고, 상당수가 냉장제품을 만들고 물류를 구축해 본 경험이 있는 회사들이었다. 그리고 이미 몇 개의 회사들이 생면의 성공을 전해 듣고는 협력 관계를 구축하자는 러브콜을 보내 오고 있었다.

반면 우한은 새롭게 부상하는 도시였다. 삼국지의 적벽대전이 일어났던 곳으로 중국 중앙에 자리잡은 후베이성(湖北)의 수도(首都)였다. 인프라가 선전과 같은 1선 도시보다는 떨어지지만, 성장 속도가 상당히 빠른 도시였다.

하지만 선전과는 다르게 아직 한참 경제발전 과정 중에 있는 도시이기에 썩 마음에 드는 파트너 후보를 찾기 힘들었다. 모두들 규모가 작거나 냉장제품에 대한 경험이 전혀 없는 파트너들뿐이었다.

"시장의 크기와 성장력, 좋은 협력 파트너, 그리고 다른 지역으로의 접근성. 이것이 전부인가? 다른 고려 사항들은 없나요?"

강 이사가 물었다. 대답은 쉽게 나오지 않았다.

메이가 말했다.

"지방정부의 도움이 있는 곳이면 많은 도움이 될 것입니다."

"지방정부의 도움이요?"

"네, 선전과 우한의 지방정부가 조은식품을 지원할 용의가 있느냐도 상당히 중요한 문제라고 생각합니다."

흥미로운 지적이었다. 그동안 선전을 비롯한 큰 도시에만 집중되어 있는 발전된 경제를 이제 2선 3선 지역으로 확장하려 한다는 신문기사를 읽은 것이 생각났다.

선전	우한
─시장의 규모가 우한에 비해 상당히 큼 ─인프라가 구축되어 있음 ─좋은 협력사 후보가 많음	─시장의 규모가 빠르게 성장 ─다른 도시로의 접근성 좋음 ─중국의 경제 발전 대상 도시

열여섯 번째 갈림길에 조주혁 팀장이 서 있습니다. 만약 당신이라면 어떤 도시를 선택하시겠습니까?

개방의 상징이자, 중국 4대 도시 중의 하나인 선전?

아니면, 급부상하고 있는 우한?

 선택 1 선전을 선택했을 경우

2013년 가을, 선전 반티엔 사무실

선전은 따뜻한 날씨와 세련된 거리가 마치 이웃해 있는 홍콩이나 싱가포르를 연상하게 만드는 멋진 도시였다. 베이징에서는 찾기 힘든 질서와 청결함이 있었다. 덩샤오핑의 개혁정책의 빛나는 결과물, 모든 것이 계획된 이 '잘 만들어진' 도시에서의 생활은 아주 편안했다. 하지만 벌써 6개월째, 사업 허가증이 나오고 있지 않았다.

이미 반티엔 공장에는 포장 생면을 생산하기 위한 설비들이 하나둘씩 설치되고 있었지만, 지방정부의 사업 허가는 무소식이었다. 올해 봄에 공장 설립식에서 선전시 공무원들과 함께 삽을 뜬 사진을 보면서 주혁은 정말로 답답해 죽을 지경이었다.

'도대체 뭐가 문제일까?'

누군가는 이미 포화 상태의 외자 유치에 지방정부가 흥미를 잃었다고도 하고, 누군가는 새로운 국가 주석의 취임 이후 몸사리기라고도 했다. 그 이유가 무엇이건 간에 애타는 것은 꿈에 부풀어 있던 조은식품과 이를 추진한 주혁이었다.

이미 오래전부터 중국 정부가 외자 기업에 예전만큼 우호적이지 않다는 것을 주혁도 피부로 느끼고 있었다. 그리고 그런 현상은 1선 도시에서 두드러지게 나타났다. 이미 발달한 경제 속에서 기업 간 경쟁은 치열해졌다. 정부 입장에서는 자국의 기업들보다 외자 기업에 유리한 상황을 만들어 줄 이유가 없었다. 결국 1선보다는 2선 및 3선 도시, 즉 덜 발달한 내륙 도시들에서 외자 기업에 대한 지원은 오히려 늘고 있다는 것이다. 이 기본적인 정책의 흐름조차 읽지 못한 것은 주혁의 실수였다.

일 년이 지나도록 결국 조은식품은 사업허가증을 받지 못했다. 이미 갖춰 놓은 설비를 그저 헐값에 중국 회사에게 넘기고 철수할 수밖에 없었다. 정부의 정책을 읽지 못하면, 절대 살아남을 수 없는 중국임을 다시 한번 크게 깨닫고 말았다.

중국 정부 정책을 이해해야 하는 이유

인터뷰　**중국인 관료, 익명 (중국인민공화국 상무부)**
　　많은 외자 기업들이 오직 '꽌시'만이 모든 문제를 해결하는 유일한 방법이라고 생각하며, 중국 정부의 정책에 대한 이해 없이 막연히 비즈니스를 하는 경우가 많습니다. 중국에는 왜 이렇게 많은 정책들이 필요한지, 그리고 이러한 정책들이 비지니스에 어떤 영향을 주는지, 그리고 어디로부터 관련 정책들에 대한 정보를 얻을 수 있는지에 대해 잘 모르고 있는 것이죠.

　　당연한 얘기지만, 중국 정부의 경제 발전 전략 및 계획을 이해하는 것은 중국에 와서 비즈니스를 하는 외국인들에게 상당히 중요합니다. 중앙 및 지방정부가 어떤 정책과 규정을 제정했을 때, 왜 이러한 정책들을 제정했는지 구체적인 사항들은 어떤 것들이 있는지 정확히 이해해야만, 한국 기업이 중국에서 어떻게 대처해야 할지를 알 수 있습니다. 큰 방향성을 이해하고, 작은 정책 변화에도 촉각을 곤두세워야 실패 없이 비즈니스를 할 수 있습니다.

　　이런 정보들은 어디에서 얻을 수 있는지 궁금해하는 분들을 위해, 몇 군데 정보의 소스들을 소개해 드리겠습니다. 중국인민공화국 웹사이트(www.gov.cn)에서 우선 가장 중요한 정책들에 대한 정보를 찾아볼 수 있습니다. 이 웹사이트에서는 중앙정부에서부터 지방의 작은 현(乡)에 이르는 정부의 정책까지도 확인 가능합니다. 물론 이 외에도 여러 가지 채널을 통해 중국 정부의 정책을 이해할 수 있습니다. 다양한 상회 및 각종 협회의 정보는 물론 매일 저녁 7시에 방송하는 뉴스 中央电视台(CCTV-1)도 좋은 정보 채널입니다.

선택 2 우한을 선택했을 경우

회의 다음 날, 베이징 사무실

다음 날 오전, 우한으로의 진출을 최종 결정하게 된 직접적인 배경은 자웨이가 제공했다. 회의가 끝난 뒤, 침묵을 지키던 자웨이가 다가왔다.

"짜오종, 우한으로 하시는 것이 어떨까 합니다."

"왜죠?"

자웨이는 자신의 스마트폰을 꺼내 중국의 마이크로 블로그인 웨이보(微薄)를 열었다. 우한의 정부 관련 소문인 듯했지만, 정확한 뜻을 이해할 수는 없었다.

"무슨 뜻이죠?"

"곧 우한 정부에서 유통망 강화 사업을 할 예정이라는 소문이 있습니다. 아마도 유통 허브를 우한에 둘 사업자를 찾을 듯한데. 우리의 사업계획과 딱 들어맞는 상황입니다. 우리가 이를 신청하고 대상이 될 수 있다면 많은 도움이 될 겁니다. 빨리 신청 준비를 할수록 유리하겠지요. 지방정부의 지원 없이 성공하기 쉽지 않습니다."

"근데, 이걸 그대로 믿을 수 있나요? 그냥 SNS에 떠도는 얘기 같은데……"

자웨이는 확신에 차서 대답했다.

"지금 웨이보만큼 믿을 만한 소식통은 중국에 없습니다."

몇 달 뒤, 미리 물밑 작업을 통해 유리한 위치에서 신청한 조은식품이 우한 정부의 '유통망 강화 사업' 지원 대상으로 선정되었다. 이후 빠른 사업 허가는 물론, 향후 3년간 무상 임대라는 파격적인 지원을 약속했다. 사회주의와 시장경제, 두 가지를 동시에 추구하는 나라에서 정책에 대한 정보 없이 절대로 시장을 이해할 수 없는 것이었다.

그리고 정보의 루트는 변하고 있었다. 인터넷의 발달 속도와 이동통신의 가입자 수의 비약적인 증가는 엄청난 파급력을 가진 웨이보를 낳았다. 그리고 그것이 중국의 비즈니스 패러다임을 분명 바꾸고 있었다.

중국인들의 쇼셜 네트워크 신뢰도

2010년부터 시작된 웨이보(微薄―중국의 마이크로 블로그)의 영향력은 눈여겨볼 만합니다. 통계에 의하면 2011년 1년간 사용자 수가 269%가 늘었습니다.[27] 6천 3백만 명에서 2억 5천만 명으로 그 사용자 수가 폭발적으로 증가한 것이죠. 2013년부터 시작된 검열의 영향으로 포스팅의 수가 급격히 줄어들기 전까지 웨이보는 중국인들이 가장 신뢰하는 정보 습득의 채널로 자리잡았습니다.

웨이보는 2011년부터 최근까지 '가장 신뢰할 만한 소식통'으로 여겨졌습니다. 런셴량(任賢良) 중국기자협회 부회장은 '공산당 관할의 신문, 방송, 통신사 등 전통 미디어가 주도하는 여론과 인터넷상의 블로그와 웨이보 등 신흥 미디어가 형성하는 여론 등 두 개의 여론이 장기간 대립하며 싸우고 있다고 주장'하며 웨이보의 막대한 영향력을 얘기했습니다.[28]

중국에서 비즈니스를 하는 기업들은 이 막대한 영향력을 이용하고자 웨이보를 마케팅에 활용하기 시작했습니다. 당시 중국인들은 웨이보 등의 마이크로 블로그를 운영하는 회사에 대해 '신뢰감이 많이 든다'라고 대답한 비율이 46%로, 6%의 미국에 비해 월등히 높았습니다. 그리고 94%의 응답자들이 '나의 의견을 반영하는 것처럼 느껴진다'라고 대답했습니다. 마이크로 블로그가 가장 활성화되어 있는 미국의 72%보다도 높은 수치입니다.[29]

하지만 최근 웨이보의 인기가 많이 시든 것은 사실입니다. 정부 검열의 영향도 있었지만, 한국에서 엿보이는 개방형 소셜네트워크에서 폐쇄형 소셜네트워크로의 트랜드가 이제는 웨이보가 아닌 웨이신(微信―메시징서비스)으로 '헤쳐 모여'를 유도하고 있습니다.

앞으로 어떤 쇼셜네트워크 채널이 웨이신을 누르고 대중성을 확보할지는 아무도 모릅니다. 한 가지 확실한 것은, 중국인들은 새로운 채널에 대한 관심이 매우 많으며 사용하는 것에 대한 주저함이 없다는 것입니다. 이제 한국 기업들은 온라인 커뮤니케이션 채널에 대한 각별한 관심 없이는 중국에서의 성공이 어렵다는 것을 알게 되실 겁니다.

현재 중국에서 뜨고 있는 인터넷 회사들

2013년 가을, 베이징

우한 정부의 적극적인 지원에 힘입어, 비즈니스 허가를 받고, 공장을 짓고, 사무실을 얻었다. 그리고 사람을 뽑기 시작했다. 본사의 윤 전무는 또다시 자신의 사람을 우한의 지사장으로 보내려고 노력했지만, 주혁은 자웨이를 적극 추천했다.

"이제 한국 조은식품의 중국법인이 아닌, 중국회사 조은식품을 만들어야 합니다."

그렇게 자웨이가 우한의 지사를 총괄하는 총경리가 되었다. 그리고 메이가 자웨이와 함께 우한으로 떠나는 것으로 결정되었다. 물론 메이가 지원한 것이었고, 주혁도 막을 수는 없었다.

메이가 우한으로 떠난 그날, 주혁은 아무것도 할 수 없었다.

'벌써 2년이 다 되어 가는 일인데……'

웨이신(微信, 중국의 메세징 애플리케이션)의 친구리스트에서 메이의 사진을 백 번이고 봤다. 우한에서 행복해 보이는 얼굴. 웨이신으로 말을 걸어 보려 글을 썼다가 지우고 썼다가 지우고. 무슨 말을 해야 할지 모르는 것이 문제였다. 주혁 자신의 감정이 분명하지 않은 상황에서 메이에게 할 말이 없었다.

그날 저녁, 베이징 왕징 한국 음식점

미련인지 사랑인지 알 길은 없었지만, 모든 것이 끝난 마당에 쓸데

없는 감정이려니 하는 생각이 들었다. 마침 방 국장이 베이징에 왔다는 소식을 듣고 저녁식사 약속을 잡았다. 메이 일을 좀 잊어 볼 생각으로.

여전히 방 국장은 한국 음식을 선호했다. 그리고 한국 사람들이 모여 사는 동네의 족발집을 찾았다.

"역시 한국 사람은 한국 음식이야."

상추쌈에 족발을 얹어서 입에 넣고는 우물거리며 방 국장이 말했다. 주혁은 흡족해하는 방 국장을 보면서 궁금한 점이 생겼다.

"국장님, 그렇게 한국 음식을 좋아하시면서 왜 계속 중국에 계신 겁니까? 혹시 한국으로 돌아가실 계획은 없으신가요?"

"한국이요? 재미없잖아요. 여기가 맘도 편하고 재미있어요. 하하."

한바탕 웃다가 심각한 주혁을 얼굴을 보고는 멈췄다.

"물론 여기 생활도 즐겁지만은 않죠. 중국 음식도 싫고, 중국 사람과 지내는 것도 불편한 점이 많죠. 그래서 한국 사람들하고만 어울리면서 살고 있죠. 한국 음식 먹으면서 한국 TV 보면서⋯⋯."

물끄러미 방 국장을 바라보면서 떠오른 것이 있었다. CQ, 즉 문화 지능(Culture Quotient)이라는 것이 있다는 말을 들었다. 다른 문화에 대한 인지 능력, 그 문화를 이해하는 능력, 그리고 자신의 문화와 함께 융합하는 능력을 일컫는 말이다. 아이큐(IQ)나 감성지수(EQ)처럼 사람마다 차이가 있다.

미안한 얘기지만, 방 국장은 분명 그 문화 지능이 낮은 사람처럼 보였다. 중국에서 몇 년을 살았지만, 중국 문화가 어색하고 받아들이기 힘든 사람이었다. 물론 그것을 비난할 생각은 없었다. 아이큐가 낮은 사람을 나무랄 수 없는 것처럼.

방 국장이 중국 음식은 지저분하고, 기름이 많으며, 건강에 안 좋다고 침을 튀기며 얘기하는 동안 주혁은 생각했다. 과연 방 국장이 중국 음식에 대해 얼마나 알고, 얼마나 먹어 봤을까.

"중국 음식이요? 처음 왔을 때 좀 먹어 보다가, 입에 안 맞아서 거의 안 먹었죠. 그냥 뭐 조선족 교포 가정부가 집에서 한국 음식 해주시니까, 중국 음식은 거의 안 먹어요. 몸에 좋지도 않은 음식들인데 뭐."

문화지능이 낮은 사람들은 다른 문화를 받아들이는 것이 힘들다. 그들은 중국 음식을 먹을 때 그냥 새로운 음식으로만 여기고 먹지 않는다. 늘 '한국 음식에 비해'라는 비교를 첨가한다. 한국 음식에 비해 기름이 많네, 짜네, 건강에 해롭네. 결국 기존의 가치관을 버리고 새로운 문화를 받아들이는 것이 너무 어려운 것이다.

그래서 결혼 생활이 힘들었던 것이 아닐까. 늘 '한국 여자들은 이런데, 왜 중국 여자들은 그렇지 못할까'라는 생각으로 비교를 했던 것이 아닐까.

방 국장을 보면서 그가 말했던 '결혼생활의 문화갈등'을 생각했다. 한국이라는 문화에 너무 익숙해진 사람이 중국 여성을 만나서 '한국 여자'로 만들려고 한 것은 아닐까 하는 생각이 든 것이다.

상사에게 존이니 마이클이니 하면서 이름을 부르며 친근하게 대하는 미국인 직원에게 허리 굽혀 상사에게 깍듯이 인사하는 우리의 직장 문화에 적응하라고 강요한다면 어떨까. 한두 번이야 재미로, 또는 성의로 하겠지만, 그것이 몸에 밴 우리보다 편할 수는 없을 것이다.

시부모님이 당연히 애기를 봐주면서 심지어 저녁밥도 차려 주는 중국에서 자란 여자에게 '시부모님께 무조건 공경'이 쉬운 일이었을까.

'나의 CQ도 그렇게 높지 않구나.'

결국 메이와의 미래를 생각할 때, 그저 스스로가 가지고 있는 한국의 배우자 이상형을 생각하고 메이와의 미래를 그리지 않았나 하는 후회가 되었다.

있는 그대로의 메이를 받아들이지 않고, 한국의 문화 속에서 주입된 배우자의 모습을 메이에게서 찾으려고 했던 것은 아닌가. 더 나아가 '중국 여자'라는 틀로 그 사람의 진실된 내면을 보는 것을 포기한 것이 아닐까 하는 생각도 들었다.

게다가 왜 중국 여자를 일반화해서 모두 똑같다고 생각해 버렸을까 하는 자책이 들었다. 13억 중국 인구의 절반이 '여자'다. 모두 같은 가치관을 가지고 같은 기준으로 살아갈 수는 없다. 천링의 모습이 왜 메이에게도 있을 것이라 확신한 걸까.

"조 팀장, 무슨 생각을 그렇게 골똘히 합니까?"

더 이상 앉아 있을 수가 없었다.

"국장님, 죄송합니다. 제가 갑자기 가 볼 곳이 있어서요."

주혁은 황당하게 바라보는 방 국장을 뒤로하고 음식점 앞에 서 있던 택시에 올라탔다.

"취지창(去机场─공항으로 가주세요)."

다음 날 아침 7시 30분, 우한 조은식품 사무실

여느 때처럼 메이가 제일 먼저 우한 사무실 문을 열었다.

그러고는 사무실에 누군가 서 있다는 것을 보고는 소스라치게 놀랐다.

"주혁!"

늘 '짜오종'이라 부르며 사무적으로 대했던 주혁에게 메이는 순간적으로 그의 이름을 불렀다. 놀란 마음을 진정시키며 말했다.

"웬일이에요, 우한에? 회의가 있나요? 얘기 들은 바가 없는데."

"메이 만나러 왔어요."

"왜죠? 무슨 일이라도?"

"사과하고 싶어요. 저의 비겁함을 사과하고 싶어요. 그리고 아주 많이 좋아한다고 말하고 싶어요. 그래서 어젯밤 비행기로 왔어요."

잠시 침묵이 흘렀다. 어떤 반응을 보일까? 어제 밤새도록 비행기에서 그려봤던 그 대답이 궁금했다. 이윽고 메이가 한국말로 떠듬 떠듬 말했다. 마치 이 날을 위해 배운 것처럼.

"기 – 다 – 렸 – 어 – 요."

■ 후주

01 신화통신 계열 주간지 『국제선구도보(国际先驱导报)』, 2008. 11. 28.
02 Product PLacement: 영화나 드라마 속에 소품으로 등장하는 상품을 일컫는 것으로 브랜드명이 보이는 상품뿐만 아니라 이미지, 명칭 등을 노출시켜 관객들에게 홍보하는 일종의 광고마케팅 전략.
03 오리온은 1993년 중국 베이징사무소를 개설한 지 20년 만인 지난 2012년 중국법인 매출이 1조 13억 원을 돌파했다. 중국 시장에서 한국 식품 회사로는 최초로 1조원을 돌파한 것이다.
04 USCBC 2013 China Business Environment Survey Results.
05 〈中 진출 기업 85% "인력 부족하다─한국무역협회 조사〉, 연합뉴스, 2014.6.12.
06 USCBC 2013 China Business Environment Survey Results.
07 자체 설문조사(한국 기업 근무 경험 직장인 95명 대상), 2014년 6월.
08 China Infographic (2011), eMarketer(2012)
09 한국정보화진흥원
10 〈Understanding China's Digital Consumers'〉, Mckinsey, 2011.
11 〈China's new pragmatic consumers〉 Mckinsey, 2010 October.
12 USCBC 2013 China Business Environment Survey Results.
13 이지데이(www.ezday.co.kr) 설문조사. 2014년 1월.
14 자체 설문조사(미혼 여성 51명 대상) 2014년 6월.
15 가연(www.gayeon.com) 설문조사. 2011년.
16 World Economic Forum (www.weforum.org/issues/global-gender-gap), 2013.
17 〈"행복보다 부자와 불행한 연애가 낫다" 중국 발칵〉 한겨레, 2010.6.22.
18 〈농수산물 무역정보〉, 2008.9.
19 〈跨国公司不满"国际铁公鸡排行"求救商务部〉, 凤凰财经, 2008.5.28.
20 〈중국 화장품 시장 공략, 열쇠는 '현지화'〉, 뷰티한국, 2014.4.24.
21 자체설문조사: 한국기업에서 근무하는 중국인(조선족 교포 제외) 84명 대상, 2014.6.

22 〈中 진출 기업 85% "인력 부족하다─한국무역협회 조사〉, 연합뉴스, 2014.6.12.

23 자체설문조사: 한국기업 근무하는 중국인(조선족 교포 제외) 84명 대상

24 〈China's Dicos Launches Employee Franchise Program〉, China Retail News, 2014.6.4.

25 참조: China Internet Network Information Center(CNNIC), 2014.6 / MGI China Digital, 2014.7.

26 〈알리바바 '솔로 데이' 대박… '블랙 프라이데이' 능가〉, 한겨레 2014.11.12.

27 China Internet Netowrk Information Cener(CINIC), 29th Statistical Report on Internet Development in China, 2012.

28 〈당심 vs 넷심, 두 개의 여론 … 시진핑 '중국꿈' 길은 어디에〉, 중앙일보 2013.4.29.

29 Fleishman-Hillard and Harris Interactive, 2010.